CW01669490

Zij en ik

Annemie Struyf

Zij en ik

Het verhaal van een vriendschap

met foto's van Lieve Blancquaert

woestijnvis,(m.(v.); -sen)

LANNOO

BRIEF

Aan de kinderen,
de kleinkinderen,
de familie,
de vrienden van Magdalena

Dit boek is het verhaal van mijn vriendschap met Magdalena. Het is mijn verhaal, zoals ik het beleefd en gevoeld heb. Het is het enige verhaal dat ik kan vertellen.

Natuurlijk weet ik dat er naast dit verhaal nog zovele andere verhalen te vertellen zijn.

Die van jullie allemaal.

Samen met Magdalena heb ik vele uren over dit boek gesproken.

Haar grote bekommernis was dat er iets in dit boek zou staan wat anderen zou kunnen storen of schaden.

Daarom heb ik haar beloofd uitsluitend *ons* verhaal te vertellen: dat van 'zij en ik'.

Dát is de reden waarom jullie niet of nauwelijks in dit boek voorkomen. Ook al heeft ze ontzettend veel over jullie gepraat, en nog veel meer van jullie gehouden.

Dát is ook de reden waarom sommige personen niet bij naam worden genoemd.

Uiteraard weet ik dat jullie een grote, beslissende rol in haar leven hebben gespeeld. Maar nogmaals, ik kan alleen mijn eigen verhaal vertellen. Hoe het voor jullie was en is, kan én mag én wil ik niet in jullie plaats vertellen.

Daarom vraag ik jullie dan ook om dit boek te lezen zoals het bedoeld is. Als het verhaal van een vriendschap. Niets meer. Maar ook niets minder.

Annemie

INHOUD

VOORWOORD

Precies vier jaar later ben ik opnieuw in Frankrijk.
En alles doet mij denken aan die ene week met Magdalena.

Ik zie haar weer zitten aan de grote tafel, in de schaduw, schrijvend. Ik zie haar stappen met een dienblad in de handen, op weg naar de keuken. Daar zie ik haar groenten snijden en sausjes maken. En opnieuw zie ik haar schrijven, deze keer binnen, in het huis. De voeten op de vensterbank, een pen in de hand, een schrift op de schoot.

De avondzon schijnt binnen.

Ik sla het gastenboek open, op zoek naar juni 2006, en ook daar vind ik haar terug.

Op de linkerbladzijde een wijnetiket. *Château Mouton Rothschild – 1997 – Pauillac.* Met een tekening van Niki de Saint Phalle. Een mannetje met een tekstballonnetje: '*Cou Cou.*' Daarnaast, één zin van Magdalena: '*Cou Cou – 2006 was het beste jaar.*'

Ik zie ons weer op het kerkhof wandelen, tussen de graven. Lieve fotografeert, ik lees de grafschriften en Magdalena zegt: 'Kom, laat ons gaan. Ik ben de dood kotsbeu.'

Ik zie ons wandelen, en praten over haar gezwel. 'Is dat nu het eerste wat een toevallige voorbijganger aan mij opmerkt?' vraagt ze.

Ik zwijg, en Lieve zegt: 'Ja.'

Ik zie ons naakt, alle drie, achter een houtstapel. We fotograferen elkaar, in stukken en brokken. Een arm, een plooi, een bil, een welving, een stukje huid.

Ik zie ons opnieuw, die ene avond, toen we zo gelukkig waren. Om middernacht, in een slaapzak, midden op het veld. Het onweer barst los.

Ik hoor haar weer, 's nachts. Ik zie haar lachen, tranen met tuiten, aan tafel bij de buren.

Ik zie ons in de wagen, op de heen- en terugreis. Op een terras, met een kop koffie. Ik hoor haar rommelen in de keuken, terwijl ik nog in bed lig. Wat later, het ontbijt, met vers fruitsap en croissants. Ik zie ons praten, Lieve en ik. Over haar. Wij, de levenden. Zij, de stervende. Maar ik zie ons vooral lachen en eten en drinken. In de zon. Zij en ik.

Augustus 2010

DEEL I

Tussen wijsheid en waanzin

Zij:
'Ik vind het fijn om in mijn tuin te wroeten
of ongemerkt voorbij te gaan. Niemand te zijn.'

'Wie gaat,
zal stoffig zijn.'
[Magdalena]

HOOFDSTUK I

De ene stap na de andere

30 MAART 1997

Ik ben doodop. Ik lig in de zetel en heb nog 101 dingen te doen. Ik moet nog adressenlijsten op punt stellen, babykleertjes wassen, opruimen en inpakken. Maar ik doe niets, helemaal niets. Ik wil niet bevallen, ik wil gewoon zwanger blijven. Want ik ben bang.

Mijn angst is groot en donker, maar tegelijkertijd redelijk. Want ik weet wat mij te wachten staat. De weeën, eerst nog draaglijk, daarna steeds harder en sneller, tot het moment waarop ik zal denken: 'Dit overleef ik nooit.'

Natuurlijk weet ik ook wel dat alles weer goed zal zijn, als het kind geboren is en glibberig-warm op mijn buik ligt. Maar zover is het nog niet.

Eerst moet ik nog één keer door de pijn.

Nog één keer.

31 MAART 1997

Magdalena heeft een grote pot soep gebracht.
Er zat een briefje bij.

'In mijn droom
was ik zwanger
van jouw kind.

Maak je geen zorgen,
het ware leven
loert om het hoekje.'

2 APRIL 1997

Gisteren is Milan geboren. Mijn vierde kind. Mijn laatste kind.
Nooit meer zal ik zwanger zijn. Nooit meer zal ik bevallen.
Ik kijk naar mijn baby en bedenk dat alle clichés waar zijn.
De geboorte van een kind *is* een wonder.
Als je je kind in je armen houdt, *is* álle ellende vergeten.
Moeder worden *is* het mooiste wat er is.

11 APRIL 1997

Terwijl Milan aan mijn borst zuigt, kijken we naar het nieuws op tv. Zij en ik. Tijdens een paardenkoers in Engeland slaat een van de paarden op hol, briesend de mensenmassa in. In paniek stuiven de toeschouwers uit elkaar, behalve één vrouw. Onbeweeglijk blijft ze staan. Geen millimeter wijkt ze van de kinderwagen waarin haar baby ligt.

'Dát is wat een geboorte met een vrouw doet', zeg ik tegen Magdalena.

Ze knikt.

Zij: 'Je ziet er gelukkig uit.'

Ik: 'Ik ben verliefd. Op mijn vierde kind. Hij is geweldig. Als ik aan hem denk, voel ik de melk toestromen en uit mijn tepels lekken. Ik ga helemaal in hem op. Ik leef op zijn ritme, zoals hij op mijn melk leeft. Alleen als hij naast mij ligt, kan ik de slaap vatten. Als hij mijn stem hoort, wordt hij rustig. Sinds zijn geboorte leef ik op een roze wolk.'

Zij: 'Het schijnt dat auralezers een roze wolk *zien* bij mensen die stralen van geluk. Vandaar de uitdrukking "op een roze wolk leven".'

Ik: 'Geloof jij in auralezers?'

Zij: *(lacht)* 'Neen, natuurlijk niet. Maar een bezoek bij een auralezeres schijnt tegenwoordig een populair geboortegeschenk te zijn.

Ze leest dan de aura van je baby en vertelt je ook iets over zijn *oorsprong en bestemming.*'

Ik: 'Wat raar.'

Toen ergens, kort na Milans geboorte, begonnen we over *ons boek* te fantaseren. We zouden samen op zoek gaan. Zij en ik. Naar de wijsheid en de waanzin. Naar het punt waar het ene begint en het andere eindigt.

Het was de tijd van *De Celestijnse Belofte*, een draak van een spiritueel boek dat eindeloos lang de boekentoptiens aanvoerde. Rommel van de ergste soort, slecht geschreven, irritante new age, maar zoete koek voor de westerse zoekende ziel.

Wij wilden een tegenhanger maken: *De Celestijnse Behoefte*. We zouden er een fictieboek van maken. Ik zou het schrijven. Zij zou het hoofdpersonage zijn. *Andrea*. Om Andrea beter te leren kennen, zou ik beginnen met een interview van haar.

Maandenlang werkten we aan dat boek, maar uiteindelijk heb ik het in de vuilnisbak gekieperd. Om vele redenen, maar vooral omdat dat fictieverhaal niet wérkte. Omdat Magdalena *Andrea* niet was, en omdat ik tot de ontdekking kwam dat fictie mijn ding niet is.

Vele jaren later, vlak voor haar dood, herlazen we samen het interview. We lachten om haar fictieve naam en om enkele al te pikante passages.

Zij: 'Als je dat boek ooit maakt, mag je dat stuk wél onder mijn echte naam laten verschijnen. Maar je moet enkele passages schrappen, en de namen van de mannen veranderen.'

Met die instructies heb ik rekening gehouden. Het stuk ging zo.

★

Magdalena woont op een uniek plekje, zoals er in Vlaanderen geen tweede plek te vinden is. Een verharde veldweg stopt aan de rand van een bos. Vanaf dat punt kun je haar huis alleen te voet bereiken, over een klein boswegeltje. Ik ben hier wel vaker geweest en loop langs de zijkant van het huis naar de achterdeur. Zoals altijd kijk ik door het keukenraam naar binnen. Ze zit aan de ontbijttafel. Met een jonge man. Eén, hooguit twee keer heb ik hem bij haar ontmoet. Hij smeert met smaak een stuk brood. Zij kijkt naar hem, schuin op haar stoel, haar benen over elkaar, terwijl ze kleine slokjes koffie drinkt.

Het gaat zoals ik had verwacht. Wanneer ik binnenstap, staat de man meteen op. 'Ik moet ervandoor', zegt hij, en kust haar op de mond.

Magdalena kijkt mij grinnikend aan. 'Tja, tegenwoordig slaap ik haast elke nacht naast Stef. Hij is vijftien jaar jonger dan ik, en dat is best leuk. Vorig jaar kwam hij hier enkele dagen logeren, maar het zijn enkele weken geworden. Als ik 's avonds na mijn werk thuiskom, vind ik het zalig hem hier te vinden. Er is veel warmte en intimiteit tussen ons. Overdag in onze gesprekken en 's nachts in ons bed. We knuffelen en strelen elkaar, lekker dicht en naakt tegen elkaar aan, maar de afspraak is dat we niet met elkaar naar bed gaan. Het gaat niet verder dan knuffelen en strelen.

Ik weet zeker dat ik die intimiteit verschrikkelijk zal missen als hij vertrekt. Want binnenkort gaat hij samenwonen met zijn lief en dan zal hij alleen heel uitzonderlijk nog eens blijven slapen.'

'Als ik op mijn leven terugkijk, is het alsof ik verschillende levens heb geleefd. Ik ben nu 48 jaar. Mijn achternaam heb ik nooit gebruikt. Ook op de briefwisseling die ik krijg, staat gewoon *Magdalena*. Vroeger heette ik Magda, maar een geliefde noemde mij op een dag Magdalena. Dat vond ik zo fijn dat ik sindsdien Magdalena gebleven ben.

Ik ben heel gewoon en traditioneel grootgebracht. Ik ging studeren, ik ben jong getrouwd, en we hadden meteen vier pleegkinderen. Het was een periode vol idealisme, strakke overtuigingen en hard werken. Ik kreeg zelf twee kinderen, en nog veel meer pleegkinderen. Die situatie werd onhoudbaar. Op een dag ben ik gescheiden en begon ik aan een veel rustiger leven. Zonder pleegkinderen ook.

Ik wilde niet langer de wereld veranderen, maar stelde mij nieuwe vragen. "Wie ben ik?" "Wat is de zin van het leven?" "Wat is graag zien?" Eén vraag hield mij bijzonder bezig. "Wat blijft er over als je van 'graag zien' alles afhaalt wat 'niet graag zien' is?" Die vraag stel ik mij nog elke dag.

Ik werk als opvoedster bij mentaal gehandicapte en karaktergestoorde jongeren. Ik breng veel tijd door met mijn kleindochter. Ik heb een mooie tuin en ik ben tevreden. Dat is allemaal fijn, maar als je mij vraagt wie ik écht ben, is mijn antwoord: "Ik ben niemand." Ik geniet ervan om ongemerkt voorbij te gaan, niet opgemerkt te worden. Niemand te zijn.

Begrijp me goed, dat wil niet zeggen dat ik "niet aanwezig ben" of dat ik "niets doe". Integendeel, ik probeer te doen wat gedaan moet worden. Maar ik bén niet wat ik doe.

Ongemerkt voorbijgaan, dát doe ik het liefst. Stappen dus.'

'Die stappassie is er altijd geweest. Toen mijn kinderen jonger waren, maakte ik vaak kleinere tochtjes. Vijf dagen, een week. Toen ik veertig werd – de kinderen waren toen zestien en achttien – vond ik dat het tijd werd om langere tochten te maken. De klassieke tochten naar Santiago de Compostella en Assisi. Trekken in de Himalaya. Tochten van twee à drie maanden.

Stappen is mijn rugzak nemen, de deur achter mij dichttrekken en te voet vertrekken. Thuis weggaan en met een grote bocht opnieuw thuiskomen. Stappen is voor mij meditatie. Dat is niks speciaals, hoor. Gewoon "aanwezig zijn" in de natuur, tussen de mensen, op eenzame weggetjes of op drukke plaatsen. Langzaam doorheen het landschap bewegen en met niets anders bezig zijn. Dát is de echte luxe van het stappen: behalve je rugzak hoef je niets mee te dragen en kun je dus ook alles vergeten.

Het stappen heeft zo'n repetitieve, zelfs meditatieve kracht dat het iets bedwelmends heeft. Je gaat helemaal op in het ritme van je lijf, je hart, je bloedsomloop, de stappen die je zet. Op den duur verdwijn je in de actie van het stappen. Dan “stap” ik niet meer, maar “word” ik ‘gestapt’. Een schitterend landschap, een prachtige lucht, dat is allemaal mooi meegenomen, maar in essentie gaat het daar niet om. Het gaat louter om het ritme van het stappen zelf.

De bestemming is voor mij ook totaal onbelangrijk. In een cirkel terug naar huis stappen of tien keer hetzelfde parcours afleggen? Dat doet er echt niet toe. Het gáát niet om die plek, maar om het stappen zelf: de beweging van je lichaam en de rust van je geest. De bestemming is dus maar een verhaaltje. En de duur van de tocht heeft ook geen enkel belang: het gevoel van geborgenheid is er toch.

Want als ik stap, heb ik het gevoel overal thuis te zijn. Ook al ben ik nooit op dezelfde plek, ook al slaap ik elke nacht op een andere plaats. Het voelt aan als ‘thuis zijn onder de sterren’. Het is iets heel groots. Je bent thuis omdat je op deze aarde bent. Je bent thuis omdat je onder de zon loopt. Het is een luxe om met niets anders bezig te hoeven zijn. Alleen maar stappen, voor wat eten zorgen en voor een plek om te slapen. Dat is alles. Die vereenvoudiging is tegelijkertijd een grote luxe.’

‘Loslaten, dát is de essentie. Stappen is alles wat je tegenkomt even vastnemen en onmiddellijk weer loslaten. Zoals je, ook letterlijk, bij elke stap die je zet, de aarde voelt en haar ook onmiddellijk weer loslaat. Je ontmoet mensen op je tocht, maar je laat ze ook weer los. Ook puur materieel heb je weinig dingen om vast te houden. Ik heb haast niets bij me. Een rugzak met wat spullen.’

‘Het leuke aan stappen is ook dat je helemaal geen uitzonderlijke fysieke conditie hoeft te hebben. Ik ben geen sportief type, ik heb geen speciale uitrusting, ik heb niet meer mogelijkheden dan iemand anders. Trouwens, volgens mij kan iedereen stappen. Stappen heeft weinig met leeftijd te maken. Vaak zie je dat twintigers sneller afhaken dan vijftigers. Ze hebben sneller het “ik-kan-dat-niet-gevoel”.

Zij:
'In principe stap ik nooit alleen.
Ik ben daar bang voor.'

Maar wat ik wél heb is: zin, passie, gedrevenheid. En ik kan ook goed tegen ontbering, honger, kou, vermoeidheid. Ik stap zo vreselijk graag dat ik de indruk heb dat het mij nauwelijks energie kost. Integendeel, het kost mij vaak veel meer moeite om te stoppen. Ook al staan mijn voeten vol blaren, ook al snijdt mijn rugzak in mijn schouders, dan nog is het moeilijk om die beweging stop te zetten. Op een bepaald moment merk ik dat ik verder wil gaan. Steeds verder. Soms ook steeds gevaarlijker. Dan wordt het een echte verslaving, met alle symptomen die daarbij horen. Ook de afkickverschijnselen als je ermee stopt. Die kunnen vreselijk zijn. Het is méér dan het beruchte "zwarte gat" nadat het doel is bereikt. Mijn lichaam reageert heel hevig nadat het maandenlang aan dat bedwelmende ritme gewend is geweest. Stoppen met stappen is zoiets als afkicken van een rook- of drankverslaving.'

'De verslaving is de achterkant van de passie. Of beter, de *grens* van de passie. Want vanaf een bepaald moment verandert dat "loslaten" in het tegendeel, en wordt het iets dwangmatigs. Het komt er voortdurend opaan het juiste evenwicht te vinden. Tegelijkertijd de grenzen van je lichaam verleggen én respecteren. Tegelijkertijd de passie beleven én de grenzen ervan erkennen. Uiteindelijk is dát het moeilijkste, zwaarste én eenzaamste aspect van het stappen.

In principe stap ik nooit echt alleen. Ik ben daar bang voor. Mijn eerste grote tocht, naar Santiago, heb ik samen met een vriendin gemaakt. En vaak was ik verdomd blij dat ik niet alleen was.
Dé klassieker in Frankrijk en Spanje waren de masturberende vrachtwagenchauffeurs. Het scenario liep ongeveer zo. Ze rijden je voorbij met hun vrachtwagen, ze stoppen tweehonderd meter verder en stappen uit. Als je ter hoogte van de vrachtwagen komt, zie je dat ze tegen de wielen van dat ding staan te masturberen terwijl ze je allerlei schunnigheden toeroepen. Ik overdrijf niet als ik zeg dat we dat scenario wel vijftig keer hebben meegemaakt. Op den duur wisten we

wel dat zo'n situatie niet echt gevaarlijk is, maar het bleef wel akelig en heel vervelend. Als je dan alleen bent, is de pret echt wel bedorven.'

'Maar kom, uiteindelijk heb ik vooral leuke herinneringen aan mensen die onderweg mijn pad kruisten. Zo herinner ik mij één bijzondere nacht op mijn eerste grote tocht. Mijn vriendin en ik stapten 's middags een café binnen omdat het vreselijk regende. Urenlang kletsten we met de cafébaas terwijl de regen maar bleef stromen. Toen het avond werd, zeiden we tegen elkaar: "Hier blijven we slapen. Hij weet het nog niet, maar wij wel." *(glimlacht)* Uiteindelijk hebben we samen met die cafébaas geslapen. We stelden nog voor om ons slaapmatje in het café op de grond te leggen, maar daar was geen sprake van. We sliepen samen met hem in bed. Het was heel knus en gezellig, dicht bij elkaar. Er was nabijheid en vertrouwen, en toch was het ook onschuldig en voorzichtig. Ik kan heel erg genieten van zulke situaties. Maar altijd met een duidelijke grens. Geen seksueel contact. Ik zou het niet kunnen om met iemand heel ingrijpend samen te zijn, écht te vrijen en dan de volgende dag weer gewoon verder te stappen.'

'Vroeger heb ik wel vele, kortstondige seksuele contacten gehad. Toen hadden die contacten voor mij alles te maken met "liefde" en "graag zien". Iemand fantastisch vinden, voor iemand smelten. Als ik nu op die periode terugkijk, zou ik dat geen liefde meer noemen. Ik denk dat ik die contacten met een sausje van liefde overgoten heb omdat ik die dingen anders niet kon verantwoorden voor mezelf.

Oké, het kán nog altijd gebeuren dat ik heel intens met iemand kan vrijen om die persoon daarna nooit meer terug te zien. Maar nu heeft zo'n contact voor mij een andere betekenis dan toen. Nu ervaar ik zo'n kortstondige seksuele ontmoeting als een spel van aanraken en aangeraakt worden. Je ontmoet iemand en je voelt dat er "iets" ontstaat. Je voelt het in je handen, in je lijf, in al je vezels. Het is alsof er een stroom ontstaat waardoor je naar elkaar toegezogen wordt.

Heel vloeiend, natuurlijk en spontaan. Dan vervagen alle grenzen en geef je je over. Het is een spel zonder bijsmaak. Het heeft iets heiligs, maar het is ook heel speels en licht en onbeladen. Vrij van allerlei maatschappelijke normen en ideeën uit onze opvoeding. En het bijzondere is dat je elkaar helemaal niet goed hoeft te kennen. Integendeel. Misschien is het wel dankzij het feit dat je die persoon niet erg goed kent, dat er zo weinig weerstanden en obstakels uit de weg te ruimen zijn. Daardoor wordt het een heel fijn gebeuren waarin je het beste en meest wezenlijke van jezelf geeft. In die zin heeft deze beleving misschien meer met liefde te maken dan de vele seksuele relaties die ik heb gehad en die ik al te gemakkelijk "liefde" of "relatie" noemde.

Ik trouwde, zogezegd uit liefde, maar het was meer uit medelijden. Ik had dat beter nooit gedaan, want dat paste helemaal niet bij mij. Maar ja, hoe ging dat? Iedereen trouwde jong. Ik had een hoop verwachtingen en normen meegekregen. Ik liet me leiden door idealen die weinig met mezelf te maken hadden. Het ideale huwelijk. Het ideale gezin. "Een leven lang met één trouwe seksuele partner" vind ik intussen een heel vreemd ideaal. Mijn eigen leven speelt zich op een heel andere manier af. Met zijn eigen mogelijkheden en zijn eigen gemis. Ik beleef vriendschappen en ontmoetingen die mensen met een vaste relatie nooit zullen kennen. Ik weet dat er ook dingen zijn die ik mis, maar ik geniet ook enorm van de voordelen van mijn situatie.'

'Wellicht ben ik ook geen klassieke moeder, al hebben anderen daar vaak meer problemen mee dan mijn kinderen. Ik probeer eerlijk te leven. Met vallen en opstaan. En zij doen dat ook, op hun manier. Ik vertel geen bedintimiteiten aan mijn kinderen, maar zij mogen wel weten hoe ik leef en hoe ik de dingen beleef. Ik denk en voel ook niet in leeftijden. Stef trekt mij bijvoorbeeld niet aan *omdat* hij zoveel jonger is dan ik. Neen, voor mij is hij gewoon leeftijdloos. In essentie heeft contact voor mij niets met leeftijd te maken. Slapen met mijn kleinkind bijvoorbeeld is voor mij een zeer gelijkaardige ervaring als samen slapen met een goede vriend die twintig jaar ouder is dan ik. Het gaat om de lichamelijke nabijheid. En hoe verschillend dat lichaam ook aanvoelt, in essentie gaat het om dezelfde ervaring.

(glimlacht) Voor alle duidelijkheid, ik spreek hier uiteraard niet over seks. Op dat terrein is er uiteraard wel een wereld van verschil tussen een kinderlichaam en een volwassen lichaam.'

'Terwijl het ouder worden van mijn lichaam mij nauwelijks bezighoudt, ervaar ik wel dat het leven er, op alle vlakken, alleen maar beter en rijker op wordt. Ik ontdek meer mogelijkheden, ik kan beter genieten, mijn beleving wordt dieper en wezenlijker. Seks en erotiek krijgen een heel andere dimensie. Zo kan ik letterlijk verliefd worden op een stem. Onlangs is dat trouwens echt gebeurd. Op een avond had ik een man aan de lijn die verkeerd verbonden was. Hij had zo'n wondermooie stem dat ik geen zin had om in te haken. Dus bleven we kletsen. Heel gezellig. Een week later belde hij me opnieuw. We bleven maar praten en op den duur stelde hij voor eens af te spreken.

"Ik wil je wel ontmoeten," zei ik tegen hem, "maar niet in een café. Kom gerust naar mijn huis, maar je moet wel weten wat je doet. Want ik ben een vrouw van 48. Ik ben zelfs al oma." Ik wist intussen dat hij zelf een stuk jonger was dan ik.

Uiteindelijk maakten we een afspraak voor de volgende dag. Stel je voor. Ik had die man niet één keer gezien. En toch wist ik op dat moment heel zeker dat we samen zouden vrijen.

Toen ik 's ochtends wakker werd, vond ik die afspraak plots absurd en even kreeg ik zelfs een paniekreactie: "Wat heb je in godsnaam gedaan? Wie weet wat een vreselijke man er komt opdagen?"

Dus belde ik mijn dochter, en legde haar uit waarover het ging. Ze lachte om mijn verhaal en zei dat ze meteen zou komen. We spraken af dat ze bij mij zou blijven tot die man er was. Als ze zag dat alles goed verliep, zou ze weer opstappen.

Even later kwam hij eraan. Hij was stevig gebouwd, breed geschouderd, niet groot, niet dik, donker en innemend. Niet direct mijn type, maar toch voelde ik meteen dat het wel goed zat. Mijn dochter vertrok al snel, en toen hadden we het rijk voor ons alleen. Er ging een wereld voor ons open en alles was even heerlijk. Het praten, het kijken, het voelen, het vrijen. Het was allemaal heel onwaarschijnlijk, maar het was zalig.

(nuchter) Dit maar om te zeggen dat ik op de stem val. Verder laat ik me vooral inpalmen door een uitstraling, door een persoonlijkheid. Specifieke lichamelijke kenmerken hebben daar heel weinig mee te maken. Tien, twintig jaar geleden dacht ik daar toch wel anders over. Zo was ik ooit met een vriendin op een feestje en ik zag, aan de andere kant van de kamer, een man van wie ik meteen weg was. Nog voor ik een woord tegen hem gesproken had, zei ik tegen die vriendin: "Vannacht is het nog niet zover, maar morgen of overmorgen ga ik met die man naar bed." Zo is het ook gebeurd. Nu, ruim tien jaar later, ben ik nog altijd met die man bevriend. Maar ik realiseer mij nu wel dat mijn houding toen iets oppervlakkigs en manipulerends had. Ik genoot van het gevoel dat ik het wel allemaal even zou regelen, dat ik het leven van die man een andere wending zou geven. Het had dus iets met macht te maken. Dat gaf mij een kick. Seks en macht hebben ontzettend veel met elkaar gemeen, en ik geef toe dat ik die combinatie vaak heb gehanteerd. Bij sommige mannen voel je als vrouw perfect aan hoe je ze moet aanpakken. Je begint bijvoorbeeld iets over jezelf te vertellen. Over je gedachten, je gevoelens. En je voelt dat je daarmee een gevoelige snaar raakt. Hij voelt zich aangetrokken door wat je zegt en zelf voel je feilloos aan wat je moet zeggen om die man helemaal in te pakken. Tegelijkertijd maakt de voorspelbaarheid het ook een beetje teleurstellend. Dan denk ik: "Ho maar, niet met mij. Ik ga niet wéér al die moeite doen. Als jij denkt dat er een golflengte is die nog onbespeeld is, zoek ze dan zelf op. En verwacht niet van mij dat ik je alles op een presenteerblaadje ga aanbieden. Zoek het eerst zelf maar eens uit."

Ik merk trouwens dat ik me nu nog nauwelijks met die machtsspelletjes bezighoud. Want de mooiste momenten zijn die waarop er heel spontaan en vanzelfsprekend een verbinding ontstaat. Dan begint alles te stromen en is alles goed. En daar heeft macht niets mee te maken.'

'Weet je, à la limite gaan vrijen en stappen over net hetzelfde. Het gaat over vasthouden en loslaten. Vasthouden is helemaal opgaan in wat je doet. Passioneel en zonder reserves. En loslaten is afstand nemen. Kijken naar wat je doet, heel aandachtig en alert. Daar draait alles om. Elke keer opnieuw. Bij elke nieuwe stap.'

Ik:

'Het rustige ritme van het moederschap?

Mijn God, was het maar waar!'

'Hoe dring ik
door alle waanzin heen?'
[Magdalena]

HOOFDSTUK 2

Een kloppend hart

15 MEI 1997

Een briefje van Magdalena in de bus.

'Ik stel me voor hoe je verder geniet
op het ritme van slaap en waak van Milan,
het rustige ritme van het moederschap,
de volheid van het niets.'

Het rustige ritme van het moederschap? Mijn God, was het maar waar! Want met vier jonge kinderen leef ik vooral op het ritme van een wekker die veel te vroeg afloopt, kleuters die met het verkeerde been uit bed stappen, brooddozen die gevuld moeten worden, een schoolbel die moet worden gehaald, pleisters op geschaafde knieën, verhaaltjes om voor te lezen, stapels was en strijk, te weinig tijd voor boodschappen, een eindeloze rij bezoekers die allemaal lijken denken dat ik dé ideale moeder met tijd en aandacht ben.

En dan:

'Ik heb een afspraak geregeld bij de auralezeres. Zullen we met ons drieën gaan? Jij en ik en Milan? Dan kan ze Milans aura eens lezen. Misschien kunnen we ons bezoek aan de auralezeres ook in ons boek verwerken. Jij gaat dan met je baby op consultatie. Daar zoek je uit of die auralezeres ècht iets te vertellen heeft. Kus. M.'

★

Op een maandagochtend treffen we een doodgewone vrouw met een microfoon in de hand.

'Gedurende anderhalf uur zal ik ons gesprek registreren op een bandje dat jullie na de sessie mee naar huis krijgen', begint de auralezeres. 'Jullie stellen de vragen.'

Magdalena kijkt mij aan. 'Ik heb maar één klein vraagje. Dat hou ik voor de laatste vijf minuten. De rest van de tijd is voor jou.'

Ik: 'Wilt u dan beginnen met Milans aura?'

Zij: 'Dat is niet moeilijk, want de aura van jouw baby is bijzonder plastisch. Hij beweegt rustig, ritmisch, als een kloppend hart. Dat zie je niet vaak, want meestal zitten er in een aura heel wat bewegende elementen. Als de volledige aura, zoals die van dit kind, een rustige, kloppende beweging maakt, wijst dat op overgave. Deze aura is helder en uitgebalanceerd, scherp en duidelijk afgetekend. Dit kind zal zijn eigen weg gaan, doelgericht, ook koppig vaak. Al snel zul je merken dat hij vastberaden zijn leven in eigen handen neemt en weinig inmenging verdraagt. Dit kind zal resoluut zijn eigen spoor trekken. Hij weet wat hij wil en aarzelt zelden. Hij is onverstoorbaar. Sterk karakter, scherpe geest. Over hem hoef je je geen zorgen te maken. Hij zal zelfzeker en evenwichtig door het leven gaan. Prijs je gelukkig, want dit is een sterke en zelfstandige ziel.'

Ik: 'Mooi zo. Maar hoe ziét u dat allemaal? En wat is een aura?'

Zij: 'Elk lichaam is een vibratie die gekleurd wordt door emoties. Die trillingen vormen een aura om je heen, die alle mogelijke kleuren en vormen kan aannemen. Een aura geeft ontzettend veel informatie. Alleen al op het eerste gezicht, zonder verder te analyseren, kun je van een aura een boel informatie aflezen. Jouw baby bijvoorbeeld is heel gemakkelijk te "lezen". Zijn aura is zo helder dat het mij geen enkele moeite kost een analyse te maken. Een ander voorbeeld. Onlangs was hier een vrouw en die had in haar aura een ontzettend dikke buik, waarin zij voortdurend al haar emoties wegduwde. Het leek alsof zij zwanger was van haar eigen emoties. Bovendien was er geen enkele beweging zichtbaar in die dikke buik. Net een depot waarin allerlei afval werd gedropt.

Dergelijke auravormen vallen onmiddellijk op. Je ziet een heel duidelijk beeld dat op zich al boekdelen spreekt. En als je dat wilt, kun je dat beeld verder gaan analyseren.

Louter technisch gezien bestaat een aura uit verschillende lagen, en er zijn technieken om die lagen te ontleden. Laagje na laagje bekijk je ze, als een ui die je pelt. Bij die vrouw met die dikke buik bijvoorbeeld ga ik dan zoeken wáár dat depot precies is ontstaan, wanneer ze is beginnen "stapelen", waarom ze dat doet.

Het is zoals een dialader waarvan je één voor één de dia's projecteert tot je aan de eerste dia gekomen bent. En die eerste, die haal ik eruit. Eigenlijk weet ik niet precies hoe ik dat doe. Opeens is die dia daar, als een beeld dat plots naar voren komt. Zoals met een vakantiefoto die je tien jaar geleden op vakantie in Zwitserland genomen hebt. Je ziet die foto en plots herinner je je in één flits precies de omstandigheden en alles wat je daar hebt meegemaakt. De details komen een tijdje later, als je ook de andere foto's gaat bekijken.'

'Mijn vaardigheid om aura's te lezen kun je vergelijken met het bedienen van een tv-toestel. Ik kan het aan- of afzetten. Als ik bijvoorbeeld naar de supermarkt ga, heeft het geen enkele zin om voortdurend ieders aura te zien. Dus zet ik op die momenten mijn tv-toestel af.

Voor mij komt het erop neer dat ik "mijn niveau verlaag" telkens als ik onder de mensen kom. Het omgekeerde gebeurt als ik werk: dan "trek ik mijn niveau omhoog". Want hoe hoger mijn vibratie, hoe gemakkelijker het voor mij is om een aura te lezen. Het is de kunst om die aura zo helder mogelijk waar te nemen, zonder het beeld te vermengen met allerlei persoonlijke interpretaties. Ik heb keihard moeten werken om die vaardigheid te verfijnen en aan te scherpen.

Zij:

'Ik wil te voet naar Jeruzalem.

Is dat realistisch?'

In zekere zin heeft iedereen die vaardigheid. Alleen heb ik die gave ontwikkeld, terwijl jij ze misschien hebt weggestopt. Het zit in onze genen, zou ik zeggen. Elke mens heeft het, maar bij sommige mensen zit het zo diep weggeborgen dat ze zich er zelfs niet meer van bewust zijn.

Ik ga ervan uit dat iedereen minstens één punt heeft waarop hij helderder is dan op andere punten. De een kan helder denken, de ander kan helder voelen, nog een ander kan muziek componeren. Een gave kan sterk uitgroeien als je ze bewust ontwikkelt.

Maar uiteraard moet je wel een bepaalde basis of gevoeligheid hebben. En die had ik als kind al, lang voor er van enige opleiding of therapie sprake was. Al heel vroeg wist ik allerlei dingen. Over mensen, over mijn ouders. Ik wist dingen zonder dat ze uitgesproken waren. Soms wist ik gewoon hoe dingen in elkaar zaten, zonder dat ik het zelf besefte. Vandaar een gouden regel die ik altijd aan ouders meegeef: wees jezelf tegenover kinderen, want kinderen zijn heel gevoelig en voelen de dingen haarfijn aan. Doe nooit alsof, anders verwar je hen, en verstoor je hun ontwikkeling.'

'Lange tijd bestonden er in mijn leven nauwelijks andere dingen. Het leven, de psychologie, hoe de dingen in elkaar zaten, dát alleen interesseerde mij. Jarenlang heb ik zo hard moeten vechten om als buitenbeentje te overleven dat ik geen oog had voor meer wereldse dingen. Ik zat veel liever met mijn hoofd in de wolken dan dat ik met mijn voeten op de grond stond. Ik zag het leven als een zware opdracht.

Heel wat later dan de meeste meisjes begon ik mijn vrouwelijke, zachte kantjes te ontdekken. En tot mijn eigen verbazing kreeg ik stilaan meer plezier in het gewone leven. Vanaf toen is alles snel gegaan. Ik heb mijn man leren kennen en ik ben als vrouw helemaal opengebloeid. Door meer van het leven te genieten en ook door ouder te worden, ben ik pas echt beginnen te léven.'

'De meeste mensen die hier komen, zijn op zoek zijn naar zichzelf. Er komen ook duidelijk meer vrouwen dan mannen. *(glimlacht)* De mannen die hier komen, hebben trouwens vaak problemen met een vrouw. Ze willen dingen over haar te weten komen. Ze vragen zich af hoe die vrouw "in elkaar steekt". Maar dat vertel ik hun natuurlijk niet. Het zou niet correct zijn om iemand die hier niet aanwezig is, zo maar eventjes in zijn blootje te zetten.

Wie komt hier nog meer? Mensen die al op de een of andere manier in therapie of in beweging zijn. Of mensen die zelf een auraopleiding volgen en die een beetje verward zijn door alle uitleg die ze krijgen. Ze willen voor zichzelf de dingen op een rijtje zetten. Dan zijn er nog de mensen die gewoon hun aura komen laten "opkuisen". En natuurlijk zijn er ook mensen die in een crisissituatie zitten. Echtscheiding, ontslag, problemen met de kinderen, een ernstige ziekte.

Natuurlijk word ik ook weleens geconfronteerd met mensen die sceptisch staan tegenover wat ik doe. Of die helemaal niet openstaan voor wat ik vertel. Meestal zijn dat mensen die naar hier *gestuurd* zijn. Door hun partner bijvoorbeeld. Er zijn mannen die door hun vrouw voor de keuze worden gesteld: naar hier komen en aan zichzelf werken of uit elkaar gaan.

Af en toe komen hier ook weleens mensen, managers bijvoorbeeld, met zo'n houding van: "Ik laat me niet kennen. Ik geloof toch niet in de onzin die je vertelt." Vroeger wist ik niet hoe ik met zulke mensen moest omgaan. Nu sta ik wat steviger in mijn schoenen en doe ik gewoon mijn ding. Ik bekijk hun aura en begin met af te lezen hoe ze zich voelen en met welke instelling ze naar mij toegekomen zijn. Het ijs is dan meestal snel gebroken.'

'Uiteraard besef ik dat ik met een heel delicate materie bezig ben. Mensen komen hier met vragen over hun gezondheid, hun relatie, hun kinderen, hun toekomst. Al hun zorgen, problemen en verwachtingen vertrouwen ze aan mij toe. Die verantwoordelijkheid weegt soms zwaar. Geloof me, duizenden angsten heb ik hier al uitgestaan. Vreselijk. “Help, hoe moet ik zeggen wat ik nu in die aura zie? Hoe zal die persoon op mij reageren? Stel dat hij vreselijk boos wordt.” En inderdaad, sommige mensen worden heel emotioneel, boos of beschuldigend.

Toch stel ik vast dat mijn twijfels de laatste vijf jaar drastisch zijn afgenomen. *(diepe zucht)* Zweet! Koud zweet heb ik al vaak in mijn handen gevoeld. Want je moet het toch maar durven, hé. Ik ben mij er trouwens zeer goed van bewust dat ik fouten kan maken. Mijn informatie kán natuurlijk gekleurd zijn door mijn eigen interpretatie of oordeel.’

‘Wat ik doe, vraagt een grote concentratie. Daarom werk ik hooguit een paar uur per dag, alleen in de voormiddag. Ik kan daar écht moe van zijn. Gelukkig zijn er ook mensen die met slechts één of twee vragen naar hier komen, en voor de rest alleen maar “opgekuist” willen worden. Dat betekent dat ik de aura weer helemaal schoonmaak. Een aura moet normaal heel licht van kleur zijn, doorschijnend, met pasteltintjes. Als ik vale, donkere of bruine kleuren zie, begin ik de aura te zuiveren tot die opnieuw heel helder wordt. Het is zoals slijk dat je naar de aarde laat wegspoelen. Als de kleuren gemakkelijk helder worden, wijst dat op je bereidheid om dingen los te laten. Maar ik begin nooit te trekken en te sleuren, want ieder mens heeft zijn eigen leerproces. Wat je niet wilt loslaten, blijft gewoon zitten. Zo’n schoonmaakoperatie vind ik heel leuk want tegelijkertijd kuis ik mezelf helemaal op. Dat soort werk zou ik een hele dag kunnen doen.

Verder leid ik een heel gewoon leven. Ik zorg voor de kinderen, ik werk in de tuin en ik hou van feestjes en gezelligheid. Ik vind het trouwens leuk om op te trekken met mensen die helemaal niet weten welk werk ik doe. Dan vragen ze me tenminste niet voortdurend wat ik in hun aura zie. Ik vind het ook een hele opluchting om niet voortdurend met die dingen bezig te zijn.

Toch is het zo dat mijn persoonlijk leven en mijn werk één pot nat zijn. Ik lees en zuiver ook de aura's van mijn man en mijn kinderen. Ik wist ook al vanaf de conceptie dat ik zwanger was. Want iemand die zwanger is, heeft een lichtje in haar buik. Zodra de ziel van het kindje goed en wel is "ingedaald", is er ook een grotere aura te zien. Ik heb dat heel goed gemerkt tijdens mijn eigen zwangerschappen. Ik kreeg toen trouwens ook informatie over dat kind door.

Enerzijds vond ik dat een beetje vervelend want het gaf me het gevoel dat alles al was voorbestemd. Maar anderzijds stelde het mij gerust. Ik hoefde mij blijkbaar niet over alles zorgen te maken.

Al heel snel na de geboorte van mijn eerste kind voelde ik dat er al een tweede kind "klaarstond" om geboren te worden. Ik voelde dat er een krachtige, opdringerige ziel om mij heen cirkelde: "Ik wil komen. Nu direct."

Ik heb die tweede zwangerschap nog even uitgesteld. Maar een jaar later waren we er klaar voor. Het was een moeilijke zwangerschap die naar mijn gevoel wel vijf jaar duurde. Ik voelde me ziek en had een enorme dikke buik. Ook mijn aura was twee keer zo dik als anders.

Maar het mooie was dat ik begon te merken dat die zwangerschap mijn energieniveau zo sterk optilde dat ik een hoger informatieniveau bereikte. Uiteindelijk bleek dat kind een zalig schatje te zijn. Maar nu terug naar jullie. Het is tijd voor de laatste vraag.'

'Ik heb slechts één vraag die mij bezighoudt', glimlacht Magdalena, 'Ik wil te voet naar Jeruzalem. Is dat realistisch? Zal ik slagen in mijn onderneming?'

★

Op de terugweg, in de auto.
Ik: 'Hoe vond je het?'
Zij: 'Raar. Geschift. Fascinerend ook.'
Ik: 'Wijsheid of waanzin?'
Zij: 'Fascinerende waanzin.'

Ik: 'Ik ben benieuwd of haar voorspelling klopt.'

Zij: 'Over Milan?'

Ik: 'Ja. En over jouw tocht. Ze zei dat je in je onderneming zou slagen.'

Zij: 'Ook als ze had gezegd dat het niet haalbaar was, zou ik toch naar Jeruzalem stappen.'

Ik: 'Waarom Jeruzalem?'

Zij: 'Waarom niet?'

Ik: 'Je lijkt zo vastbesloten.'

Zij: 'O ja, in maart vertrek ik. Tot dan heb ik nog tijd om samen aan ons boek te werken. Op zoek naar wijsheid maken we een tocht langs alle wijzen, goeroes en profeten die tegenwoordig zo in trek zijn.'

Ik: 'Maar de grens tussen wijsheid en waanzin is zo smal. Op zoek naar de wijsheid zullen we veel waanzin tegenkomen.'

Zij: 'Natuurlijk. Op zoek naar God zullen we op valse profeten botsen. Maar dat is toch niet erg? Want ik weet zeker dat we een fijne tijd zullen hebben, en dat we hier en daar toch ook wat wijsheid zullen vinden.'

Hij:
'Door wat ik doe, genees ik zelf en genees ik ook
alle mensen die ik heb gedood.'

'Nadat ik in
de afgrond sprong,
kreeg ik vaste grond
onder de voeten.'
[Magdalena]

HOOFDSTUK 3

Geheimen groeien in het donker

5 JUNI 1997

Een brief van Magdalena in de bus. Ze start met een citaat, in haar mooiste kalligrafie.

'Auf alten Landkarten ist Jerusalem Mittelpunkt der Welt:
Drei Kontinenten zweigen von der Stadt ab. Wie Blätter sind sie
in ihrem Herzen, Jerusalem, verbunden.

Lieve Annemie,

Je vroeg me waarom ik precies naar Jeruzalem wil stappen. Weet je, Jeruzalem is een heel bijzondere plek: een smeltkroes van godsdiensten en culturen met een scherpe politieke betekenis. En niet te vergeten, op de juiste afstand gelegen: een klein jaar stappen.

Het zou natuurlijk ook Madrid of Helsinki kunnen zijn. Rome niet, die stad is het centrum van de christelijke cultuur, en het is niet mijn bedoeling er een katholieke bedevaart van te maken.

Zoals je weet, vraag ik mij al mijn hele leven af:

Wat blijft er over
als je van alles
alles aftrekt
wat-er-niet-toe-doet?

Voor mij is het stilaan tijd om een antwoord op die vraag te vinden.

Als je het symbolisch bekijkt, kun je mijn tocht beschouwen als een verlangen naar de kern van de dingen. Om bij die kern te komen – noem het God, de Wijsheid of het Grote Inzicht – moet je vaak eerst een grote, omtrekkende beweging maken.

Dát is mijn tocht naar Jeruzalem.

Tegelijkertijd besef ik dat je de Wijsheid niet per se ver weg moet zoeken, maar overal kunt vinden. Dát is de reden waarom ik je voorstelde om ook samen zo'n tocht te ondernemen.

Tot mijn vertrek naar Jeruzalem heb ik tijd voor *onze* tocht.

En *ons* boek? Ach, blijf gewoon verder schrijven.

We zien wel of er ooit een boek van komt.

Intussen zal ik hier en daar mijn licht eens opsteken. Eens rondkijken wie we op de grens tussen wijsheid en waanzin kunnen tegenkomen.

Kus, Magdalena.'

10 JUNI 1997

Een berichtje op mijn antwoordapparaat.

'Ik ben het, Magdalena. Je moet echt eens langskomen, want er logeert een heel bijzondere man in mijn huis: Claude Anshin Thomas. Een Vietnamveteraan die nu boeddhistische monnik is. Eén keer per jaar komt hij naar Europa om hier retraites te geven. Zijn levensverhaal is één groot drama. Te groot, te dramatisch voor woorden. Maar ik denk wel dat hij iets te vertellen heeft. Kom je snel langs om hem te ontmoeten?'

12 JUNI 1997

Met z'n drieën zitten we rond de tafel. Magdalena, de monnik en ik. Twee uur lang eten we, in stille meditatie, volgens de instructies van

Claude. Dat betekent: vijftig keer kauwen we op één hap, traag en aandachtig.

Na de maaltijd nodigt hij ons uit om samen te wandelen in meditatie. 'Bewust van elke beweging die je lichaam maakt als je de ene voet voor de andere zet.'

Zo stappen we twee uur lang door Magdalena's tuin. In rondjes, en tergend traag.

Daarna is het tijd voor de zitmeditatie. Op de grond, de benen gekruist. Aandachtig voor elke inademing, bewust van elke uitademing.

Zo kruipt de dag voorbij, en opnieuw is het tijd voor de eetmeditatie. 'Koken hoeft niet,' zegt de monnik, 'want er is nog eten in overvloed.'

Precies één lepel gekookte rijst schept hij op ons bord. 'Vijftig keer kauwen op één rijstkorrel,' luidt de boodschap, 'met volle aandacht, én bewust van elke beweging van je mond.'

'Het spijt me,' fluistert Magdalena plots, 'maar ik moet ervandoor. Mijn collega-opvoedster wacht op mij. Over precies één uur begint mijn nachtshift.'

'*No problem*', knikt de monnik, en hij kauwt onverstoorbaar voort.

Na de maaltijd neemt hij me mee naar zijn kamer in Magdalena's huis. De ruimte is leeg, op één stoel na. Prompt zet hij de stoel in het midden van de kamer en nodigt mij uit erop te gaan zitten. Terwijl ik doe wat hij me vraagt, gaat hij pal voor mij op de grond zitten.

'*Feel my finger*. Hoe voelt hij aan?'

'Zacht. Warm.'

'Met deze vinger heb ik tweehonderdvijftig mensen vermoord.'

Ik slik.

'Onlangs is er in Amerika een berucht seriemoordenaar berecht die over een periode van tien jaar tijd ongeveer dertig jongens heeft vermoord, van wie hij er sommige opat. Ik doodde meer mensen op één dag. Die seriemoordenaar ging de gevangenis in en kreeg de doodstraf. Ik werd nooit veroordeeld en leef nog steeds. Het verschil is dat ik in de oorlog doodde, en hij niet.'

Hij: 'Mijn vader vond dat ik in het leger moest gaan. Het zou me goed doen, zei hij. Ik zou er discipline leren. Het leger zou een echte man van mij maken. Mijn vader was ook soldaat geweest. Hij had gevochten in de Tweede Wereldoorlog. Ook mijn grootvaders hadden in de oorlog gevochten. Maar geen van hen had mij ooit over de oorlog verteld. Ik had wel stoere verhalen van hen gehoord. *Stories*. Maar hoe het er in de oorlog werkelijk toeging, dát hadden ze me nooit verteld.

Dus ging ik op mijn zeventiende naar de *recruiter* en werd soldaat.

De dag dat ik moest vertrekken, bracht mijn vader mij weg met de auto. We reden naar een dorp in de buurt waar ik de bus zou nemen. Mijn vader zette me af aan de bushalte en reed weg, zonder te wachten tot de bus eraan kwam. Dat vond ik erg. Zijn enige zoon vertrok naar de oorlog en hij kon het niet opbrengen om samen met mij te wachten tot de bus eraan kwam.'

'Als zeventienjarige wist ik totaal niet wat ik met mijn leven wilde aanvangen, en vertrouwde dus maar op mijn vaders suggestie. *(denkt na)* Misschien had ik toch wel een vage voorstelling van het leven dat me te wachten stond. Ik had heel wat films over de Tweede Wereldoorlog gezien. Het waren romantische verhalen waarin de oorlog als een roemrijk avontuur werd afgeschilderd. Wie had meegevochten, werd thuis met open armen onthaald, beladen met medailles en decoraties.

Natuurlijk was ik ook bang om te gaan. Maar ik had geleerd mijn angst weg te duwen. Ach, er zijn momenten geweest dat ik het mijn vader kwalijk nam. Maar nu niet meer. Ik ben tot het besef gekomen dat "boos op hem zijn" betekent dat ik geen verantwoordelijkheid voor mezelf neem en dus ook onmogelijk met mezelf in het reine kan komen. Ik moet de waarheid onder ogen zien. *Ik* ben naar die oorlog getrokken, en ik *heb* honderden mensen vermoord.'

'Zag je hun gezichten toen je hen doodde?'

(stil) 'Ja, bijna altijd zag ik hun gezicht.'

'Haatte je hen?'

(denkt lang na) 'Soms. Terwijl ik hen doodde, was er vaak haat. Ik haatte de vijand. Ik doodde geen mensen, ik doodde de *vijand*. In onze opleiding waren we getraind om de vijand te "dehumaniseren". De vijand, dat waren geen Vietnamezen, geen mannen, geen vrouwen, geen kinderen, geen vaders, geen moeders, geen grootouders. De vijand was gewoon de vijand. Hij kreeg verschillende namen: *gooks*, *slopes*, *zips*, *spleetogen*. Alle menselijkheid werd hun ontnomen. Want het is onmogelijk tegelijkertijd de menselijkheid van iemand te zien en hem te doden.'

'Dat doden deed mij op dat moment totaal niets. Het was ook zo anoniem. Ik was mij niet bewust van enig gevoel daaromtrent. Ja, woede, daar was ik mij wel van bewust.

In zulke traumatiserende situaties leer je een muur op te trekken tussen jezelf en je gevoelens. Je komt in een toestand van gevoelloosheid. *No contact, no feelings.* En dat systeem werkt perfect. Eenmaal de stap gezet, is het te laat om nog te twijfelen. Het is zoals het verhaal van *Alice in Wonderland.* Als je eenmaal door de spiegel stapt, kom je in een heel andere wereld terecht. En dáár moet je verder leven.'

'Intussen bleef ik wel de gewone, dagelijkse dingen doen, maar op een andere manier dan voorheen. Ik at, ik praatte met de anderen. Maar ik deed dat zoals een kind met een pop speelt. Het kind praat met de pop. De pop reageert wel niet écht, maar voor het kind is het best in orde zo. Voor mij waren alle mensen poppen. Ik praatte met hen, maar er was geen enkele verbinding tussen mijn woorden en mijn gevoelens, tussen mezelf en de anderen. Heel vreemd. Het enige dat gewoon verder functioneerde, was mijn hoofd. Ik bleef in staat helder te denken, situaties te analyseren, beslissingen te nemen. Alleen slapen lukte niet meer. En dat is sindsdien zo gebleven. Sinds Vietnam slaap ik heel moeilijk.'

'Ik weet niet of de andere soldaten op dezelfde manier reageerden als ik. Maar intussen weet ik wel dat iédereen in staat is de dingen te doen die wij daar hebben gedaan. En ik weet ook dat iedereen die in een oorlog heeft gezeten vreselijke trauma's heeft opgelopen. Al in Vietnam besefte ik dat ik thuis nooit meer gewoon zou kunnen leven. Daarom hoopte ik, elke dag opnieuw, dat ik in die oorlog zou omkomen. Tegelijkertijd wil ik koste wat het kost overleven. Overleven was het enige waar het uiteindelijk nog om draaide. Ik wilde overleven, en ik wilde dat er zoveel mogelijk van ons overleefden. Ik was vertrokken vanuit een soort nationale trots, om mijn land te dienen, omdat ik een soort held wilde zijn. Maar na nauwelijks één week Vietnam wist ik al dat die oorlog waanzin was. "Wat gebeurt hier in godsnaam? Al die mensen doden.... Waarom?" Het was compleet absurd.'

'Op een dag stonden we met onze helikopters aan de rand van een dorp. Plots kwamen er een heleboel kinderen uit het dorp naar ons toe gerend. Dat was bedreigend, want wij hadden geleerd dat de vijand iedereen en overal kon zijn. Al wie te dichtbij kwam, moest als gevaarlijk worden beschouwd. Dus opende één van ons het mitraillettevuur en mikte net boven de hoofden van de kinderen. Onder luid gekrijs stoven de kinderen uit elkaar en holden terug naar het dorp. Op de grond was echter een kleine baby achtergebleven. Een wenende, krijsende baby. En wat doe je als een pasgeboren baby weent?'

Ik durf zijn vraag niet te beantwoorden. Hoe kan ik nu weten hoe een jonge Amerikaanse soldaat in Vietnam zou reageren?

'Wat doe je dan?' dringt de monnik aan. 'Wat zou jij doen als er op de grond een pasgeboren baby ligt te wenen?'

'Hem oppakken', fluister ik.

'Natuurlijk,' zegt de man, 'zelfs een soldaat in Vietnam zou de baby in zijn armen nemen. Dus ging iemand van ons naar die baby toe. Even dacht ik nog: "Blijf van die baby af." Maar voor ik de tijd had om die gedachte te verwoorden, zag ik dat de baby in de handen van de soldaat als een bom ontplofte. De explosie was enorm. Het voetje van de baby vond ik later terug op mijn borst, tussen mijn kleren.'

'Na zulke ervaringen is het extreem moeilijk om verder te leven zonder gek te worden. Want als je probeert dergelijke herinneringen weg te stoppen, of als je ze op de een of andere manier als normaal begint te beschouwen, slaat de waanzin toe. Of pleeg je zelfmoord. Na die oorlog hebben trouwens meer veteranen zelfmoord gepleegd dan dat er in de oorlog soldaten gesneuveld zijn.

Zelf heb ik mijn hele leven niets anders gedaan dan op alle mogelijke manieren te proberen die herinneringen van mij af te zetten. Roken, drinken, drugs. Maar niets hielp. Integendeel, hoe meer ik probeerde die herinneringen weg te duwen, hoe sterker ze mij in hun greep hielden. *Secrets grow in the dark.*'

(denkt na) 'Als ik er goed over nadenk, heb ik slechts één positieve herinnering aan die vreseijke tijd. Er was een plek: Vung Teu, een stad aan de kust, in het zuiden van Vietnam. Het was een vluchtoord, een plaats waar je heen kon gaan om uit te rusten. In de stad zelf ging het vechten gewoon door, maar op het strand was het veilig. Het strand van Vung Teu was een vredige, neutrale plek waar je, heel even, de stress en de spanning van de oorlog kon vergeten.

En het bijzondere was dat iedereen daar kwam. Amerikaanse soldaten, Noord-Vietnamese soldaten, Zuid-Vietnamese soldaten, de Vietcong. Je kon niet uitmaken wie wie was, want niemand droeg een uniform. Maar ze waren er allemaal.

(stil) Tot op de dag van vandaag is het strand de enige plek waar ik me echt veilig en rustig voel. Ik heb dat ooit aan mijn zoon verteld. En weet je welk verjaardagscadeau hij me gaf? Een cd met oceaan-

geluiden. *(ontroerd)* Hij gaf me die cd zodat ik mij op het strand zou wanen. Hij gaf me die oceaangeluiden zodat ik 's nachts beter zou kunnen slapen. Zo wilde hij zijn vader een beetje rust geven.'

'Later, toen ik terug thuis was, waren er mensen die mij vroegen: "En, hoe was het in de oorlog?" Dan vertelde ik hun over de oorlog en over Vietnam. Maar hun ogen dwaalden af en ik merkte dat ze niet wilden luisteren. Of het niet konden aanhoren. Heel snel leerde ik een belangrijke les. Over de oorlog zwijg je beter, want de mensen willen er niet echt iets over horen. Maar, zoals ik al zei: "*Secrets grow in the dark.*" En bovendien: "*They become bigger and bigger and they'll eat you like a cancer.*"'

'Terug thuis kreeg ik een baby, een zoon. Als ik rechtop zat, kon ik die baby op mijn bovenbenen leggen, helemaal uitgestrekt. Dan kraaide hij en spartelde hij met zijn armpjes en beentjes. Ik vond het heerlijk hem zo bezig te zien. Maar als hij in zijn bedje lag en begon te wenen, kon ik het niet opbrengen om naar hem toe te gaan. Ik kon het gewoon niet. Ik had telkens het gevoel dat er een zwerm bijen in mijn borst zat. Telkens als de baby weende, liep ik het huis uit of nam ik een drug. Toen de baby drie jaar oud was, verliet ik hem en zijn moeder. Ik kon niet langer met hen leven. In zekere zin liep ik weg van de herinneringen. Maar hoe meer ik ze probeerde te verdringen, hoe sterker ze werden. Wat ik ook deed, het bracht alleen maar meer ellende. Vijftien jaar lang was mijn leven een lange aaneenschakeling van geweld, mislukte relaties, criminaliteit, drugs en alcohol. Elke dag opnieuw verlangde ik ernaar om dood te gaan.'

'In 1983 had ik een nieuwe relatie, de zoveelste. Maar deze keer, met dié vrouw, wilde ik zo graag dat het lukte. Omwille van haar ben ik uiteindelijk naar een psychiater gestapt, die mij ervan overtuigde te stoppen met drugs en alcohol. Ik begon ontzettend mijn best te doen, maar toen de vrouw die ik zo graag zag mij uiteindelijk toch verliet, greep ik meteen opnieuw naar de drugs.

Op een nacht nam ik een enorm hoge dosis, goed wetend dat het een dodelijke dosis was.

Net voor ik het bewustzijn verloor, hoorde ik het gerinkel van de telefoon. Ik nam op, en op de een of andere manier – ik herinner me niet precies hoe – vertelde ik wat ik had gedaan.

Toen de ambulance arriveerde, had ik een hartstilstand. Ik kon nog net gereanimeerd worden en ik overleefde. Opnieuw.

Uiteindelijk kwam ik in een ontwenningskliniek terecht waar ik volledig gestopt ben met drugs, alcohol en roken. Pas toen kwamen al de pijn en al het lijden naar buiten. De muur die ik rond mezelf had opgetrokken, stortte volledig in elkaar en ik dacht dat ik gek zou worden. Maar vreemd genoeg bleef ik overeind en werd ik niet gek. Intussen ben ik ervan overtuigd dat trauma's alleen maar kunnen genezen als je met open ogen durft te kijken naar wat er is gebeurd. Je moet doorheen de pijn gaan. Als je dat niet doet, zal die pijn jou vernietigen.

Wat ik tijdens de oorlog heb meegemaakt, was afgrijselijk, dramatisch en traumatisch. Maar tegelijkertijd ben ik er nu dankbaar om. Want het helpt mij om de realiteit van het lijden in de wereld onder ogen te zien. Met wat ik heb meegemaakt, kan ik het lijden in de wereld onmogelijk nog ontkennen. Pas zo is er heling en genezing mogelijk.

Voor mij is zenmeditatie dé sleutel, hét pad. Noem het *mindfulness* of *awareness*. Dat betekent dat je heel aandachtig en bewust de dingen doet die je doet.

Dat pad heb ik gevonden via een uitnodiging om naar een boeddhistische retraite te gaan die geleid werd door een Vietnamese zenmeester, Thinch Nhat Hanh. Die man werkte met Vietnamveteranen. Daarna werd ik uitgenodigd in een boeddhistisch klooster in Zuid-Frankrijk waar ik gedurende drie jaar, met onderbrekingen, in een gemeenschap van Vietnamese mensen leefde. Het was mijn eerste echte contact met Vietnamezen.

Dáár leerde ik zenmeditatie kennen. Ik wandelde veel, aandachtig en bewust, en ik leerde dat dat een "wandelmeditatie" was. Dáár werd ik me ervan bewust dat alles met alles verbonden is. Dáár was het ook dat ik mij een ongeluk schrok toen ik een baby hoorde wenen. Toen, toen pas, kwam de herinnering aan de "babyexplosie" terug. Tot die dag was ik erin geslaagd die herinnering weg te duwen.

Kijk, nog altijd sterven er veteranen aan het trauma dat ze in de oorlog hebben opgelopen.

Maar naarmate ik zelf genees van dat trauma, ben ik ook bezig met de genezing van alle andere veteranen. Door wat ik doe genees ik niet alleen zelf, maar genees ik ook alle mensen die ik heb gedood. En zelfs alle mensen die gedood werden in gelijk welke oorlog.

Ik ben dankbaar dat ik dit mag doen. Meestal toch. Af en toe zijn er nog wel momenten dat ik vind dat degenen die in de oorlog omgekomen zijn uiteindelijk het best af zijn. Omdat zij het geluk hadden te sterven.'

'Nu ben ik zenmonnik en begin ik elke dag met een meditatie: zitten, wandelen. Ik doe ook elke dag wat studiewerk. Meestal lees ik spirituele teksten. Oefenen in aandacht, en bewust zijn van alles wat ik doe, dat is mijn leven. Een van de oefeningen die ik doe, is de straat optrekken. Zonder monniksmantel, zonder geld, zonder eten, zonder slaapzak, zonder dak boven het hoofd. Als ik honger heb, bedel ik. Het is een kans om heel tastbaar in contact te komen met het lijden van anderen. Bedelen is vragen. Door te vragen geef ik de ander de kans om te geven. Er staat geschreven dat Boeddha zo leefde. Hij had alleen een kleed en een kom. En hij wandelde van de ene plaats naar de andere. Dat is alles.'

'Maar doe jij ook gewone dingen zoals naar de film gaan, of uit eten gaan? Ga jij bijvoorbeeld al eens op restaurant?' wil ik weten.

'Ja, al die dingen doe ik, maar ik probeer ze wel bewust te doen.

Je moet weten dat ik alleen maar op restaurant of naar de film kan gaan als ik word uitgenodigd. Want sinds ik tot monnik ben gewijd, heb ik de gelofte afgelegd nooit te gaan werken in de gewone betekenis van het woord. Om geld te verdienen dus. Stel dat jij mij uitnodigt om samen met jou naar een restaurant te gaan...'

'Ik zou nooit een monnik in een restaurant durven uit te nodigen...'

(teleurgesteld) 'Dat is jammer. Waarom niet? Want stel dat je het toch zou doen, dan zou ik heel blij zijn. Want wie ben ik om jou de vreugde van het geven te ontnemen?

Als ik naar een restaurant ga, eet ik de maaltijd in meditatie. Als het eten op tafel wordt gezet, adem ik drie keer in en uit en buig ik mijn hoofd. Meestal eet ik in stilte, of praat ik heel weinig. Ook als iedereen om mij heen praat, ook als er heel veel drukte en lawaai is.

Als ik gegeten heb, adem ik drie keer in en uit, buig ik mijn hoofd en dank ik voor het geschenk van het eten en van de mensen die voor het eten hebben gezorgd. Zo leef ik. Rustig en alleen.'

'In mijn traditie zijn er wel enkele monniken die trouwen of een vriendin hebben. Maar ik niet. Want ik heb ontdekt dat de mogelijkheden van een diepe verbondenheid veel groter zijn zonder dan mét seksueel contact. Heel vaak leidt seksualiteit af van échte intimiteit.

In onze cultuur en maatschappij wordt seks voortdurend verward met liefde en intimiteit. Maar seks en liefde zijn heel verschillende dingen. Bovendien zijn de contactmogelijkheden tussen mannen en vrouwen in onze maatschappij zeer beperkt. Als je een gelofte van seksuele onthouding aflegt, merk je dat die mogelijkheden plots veel ruimer worden.

Zelf heb ik de gelofte afgelegd mij niet te engageren in seksuele relaties. En eigenlijk ben ik daar ook niet echt in geïnteresseerd. In mijn geval zou het trouwens zeer unfair zijn om een vrouw te hebben en tegelijkertijd het leven te leiden dat ik nu leid.

Maar uiteraard heb ik wel seksuele gevoelens. Soms denk ik weleens: "Had ik maar een vrouw die naakt bij mij in bed zou liggen. Alleen maar om mij vast te houden. Dan zou ik me getroost en gerustgesteld voelen." Maar tegelijkertijd weet ik dat dat een illusie is. Je kunt het vergelijken met het nemen van een drug. Het zou slechts een tijdelijke verlichting geven.

Ik moet zelf in het reine komen met mijn eenzaamheid en mijn lijden. Als ik niet voor mezelf kan zorgen, kan ik nooit een goede partner zijn. Als ik de ander nodig heb om mijn eenzaamheid weg te nemen, zal de ander altijd falen.'

'Ik heb een voorstel voor jou en Magdalena. Volgende week vertrek ik naar Berlijn, voor een straatretraite. Kom met mij mee. Jullie zullen buiten slapen, zonder slaapzak, zoals de andere daklozen. Het zal koud zijn. We nemen geen geld en geen eten mee. Als we honger hebben, gaan we bedelen.'

'Waarom zou ik in godsnaam gaan bedelen?'

(grinnikt) 'Zoals jij dat woord uitspreekt! Precies daarom moet je het doen. Kijk maar eens hoe je je voelt als je het woord "bedelen" uitspreekt.'

'Inderdaad, erg leuk lijkt het me niet. De mensen lopen je voorbij. Ze kijken op je neer, ze negeren je.'

'Maar dat is juist een kans. Zo wordt het lijden van anderen heel tastbaar. Je ziet het, je voelt het, je weet het. Zo'n straatretraite haalt al je illusies onderuit. Dan pas zie je hoeveel overvloed er is, en hoe onbelangrijk dat is. Trouwens, het is helemaal geen negatieve ervaring. Integendeel. Als je terugkomt, kun je de dingen veel beter appreciëren. Je zult merken dat het goed is dat die comfortabele dingen er zijn, maar dat het ook goed is als ze er niet zijn. Je gaat ze op een veel diepere manier appreciëren. Je ziet dat zij die alles hebben, nog het meest lijden. Want doordat ze zoveel hebben, denken ze dat ze niet meer hoeven te lijden. En zo zit dat natuurlijk niet in elkaar.

Je ervaart dat de materiële dingen illusies zijn. Ze stellen niets voor. Zo'n straatretraite is een heel, heel sterke les. Ik nodig je uit. Kom mee naar Berlijn. *You are invited.*'

Hij:
'Gelukkig waren de nachten warm,
en de wolken mooi.'

'Nadat ik mijn huis verliet,
kwam ik pas thuis.'
[Magdalena]

HOOFDSTUK 4

Het Grote Luisteren

13 JUNI 1997

's Ochtends, na haar nachtdienst, springt Magdalena nog even bij me binnen. Zoals elke keer verbaas ik me erover hoe fit ze is na een hele nacht werken.

'Zullen we samen een week gaan bedelen?' vraag ik haar, na mijn relaas over de monnik. 'Ik wil wel een weekje naar Berlijn.'

'Ben je gek? Waarom zouden we dát in godsnaam doen?'

'Als meditatie. Als oefening in nederigheid. Heel zen.'

'Bedelen met een bankkaart op zak? Ik denk er niet aan. Ik zal mijn eigen tocht wel maken. Als ik een jaar ga stappen, zorg ik dat ik voldoende geld heb bijeen gespaard. Op tocht probeer ik heel sober te leven en vraag ik weleens om onderdak. Maar bedelen? Nooit. Dan blijf ik liever thuis. Maar ga jij gerust naar Berlijn, als je daar zin in hebt.'

'Grapje. Ik geef borstvoeding, weet je wel? Al zou ik met een baby aan de borst wel een goede bedelbeurt maken, denk ik.'

'Ik ken wel een man die volgende week met de monnik naar Berlijn vertrekt. Al enkele dagen is hij bezig om zich te laten vervuilen. Water, zeep, tandenborstel, deodorant, schone kleren zijn voorlopig taboe. Als hij terug is van Berlijn, proper en fris, zal ik hem eens uitnodigen.'

25 JUNI 1997

Wouter is niet alleen fris gewassen en goed gekleed, maar ook knap en zelfverzekerd. Hoogopgeleid, een late dertiger met een kaderfunctie in een computerbedrijf. Met een glimlach kijkt hij terug op zijn weekje bedelen in Berlijn.

Wouter: 'Ik had met Claude afgesproken om vijf dagen voor ons vertrek te stoppen met elke lichaamsverzorging. Je kunt toch moeilijk netjes gewassen en met schone kleren tussen de daklozen gaan zitten? In België gaf die *vervuiling* me een vreemd en vies gevoel. Maar ginder, in Berlijn, vond ik dat helemaal niet moeilijk meer. Integendeel. Het voelt heel vertrouwd aan om dag en nacht in dezelfde kleren rond te lopen. Op den duur zitten ze je als gegoten. Ik had de indruk dat mijn collega-bedelaars er meer last van hadden dan ik. Er was een vrouw die, net als in de stripverhalen, als enige stuk bagage een tandenborstel bij zich had. "Dat is mijn grens", zei ze. "Ik accepteer alle afspraken, maar ik wil mijn tanden kunnen poetsen."

Ach, iedereen had zijn eigen grenzen en zijn eigen redenen. We waren met vijftien, de meesten tussen dertig en veertig jaar. Er was een vrouw bij die met alcoholici werkte. Omdat de meeste daklozen een drankprobleem hebben, hoopte ze het probleem wat beter te leren kennen. Er was ook een gynaecoloog. "Dit is mijn vak," zei hij, "ook die mensen help ik op de wereld te zetten." Twee oudere vrouwen stonden voor hun pensioen en wilden iets met daklozen gaan doen. Er was een meisje van achttien met een zus die kanker heeft; een jongen met een schizofrene broer.

(stil) Ook ik had mijn reden, want ik heb op straat een broer verloren. Het leek me de enige manier om met zijn dood in het reine te komen. Ik zag wel op tegen het straatleven: de honger, de ellende, de vernedering. Tegelijkertijd had dat leven voor mij ook iets aantrekkelijks en avontuurlijks. Onder brugpijlers slapen, gekke mensen ontmoeten, spannende en ongewone dingen doen.

Toch is zo'n straatretraite iets heel anders dan een overlevingstocht of een alternatieve citytrip. Uiteindelijk is het een confrontatie met jezelf. Door elk comfort uit te schakelen, besef je hoe rijk de wereld wel is, en tegelijkertijd hoe onbelangrijk al dat materiële gedoe is. Door het straatleven in te duiken en "aan de andere kant" te gaan staan, kom je onvermijdelijk jezelf tegen: je verdriet, je pijn, en vooral je oordeel over anderen.'

'Zolang mijn broer leefde, heb ik elk contact met zijn "leven op straat" vermeden. Hij was een vrolijke, fijne kerel die 's zomers met zijn gitaar naar Spanje trok en daar van zijn muziek leefde. Hij was gelukkig, rookte jointjes en deed waar hij zin in had. Maar in de winter werd het moeilijk. Dan maakte hij muziek in de metrostations van Brussel, Parijs of Amsterdam. Na een tijdje vond hij geen onderdak meer, verpatste zijn spullen en begon te leven als een clochard. Stilaan verloor hij zijn uitbundigheid en begon hij een duister nachtleven te leiden. Het ging van kwaad naar erger. Inbraak, drugs, autodiefstal, de politie op zijn dak.

Af en toe kwam hij bij me aankloppen. Dan verwende ik hem eens goed, terwijl ik mijn huis in een mum van tijd in een stal zag veranderen. Mijn broer bracht zijn straatleven gewoon het huis binnen. Als ik daar na een tijdje over begon te mopperen, zei hij: "Broer, bedankt voor alles wat je voor mij gedaan hebt. Ik ga de straat weer op." En weg was hij.

(stil) Op een dag is hij gestorven. Op straat. In de goot. Heel triest.

In Berlijn was er een man in de groep die heel erg op mijn broer leek. Lange, zwarte haren in een staart, een leren jekker, een ruige stoppelbaard. Op die manier kwam ik mijn broer bij wijze van spreken overal tegen, de hele dag door.

Elke ochtend en elke avond vertelden we in de groep onze ervaringen. Mijn verhaal was altijd hetzelfde: "Ik ben hier omdat ik op straat een broer verloren heb."'

‘ ’s Ochtends, als het licht werd, stonden we op. In deze periode van het jaar is dat heel erg vroeg. Toch was ik altijd blij en opgelucht als het zover was, na een korte nacht met veel te weinig slaap. Ik denk dat we gemiddeld maar vier uur per nacht sliepen.

Dan raapten we ons boeltje bij elkaar en gingen op pad. Eerst zochten we een plekje voor de ochtendceremonie. Dan gingen we een kwartiertje in stilte op de grond zitten. Zitten en ademen. Waarnemen zonder oordeel. Niets meer, niets minder. Dat is zenmeditatie.

Normaal gezien geeft een gong of een belletje het einde van de meditatie aan. Maar op straat gebruikten we daarvoor een lege fles martini en een houten stok. We droegen uiteraard geen horloge, zodat iemand maar moest aanvoelen wanneer dat kwartier ongeveer voorbij was. Daarna begonnen we de bodhisattva’s aan te roepen. Volgens de leer van de boeddhisten zijn dat *Diegenen die Luisteren naar de Noodkreten van de Wereld*. Zij vertegenwoordigen *Het Grote Luisteren*. Zij helpen ons om te kunnen verstaan, door te luisteren naar wat gezegd wordt maar toch ongezegd blijft. Door het reciteren van eeuwenoude Japanse teksten riepen we hen op in onze kring om onszelf te *voeden* voor we opnieuw de stad introkken. Dat waren sterke momenten. Je voelt dat die teksten al eeuwenlang werken, dat het belangrijk is ze in leven te houden, zelfs al begrijp je er geen jota van. Op de of andere manier doen ze iets met je. We deden die ceremonie ’s ochtends en ’s avonds. Meestal op een plek waar mensen ons konden naderen. De groep was open. Wie wilde, mocht erbij komen.

Na de ceremonie werden we er in groepjes op uitgestuurd om te gaan bedelen. Het bedelen nam het grootste deel van onze tijd in beslag.

Volgens Claude Thomas behoort bedelen tot de essentie van het boeddhisme. Boeddha zelf wandelde en vroeg. Door je te onthechten van elk materieel comfort kom je dichter bij de essentie. Het bedelen speelt daarbij een belangrijke rol.

Je moet het zo bekijken: het is goed voor de mensen om te kunnen geven. Als ik iemand de gelegenheid geef om te geven, dan geef ik hem ook de kans gelukkig te zijn. Want er is evenveel vreugde in het geven als in het ontvangen.

Iemand was heel verontwaardigd toen hij Claude geld zag geven aan een bedelaar die voor een drankwinkel zat. "Die gaat er meteen een fles mee kopen", riep hij.

"Laat hem," zei Claude, "ik geef het hem, hij doet ermee wat hij wil. Als je geeft, moet je zonder voorwaarden geven."'

'Eigenlijk kostte het me niet al te veel moeite om op straat te bedelen. Als ik honger had, zei ik gewoon: "Excuseer, ik heb geen geld om eten te kopen. Wilt u mij iets geven?"

Het vreselijkste vond ik de blik in de ogen van sommige mensen. De deuren van de winkels en de warenhuizen staan wagenwijd open, maar je ziet aan de blikken dat je niet mag binnenkomen. De mensen hollen langs je heen met hun handen en tassen vol inkopen, weer met die blik op oneindig. Als ze je zien zitten, vermijden ze elk oogcontact en lopen ze in een grote boog om je heen. Je bent gewoon het vuil van de straat en zo word je ook bekeken.

Maar kom, áls ik iets vroeg, kreeg ik bijna altijd iets. De mensen gaven vooral brood en koeken. Na een tijdje begonnen we er een sport van te maken om aan groenten en fruit te geraken. Je begint echt te snakken naar een appel, een wortel of een banaan. Het eten aten we op en het geld gaven we aan de echte daklozen.

Ik schrok er wel van welke vieze dingen we soms kregen. Op een keer was er een voedselbedeling in een opvanghuis. Langs een achterpoortje lieten ze ons binnen in een ruimte waar vier of vijf stoelen stonden en een grote ketel vol stinkende soep.

"Kom binnen," zeiden ze, "en eet een lekkere kom soep."

"Bedankt," zei Claude dan vriendelijk, "maar we hebben nog geen honger."

Hij:
'Het eten aten we op en het geld
gaven we aan de daklozen.'

Bij de zusters van Moeder Theresa was het dan weer vreselijk lekker. Die nonnen waren echt hartelijk. Ze stelden geen vragen, baden een weesgegroetje en een onzevader voor het eten en gaven ook nog pizza's mee toen we vertrokken.

Tegen de langharige mannen zeiden ze: "Morgen om vier uur haren laten knippen. Zorg dat je erbij bent." Ze zorgden echt goed voor de daklozen.'

'Vreemd genoeg zagen de mensen het verschil niet tussen ons en de echte daklozen. Zeker niet als we alleen op stap waren. Op een bepaald moment zat ik gewoon een beetje naar de mensen te kijken, met mijn rug tegen de muur. Een vrouw kwam langs, ze keek mij aan, wandelde weg, kwam terug en stopte wat geld in mijn hand. En ik bedelde niet eens.

Het verschil met echte daklozen was uiteraard wél merkbaar als we ons in groep verplaatsten, want dat doen daklozen niet. Die leven op zichzelf.

Als ik dát leven moederziel alleen zou leiden, zou ik ook naar de drank of de drugs grijpen. Want het straatleven is niet alleen hard, maar vooral ronduit vervelend. Altijd maar rondhangen, er gebeurt niet veel en je voelt de agressie opkomen. Ik had soms de neiging om tegen palen en colablikjes te schoppen en baldadigheden uit te halen. Puur uit verveling.

Claude Thomas heeft ooit zelf twee jaar op straat geleefd, woonde maandenlang op de achterbank van een sloopauto, bedelde om drank en drugs, dook in de marginaliteit en de criminaliteit. Aan hem was het echt te merken dat hij een *ervaren* dakloze was. Hij was de ergste van ons allemaal.

De eerste dag in Berlijn zag ik drie mannen tegen een muurtje zitten. Hij was een van hen, maar ik had hem niet herkend. Normaal draagt hij een zwarte monnikspij, maar nu had hij drie veel te kleine truitjes met lelijke kleuren over elkaar aangetrokken. Verder had hij een ruwe stoppelbaard, een andere bril, een groene broek, versleten bottinen en een sjaaltje om zijn nek. Een echte clochard.

Je voelde heel goed dat hij het straatleven gewend was. Hij had oog voor dingen waaraan wij geen enkele aandacht besteedden. Zo zag hij voortdurend goede plekken om te slapen: containers voor versleten kleren, plekken in de straten waarover je gemakkelijk een plastic zeil kon spannen. Een slaapplaats vinden was trouwens altijd spannend want de trein- en metrostations in Berlijn worden 's nachts afgesloten.

De eerste nacht sliepen we op een picknickplek in een park, onder een soort afdak in de vorm van een parasol. We konden er net allemaal onder en lagen op wat karton dat we verzameld hadden. Gelukkig waren de nachten warm en de wolken mooi.

De afspraak was dat we geen dekens of slaapzakken zouden meebrengen. Alleen als we ze kregen, mochten we ze gebruiken. Daarover hadden we in het begin een hele discussie. Op het moment dat de straatretraite begon, om zes uur 's avonds, haalde een van de oudere dames zo'n boodschappenwagentje op wieltjes boven, vol bagage.

"Geen sprake van," zei Claude, "dat karretje gaat niet mee."

"Maar mijn slaapzak zit erin en bovendien ben ik ziek en moet ik medicijnen innemen."

"Als je ziek bent, moet je thuisblijven."

"Laat mij dan alleen mijn slaapzak meenemen."

"Neen, geen slaapzak, tenzij je er een vindt op straat."

De vrouw is, kokend van woede, terug naar huis gegaan.

Maar de volgende dag stond ze er opnieuw, ditmaal zonder slaapzak.'

'Zelf had ik helemaal niets als bagage meegenomen. Ik had een klein, versleten rugzakje bij om mijn jas weg te steken als ik het overdag te warm kreeg. Ik stak er ook mijn stukken karton en plastic in. Ik had alleen de kleren die ik aanhad.

Natuurlijk is het allemaal ook een beetje nep. Je leeft wel zoals de daklozen, zonder geld en zonder dak boven je hoofd, maar uiteindelijk heb je toch altijd je bankkaart achter de hand, en na een week ga je lekker terug naar huis.
Sommigen zeiden tijdens het bedelen: "Ik ben dakloos."

"Dat is niet waar", zei Claude dan scherp. "Jij bent helemaal niet dakloos. Zeg gewoon dat je tijdelijk op straat leeft."

Het wás ook niet de bedoeling om zoveel mogelijk te doen alsof we echte daklozen waren. Wel om de confrontatie met het straatleven en met onszelf aan te gaan.'

'Ik vond het afschuwelijk om die mensen te zien, vaak kwijlend en schuimbekkend, verwaarloosd en vereenzaamd, en tegelijkertijd te beseffen dat je er helemaal niets aan kunt veranderen. De hele tijd dacht ik: "Dit soort leven heeft mijn broer ook geleefd."

Net zoals de anderen vond ik die onderneming bijzonder confronterend. Na twee, drie dagen, toen de weerstand kleiner en de vermoeidheid groter werd, zag je duidelijk dat iedereen daar met zijn eigen pijn en zijn verdriet zit. Niemand deed iets om dat te verdoezelen of te verzachten. We keken ernaar zonder te troosten, het weg te praten of weg te lachen. We lieten de pijn zijn. Op die manier leer je verder dan je eigen pijn te kijken. Je leert te accepteren dat lijden onvermijdelijk tot het leven behoort. Dat is de *Eerste Nobele Waarheid* uit het boeddhisme.

Uiteraard waren er ook veel momenten die gewoon gezellig waren. Er werd veel gelachen en gekletst. Na een paar dagen waren we echt een verwaarloosd zootje bij elkaar. Het was grappig om iemand totaal te zien vervuilen en dan te horen welk respectabel beroep hij in het gewone leven uitoefent.

Ik vond dit trouwens ook een leuke manier om een stad te leren kennen. Ik ben van Berlijn gaan houden. Door kilometers te wandelen, krijg je een heel ander zicht op de stad. En een hele week buiten leven was ook wel fijn.'

'Tijdens die week heb ik niet echt iets gemist. Mijn tandenborstel, mijn bed, mijn slaapzak?

(blaast) Ach neen, op die dingen was ik voorbereid. Er waren andere dingen waarnaar ik soms verlangde. Een kop koffie bijvoorbeeld. Na een veel te korte nacht snakte ik echt naar koffie in een van die gezellige koffie- en eethuisjes die Berlijn rijk is, maar die voor ons verboden terrein waren. Ook verlangde ik af en toe heel sterk naar gezond, warm en lekker eten. En ja, een keer andere kleren kunnen aantrekken, dát had ik ook wel gewild.'

'Nu ik terug ben, realiseer ik mij dat ik twee dingen heb geleerd: dwars doorheen de pijn te gaan, én te zitten en te wandelen. Zo eenvoudig is dat. En verder vraag ik mij af of ik zelf goed bezig ben. Met mijn experimenten, mijn tochten, mijn paddenstoelen. Voor mijn broer zijn de drugs zijn ondergang geworden. Ik beschouw mijn paddenstoelen als een weg naar wijsheid. Hoe valt dit te rijmen?'

26 JUNI 1997

Aandachtig kijkt Magdalena naar het kind aan mijn borst.

Zij: 'Wat geniet hij van dit moment. Wat goed ook dat we niet naar Berlijn zijn gegaan. Ik blijf erbij, dat bedelen vind ik maar niks. Zitten en stappen, daar kan ik nog inkomen. Maar bedelen? Geld of eten vragen? Dat is voor mij een stap te ver.'

Ik: 'Jij vraagt toch weleens onderdak als jij stapt? Dat is toch precies hetzelfde?'

Zij: 'Ik vraag pas onderdak als ik echt geen andere oplossing zie. En altijd zeer tegen mijn zin.'

Ik: 'Ik zie het verschil niet. Als je onderdak vraagt, vraag je veel meer dan wat centen of een boterham.'

Zij: 'En toch is het anders. Omdat je zelf iets onderneemt. Omdat je zelf een tocht maakt.'

Ik: 'Wat bedoelde die man – Wouter – trouwens met zijn experimentele tochten, zijn paddenstoelen?'

Zij: 'Volgens hem zijn *paddo's* ook een weg naar de Wijsheid of de Verlichting. Zal ik hem eens vragen om bij mij thuis een paddenstoelenavond te organiseren?'

Ik: 'Ik vrees dat dát voor mij een stap te ver is.'

Zij: *(lacht)* 'Voor mij ook. Een flinke stap verder dan bedelen.'

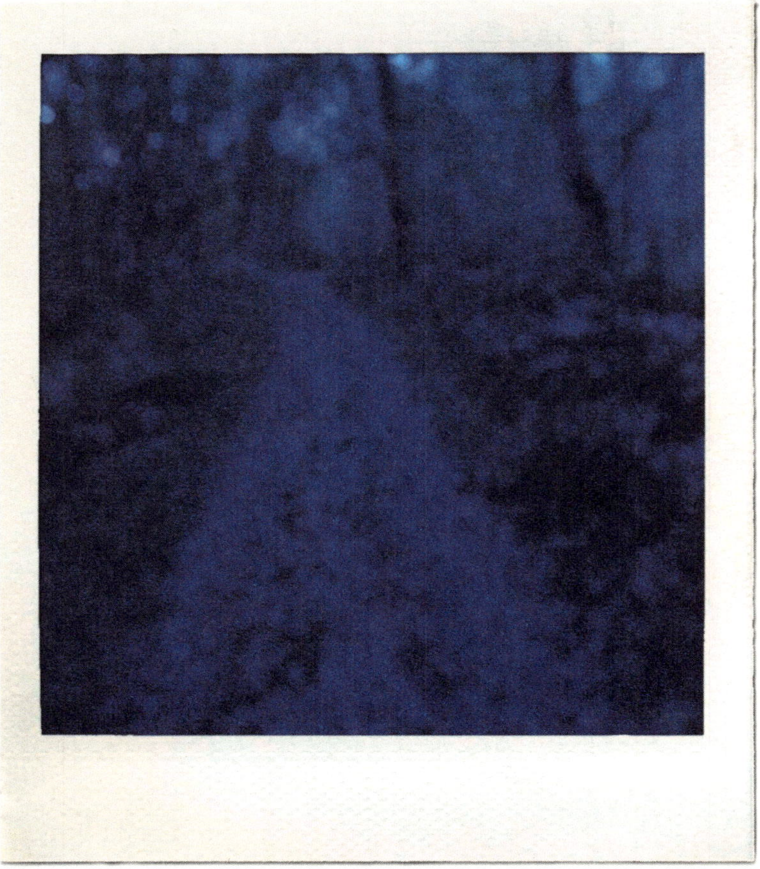

Ik:
'Daarna glijd ik weg,
diep een andere wereld in.'

'Er is alleen maar "niets". Je hoeft alleen maar te verdwijnen.'

[Magdalena]

HOOFDSTUK 5

Verboden terrein

Nu, zovele jaren later, kan ik mij niet meer herinneren hoe we er uiteindelijk toch toe kwamen die paddenstoelen uit te proberen. Deden we het voor 'ons' boek, of was het pure nieuwsgierigheid? Nu zou ik het nooit meer durven. Maar toen besloten we ons één keer – 'en daarna nooit meer' – aan zo'n experiment te wagen.

28 SEPTEMBER 1997

Even hadden we nog overwogen de paddenstoelenavond bij mij te laten plaatsvinden. Maar met vier jonge kinderen in mijn huis leek ons dat geen goed idee. Dus is het alweer Magdalena die haar huis ter beschikking stelt. We zijn met z'n vieren. Magdalena en ik. Bob, een vriend van haar. En Wouter, de paddenstoelenman die, als bewaker, nuchter zal blijven. Eerst geeft hij wat uitleg over wat er zal gebeuren, én wat er eventueel fout kan lopen. Hij raadt ons aan het rustig te houden tijdens het experiment, veel te drinken, niet te eten en vooral binnen te blijven.

Ik: 'En wat als het fout loopt?'

Zij: 'Kun je eruit stappen als je het niet meer leuk vindt?'

Ik: 'Hoe lang duurt zo'n reis?'

Bedachtzaam antwoordt hij op onze vragen. In kleine plastieken zakjes heeft hij de gedroogde paddenstoelen meegebracht. Elk zakje schudt hij uit in een glazen kommetje. Voor elk één. Het zijn kleine, grauwe stompjes, de steeltjes flinterdun.

We eten de paddenstoelen met onze handen, als chips. Kauwend, proevend. Ze smaken best lekker. Na de eerste aarzelende hapjes eten we vlot ons kommetje leeg.

Het is rustig in Magdalena's huis. Overal branden kaarsen en op de achtergrond speelt zachte muziek. Ik ben de eerste die *vertrekt*. Het begint met wat duizeligheid en een vreemd, ijl gevoel in mijn hoofd. De witte muren krijgen een gele kleur en de gezichten rondom mij worden langzaam rood. Plots krijg ik het koud. Ik ga op de grond liggen en Magdalena legt een deken over mij heen. Maar ik krijg het steeds kouder en begin te klappertanden. Magdalena haalt nog meer dekens en zet haar favoriete muziek op. Het *Stabat Mater* van Pergolesi. Doodstil blijf ik liggen tot ik de kou langzaam voel wegtrekken en ik de kamer in een sprookjespaleis zie veranderen. Ik hoor water klateren, fris en helder. De muziek verdwijnt en komt terug als een onbekend spel van klanken en ritmes. Als ik mijn ogen sluit, voel ik mij wegdrijven naar een andere wereld. Krampachtig probeer ik mijn ogen open te houden.

Zij: 'Niet bang zijn. Laat je maar gaan.'

Ik: 'Ik zal toch wel terugkomen?'

Zij: 'Ja hoor, vertrek nu maar. Het is er goed.'

Daarna zie ik de kamer in een sprookjespaleis veranderen en glijd ik weg, diep een andere wereld in. Ik ken hem goed, omdat ik er ooit al geweest ben. Lang geleden, in mijn dromen misschien, voor mijn geboorte of na mijn dood. Ik weet dat het de wereld is die velen zoeken, maar die je alleen maar kunt vinden door uit de tijd te stappen. Alles en niets kom ik daar tegen. Ik ontmoet er niemand behalve mezelf, en hoor een stem die mij de waarheid influistert. Ik hoor getrippel, gezoem en gebrom. Kleine diertjes en insecten in de buurt van een waterval, dichtbij en dan weer veraf. Ik kijk naar de grond en zie kristallen druppeltjes uiteenspatten. 'Wat mooi', denk ik en buk mij om de druppels met mijn vingers uit te wrijven. Pas als het een lange glijbaan wordt, vraag ik mij af waar al dat water vandaan komt. Tot mijn verbazing merk ik dat het mijn eigen tranen zijn.

'Drink wat', hoor ik Magdalena zeggen, en een voor een voel ik de vliesjes van fruitsap over mijn tong glijden en in mijn keel glippen. De smaak is zo sterk dat ik niet meer dan één slok aankan. Ik sta recht en wankel op mijn benen, verwonderd over het feit dat ik nog kan stappen. Elke beweging is een belevenis. Vloeiend, golvend en zinderend. Bij elke stap die ik zet, is het alsof een schommel mij in een eindeloos trage beweging naar de volgende stap voert. In de keuken was ik mijn gezicht met water dat klinkt als kristallen bellen en klokjes.

De hele nacht blijf ik rondzwerven in die verre droomwereld. Die wereld is eeuwenoud, en ik weet dat dit de plek is waar ik na mijn dood naartoe zal gaan. Het is de wereld waar mijn kinderen waren voor ik hen op de wereld zette. Het is de wereld van leven en dood, de grens die je niet ongestraft kunt bewandelen. Maar het is er goed, en ik wil er zo lang mogelijk blijven.

Als ik mijn ogen open, zie ik Magdalena, en ook dat is goed. Ik weet dingen over haar en mij. Ik kruip tegen haar aan, en zij laat het gebeuren en houdt mij in haar armen. Ik zie dat het leven zijn belang heeft, maar tegelijk ook kort en vluchtig is, ontzettend licht en relatief. Je stapt erin, maar je stapt er ook zo weer uit.

Vaagweg, op de achtergrond, hoor ik gepraat. Iemand komt zachtjes aan mijn schouders schudden.

'Wakker worden,' hoor ik de paddenstoelenman in de verte zeggen, 'het experiment is afgelopen.'

Met tegenzin probeer ik op te staan, maar het lukt me niet. Mijn lichaam is moe en zwaar, en blijft op de grond liggen.

'Ik wil niet terugkomen', mompel ik.

'Laat haar maar', fluistert Magdalena. 'Ze blijft hier slapen. Ik zorg wel voor haar.'

29 SEPTEMBER 1997

’s Ochtends doet alles pijn. Mijn gezicht, mijn armen, mijn benen. En één ding weet ik zeker: ‘Dit doe je het best nooit meer opnieuw.’

Naast mij, in bed, kijkt Magdalena mij bezorgd aan.

‘Mijn god, wat ben jij ver weg geweest.’

‘Zeg dat wel. Het kost mij nog altijd moeite om terug te komen. Ik zit nog altijd op een andere planeet. En jij? Hoe was het bij jou?’

‘Helemaal anders dan bij jou, vermoed ik. Ik had geen hallucinaties. Het enige wat ik voelde, was iets uitgesproken tactiels. Alsof mijn huid zowel naar buiten als naar binnen alles kon voelen. Als ik mijn hand ergens oplegde, voelde ik die aanraking door mijn hele lichaam. Dat dééd mij iets. Het gaf me tegelijkertijd een gevoel van verbondenheid én van totale afgeslotenheid. Maar ik zag geen beelden en ik hoorde geen geluiden.

(denkt na) Maar er speelde ook iets anders mee. Omdat het in mijn huis gebeurde, voelde ik mij verantwoordelijk, en durfde ik me niet zo goed te laten gaan. Ik dacht voortdurend aan praktische dingen. “Heb ik wel voor voldoende drank gezorgd?” “Is alles goed met Annemie?” Want jij leek echt wel heel ver heen. Om allerlei redenen kon ik me er dus niet echt aan overgeven.’

1 OKTOBER 1997

Vandaag pas voel ik mij opnieuw helder genoeg om mij te verdiepen in de studie van de *Psilocybe Semilanceata*, een van de meest gebruikte psychedelische paddenstoelen ter wereld. Het fysiologische effect van deze ecodrug wordt vergeleken met ‘een atoombom op het neurologische systeem’. Blijkbaar kunnen psychotrope stoffen ongelooflijk met een mens aan de haal gaan. Tegelijkertijd gebeurt er veel te weinig onderzoek naar mogelijke gezondheidseffecten. Ik verzamel nog meer onderzoeksmateriaal en leer bijvoorbeeld dat XTC niet zo onschadelijk is als sommigen beweren. Het kan in de hersenen blijvende schade veroorzaken. Door oververhitting gaan hersencellen afsterven, en herhaaldelijk gebruik van XTC stapelt gifstoffen op in je lichaam. Bijkomende neveneffecten zijn ontkalking van botten en tanden, pukkels op je huid, vermindering van potentie en libido.

Ik bel naar Magdalena om haar te vertellen welke risico's we gelopen hebben.

Ik: 'Een atoombom op ons zenuwstelsel! Had ik dat geweten.'

Zij: 'Geen nood, we hebben het overleefd. Trouwens, morgen komt Wouter nog even langs. Stel je voor, hij is hier een voorraadje paddenstoelen vergeten. Kom je ook? Dan kunnen we hem nog een en ander vragen.'

2 OKTOBER 1997

Vol enthousiasme schudt hij een zakje paddo's op Magdalena's keukentafel leeg.

'Kijk,' zegt Wouter, haast liefdevol, 'dit zijn Puntige Kaalkopjes. Deze kleine, bruine paddenstoeltjes danken hun naam aan hun langwerpige, kegelvormige hoed. Ik had jullie evengoed *Mexicaantjes* kunnen geven, maar die had ik dan moeten kopen. Kaalkopjes daarentegen kosten vrijwel niets. Ze zijn gemakkelijk te vinden, je moet gewoon een beetje uit je doppen kijken. Precies daardoor is het Kaalkopje een van de meest gebruikte psychedelische paddenstoelen ter wereld. Vanaf augustus tot aan de eerste stevige nachtvorst vind je ze in gazons, langs wegbermen, op weilanden en grasland. Ze groeien vaak op oude koeienmest of schapenmest, maar kunnen niet tegen de aanwezigheid van kunstmest. Als je over enige paddenstoelenkennis beschikt, kun je zelf Kaalkopjes gaan plukken. Want het grote voordeel van dit paddenstoeltje is dat er geen andere leden van zijn familie bestaan die giftig zijn. Bij andere soorten, bijvoorbeeld de *Inocybe*-paddenstoelen, bestaat dat gevaar wel. Het gif van sommige zelfgeplukte *Inocyben* is een echte sluipmoordenaar. Je merkt pas dat er iets met je aan de hand is als het te laat is voor tegengif. Je centrale zenuwstelsel wordt langzaam aangetast, wat tot een dagenlange doodsstrijd kan leiden. Maar nogmaals, met Kaalkopjes is er bijna geen verwarring mogelijk.'

Zij: *(droog)* 'Kaalkopjes! Zoals jij dat zegt, klinkt dat bijna schattig. Een stuk sympathieker dan *drugs*. Want uiteindelijk zijn het toch gewoon drugs?'

Hij: 'Ik spreek nooit over drugs – die term is zo beladen – maar over psychedelische of psychotrope stoffen. Dat is een verzamelterm voor álle chemische en plantaardige middelen die een bewustzijnsveranderend effect hebben. De stoffen die in een paddenstoel zitten, kun je ook perfect als een zuiver chemische samenstelling in een laboratorium creëren.

Planten zijn wel moeilijker te doseren. Als je bijvoorbeeld een vliegenzwam eet die vroeg geplukt werd, in augustus bijvoorbeeld, zul je merken dat de werkzame stoffen veel sterker zijn dan die van een vliegenzwam die geplukt werd in september of oktober.'

Ik: 'Op school heb ik geleerd dat de vliegenzwam een uiterst giftige, zelfs dodelijke plant is.'

Hij: 'Dat is nu net het taboe. Mensen zijn bang van die dingen. Van jongsaf leren we dat het verboden terrein is. Ook wel terecht. Want ondoordacht gebruik *is* gevaarlijk. Een belangrijke eigenschap van die planten is dat ze je wel degelijk een beetje laten sterven. Planten kunnen echt met je aan de haal gaan. Dat controleverlies, daar zijn de meeste mensen bang voor. Wij zijn zo gewend om alles zelf in de hand te houden. Paddenstoelen nemen je die controle uit handen. Zoals alle psychotrope stoffen werken ze grondig in op de neurotransmitters die de signalen doorgeven tussen de verschillende zenuwknopen. Fysiek heb je heel wat recuperatietijd nodig om van zo'n *trip* te herstellen. Het kan van enkele uren tot een paar weken duren voor je neurologische systeem weer volledig gerecupereerd is.'

Ik: 'Zeg dat wel. Na drie dagen heb ik nog altijd het gevoel dat dat spul in mijn lijf zit.'

Hij: 'Het effect hangt van persoon tot persoon af. Je kunt het vergelijken met de manier waarop verschillende mensen op alcohol reageren. De één ligt plat na twee glazen, de ander drinkt zonder verpinken een hele avond. Welke reis je maakt, hangt van jezelf, de anderen en de omgeving af. In het experiment waar jij aan deelgenomen hebt, aten we de paddenstoelen in een serene, rustige omgeving. Jullie verkozen een ingetogen sfeer boven een uitzinnig feest. Ik was ook als "bewaker" aanwezig zodat ik kon ingrijpen als dat nodig zou zijn. Soms is er een "externe" bewaker, en ga ik zelf mee "op reis".

Voor mij is zo'n tocht meestal een overweldigende, zintuiglijke ervaring. Het is een prachtige beleving die ver boven alles uitstijgt. Ik zie dan prachtige kleuren en schitterende vormen. Ik herinner me dat ik, als in een droom, met een vriend door een landschap vloog, over een lieflijk stadje, tot voor een immens, kleurrijk gewelf. Ik hoorde de meest verrukkelijke geluiden en zag de prachtigste kleurenformaties. Ik zag wondermooie kristallen, bekeek ze en pakte ze vast.

Maar voor iemand anders kan het een heel andere ervaring zijn. Heel emotioneel bijvoorbeeld, met gevoelens van versmelting en verbondenheid.

Natuurlijk zijn er weleens mensen die een bad trip hebben. Maar met de nodige voorzorgsmaatregelen kun je heel wat ellende voorkomen. Als ik een groep begeleid, weet ik vooraf precies met hoeveel we zullen zijn. Ik ken de mensen die zullen deelnemen ook min of meer. Ik neem altijd afgemeten dosissen mee, zodat ik niets kan bijgeven.

Voor we aan het experiment beginnen, vertel ik de mensen dat ze aan het begin van zo'n reis een aantal minder leuke gewaarwordingen kunnen krijgen. Koude rillingen, bloeddrukverlaging, hartkloppingen. Ik vertel hen dat dergelijke nare verschijnselen meestal snel verdwijnen en plaats maken voor een prachtige ervaring. Op die manier voorkom je angst- en paniekreacties.

Ik maak ook andere afspraken. Zeker als er onervaren mensen bij zijn, blijven we binnenshuis. Een paddenstoel geeft namelijk een explosie van gewaarwordingen die bijzonder overrompelend kunnen zijn. Het zijn golfbewegingen die je overspoelen. Als je buiten gaat, is het belangrijk dat er altijd iemand bij je is die volledig nuchter is. Even struikelen, een hond die onverwacht begint te blaffen, grillige schaduwen kunnen plots heel angstaanjagende ervaringen worden.

Zelf ben ik ook al ongelooflijk op mijn bek gegaan. Vooral in het begin zijn er af en toe reizen geweest die helemaal fout liepen. Je begint aan iets, je bent onvoldoende geïnformeerd, je neemt het risico, en voor je het weet beland je in een bad trip van jewelste. Ik herinner me een reis waarop ik het gevoel kreeg in gruis uit elkaar te vallen. Toen dacht ik écht dat het met me gedaan was, dat ik nooit meer normaal zou functioneren.

Planten hebben een versterkend effect. Mooie, positieve gevoelens groeien uit tot de meest sublieme ervaringen. Maar ook negatieve gevoelens worden extreem uitvergroot. Als je aan een reis begint met het gevoel van: "Wat ben ik toch een sul!", dan zié je jezelf ook als een vreselijke sul. Extreem en grotesk. Dat kan heel erg zijn.

Veel mensen stoppen abrupt als ze één keer een bad trip hebben meegemaakt. Die schrikken zo erg dat ze zoiets nooit meer willen meemaken. Maar als het een mooie ervaring is, is dat het meest wonderbaarlijke dat je als psychonaut kunt meemaken. Ja, naast kosmonauten heb je ook psychonauten. Mensen die verre en vreemde reizen maken door onbekende gebieden.

Maar de reis die je maakt, is een innerlijke reis. Tijdens een experiment is er opvallend weinig contact tussen de psychonauten. Want onder invloed van planten is het uiterst moeilijk om met elkaar te communiceren. De werelden waarin je vertoeft zijn helemaal niet op elkaar afgestemd. Je kunt het wel voorzichtig proberen, maar het is helemaal niet zeker of de ander wel ontvankelijk is. Bovendien heeft iemand die een mooie reis maakt, meestal weinig behoefte aan contact.

Alleen als iemand het moeilijk krijgt, zoek ik contact. Vaak helpt het om heel rustig op hem in te praten om hem zo terug op de grond te krijgen. *Talkdown* noemt men dat. Deze term is afkomstig uit de luchtvaart, en slaat op het "neerpraten" van een vliegtuig in moeilijkheden vanuit de controletoren.'

Zij: 'Hoe vaak doe jij zelf zo'n paddenstoelenexperiment?'

Hij: 'Maximaal vijf keer per jaar. Je moet er rekening mee houden dat je lichaam na zo'n trip een serieuze herstelperiode nodig heeft.'

Zij: 'Hoe lang experimenteer jij al met zulke spullen?'

Hij: 'Ik ben een autodidact. Ik heb alles geleerd door zelfstudie. Op mijn veertiende ben ik de boeken van Carlos Castaneda beginnen lezen. Daarna ging ik naar de bibliotheek en las alles wat ik over planten kon vinden. Ik ontdekte fouten in Castaneda's werk en begon zelf te experimenteren. Ik kwam in contact met een man die tropische planten kweekte. Toen ik de eerste keer bij hem kwam, stuurde hij mij wandelen. "Ho maar, oppassen, een druggebruiker", las ik in zijn ogen. Maar de tweede keer was het ijs gebroken. Hij liet een hele wereld voor mij opengaan, en stelde mij de ene psychoactieve plant na de andere voor. Veel van die planten zijn heel zeldzaam omdat ze verboden zijn. Het zijn beschermde plantensoorten, ze mogen niet geïmporteerd worden en kunnen dus alleen nog van zaad gekweekt worden.'

Ik: 'Het is dus moeilijk ze te pakken te krijgen?'

Hij: 'Bwah, dat is relatief. Al snel begon ik die planten zelf te kweken, in mijn eigen serre. Wat ik essentieel vind, is dat zulke planten buiten elk commercieel circuit blijven. Ik zal nooit geld vragen voor een begeleiding, voor planten of paddenstoelen. Mensen als ik, die twintig of dertig jaar ervaring hebben met deze stoffen, die experimenten begeleiden, dienen zich niet in te laten met geld, consumptie, smartshops en discotheken. Voor mij is de belangrijkste functie van planten en paddenstoelen de initiatie.

Initiatie is het bewust worden van een andere, diepere werkelijkheid dan die we gewend zijn. Planten kunnen een weg zijn naar een dieper of ruimer bewustzijn, naar meer wijsheid en inzicht. Pas op, ik spreek hier niet in religieuze of godsdienstige termen. Ik ben een wetenschapper. Ik huiver van kerkelijke toestanden en van oppervlakkig spiritueel gedoe. Ik noem mezelf een agnost en onderzoek de plantenwereld op een wetenschappelijke manier. Die planten leren mij dat wij met onze zintuigen andere bewustzijnsvormen kunnen verkennen en ermee experimenteren. Op die manier heb ik een klaardere kijk op de dingen gekregen. Ik ben gevoeliger geworden voor kleuren, ik heb lucide dromen, ik kan helderder analyseren, ik kan beter klappen incasseren, ik heb een groter uithoudingsvermogen en ik kan beter relativeren.

Tegelijkertijd heeft het experimenteren met planten mijn ego op zijn plaats gezet. Het heeft me bewust gemaakt van mijn plek in de wereld, het heeft me nederigheid geleerd, inlevingsvermogen in andere wezens. Maar ik hou ook van louter recreatief gebruik. Je kunt planten ook gebruiken om er puur zintuiglijk van te genieten. Soms ga ik onder invloed van planten in de velden wandelen als de zon ondergaat. Dan ziet het landschap er prachtig uit. De horizon licht op en ik kan de wind haast zien. Of ik luister naar muziek, en ik hoor ze op een heel andere manier dan ik gewend ben. Ook dat kunnen heel diepe ervaringen zijn.'

Zij: 'Komaan man, je maakt er wel een erg mooi plaatje van. Ik zit al jaren in de hulpverlening, en zie elke dag wat drugs met jongeren aanvangen. De psychiatrie zit vol met mensen die psychotisch zijn, een kortsluiting hebben opgelopen na drugsgebruik. De dochter van een goede vriendin is al enkele jaren druk in de weer met allerlei spul, en is intussen knettergek en helemaal "van karakter veranderd". Hoe bijzonder psychedelische ervaringen ook kunnen zijn, je maakt mij toch niet wijs dat dergelijke "atoomexplosies in je hersenen" bevorderlijk zijn voor de gezondheid?'

Hij: *(kregelig)* 'Ik geef toe dat er veel te weinig onderzoek is naar mogelijke schadelijke effecten op de gezondheid.'

Ik: 'En jij? Jij werkt als kaderlid in een groot computerbedrijf. Zijn je collega's op de hoogte van je voorliefde voor paddenstoelen en andere psychedelische planten?'

Hij: 'Neen, daar weet niemand iets van. Ze hebben geen vermoeden. Anders zou ik meteen mijn job verliezen. Ik vind het ook niet erg om het geheim houden. Integendeel. Ik hou wel van de beslotenheid en de geheimzinnigheid rond het gebeuren. Het heeft iets aantrekkelijks en mystieks. Ik vind het leuk om op geheime deuren te kloppen, ze open te maken en een nieuwe werkelijkheid te ontdekken. Ik vind het fijn om de meest uiteenlopende mensen te ontmoeten en te ontdekken dat ze met net dezelfde dingen bezig zijn als ik. Maar ik ben me ook bewust van de gevaren. Want wie de onderwereld binnengaat, doet dat op eigen risico.'

Dát risico wilden we nooit meer lopen. Later spraken we nog weleens over ons paddenstoelenexperiment, maar altijd met een gevoel van opluchting. Alsof we aan een groot gevaar ontsnapt waren. Nog later, toen Magdalena's ziekte al ver gevorderd was, hebben we nog één keer over die paddenstoelen gesproken.

Zij: 'Sommige terminaal zieke mensen gaan aan de marihuana...'

Ik: 'Of aan de paddenstoelen.'

Zij: 'Geen haar op mijn hoofd zou dat overwegen. Ik wil helder blijven. Glashelder tot op het allerlaatste moment.'

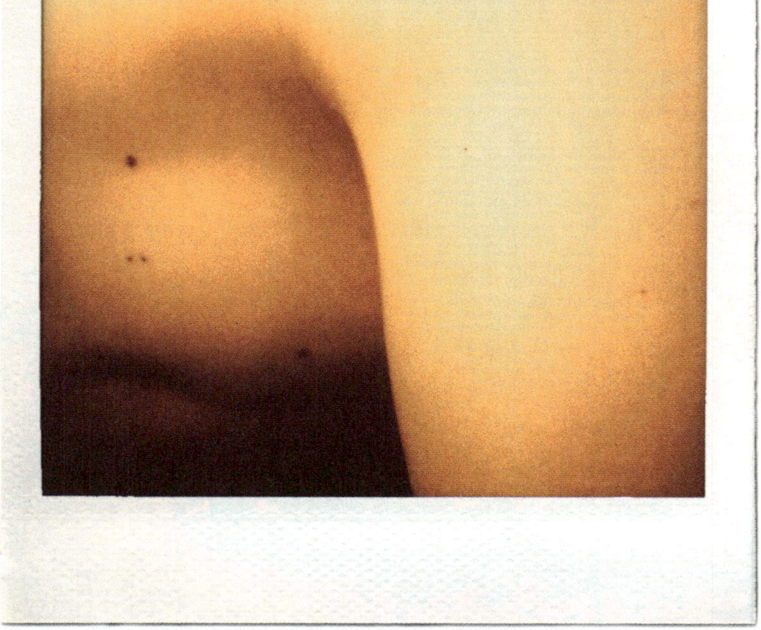

Zij:

'Ondanks het verbod op "bijzondere vriendschappen"
zocht ik haar elke avond op.'

'Wellicht is er
voorbij de grens
helemaal niets.'
[Magdalena]

HOOFDSTUK 6

Ge ziet elkander graag

12 OKTOBER 1997

We zitten in de tuin, bij Magdalena. Ze heeft het over een collega die een cursus *Sexual Grounding* volgt. 'De cursusleider had hem gezegd dat hij zijn "penetratief vermogen" moest vergroten. Hij mocht niet langer de knuffelbeer zijn, maar moest opnieuw een echte man worden. Bij voorkeur een "zaadsparende" man. Heb jij daar ooit van gehoord?'

Ik: 'Neen. Jij wel?'

Zij: 'Ik heb begrepen dat dat een man is die wél vrijt, maar zijn orgasme ophoudt. Volgens mijn collega is het de kunst om als man in een situatie te blijven die heel dicht tegen het orgasme aanleunt, maar zonder het te laten komen. Volgens hem is dát een manier om een hoger bewustzijnsniveau, ja, zelfs de verlichting te bereiken.'

Ik: 'O neen.'

Zij: 'Zeg dat wel. Je wilt niet weten welke oefeningen ze tijdens zo'n cursus allemaal doen.'

Ik: 'Dat wil ik wel.'

Zij: 'Hij had het over oefeningen, gebaseerd op het boek *Taoïstische Geheimen van de Liefde.*'

Ik: 'Bijvoorbeeld?'

Zij *(lacht)* 'De vrouwen moesten 72 keer over hun borsten wrijven. De mannen moesten hun balzak in hun rechterhand houden en intussen 72 keer over hun buik wrijven.'

Ik: 'De mensen zijn gek.'

Zij: 'Knettergek. Misschien moeten we opnieuw een ernstiger spoor volgen. Binnen de christelijke traditie bijvoorbeeld.'

Ik: 'Een slotklooster fascineert me wel.'

Zij: 'We kunnen starten bij mijn vriendin Kristien. Je kunt je moeilijk voorstellen dat ze ooit non is geweest.'

20 OKTOBER 1997

Inderdaad, deze vrouw met sigaret, verzorgd kapsel en mascara in dit smaakvol ingerichte appartement is duidelijk een vrouw van de wereld. Met een glimlach laat ze ons haar oude klasfoto's zien. Een meisje in uniform. Donker en ernstig. Dan de foto's van haar intrede. 1982, *Kristien*, twintig jaar. Ik herken haar niet, wel de kleurloze non uit mijn kinderjaren: de grijze kap met haarspeldjes vastgemaakt op het kortgeknipte haar, de donkerbruine nylonkousen, de stevige stapschoenen met dikke veters, het eenvoudige kruisje op de boezem. Wat voelden wij, schoolmeisjes met hennagekleurde haren, langharig lief en ons eerste voorschrift voor de pil op zak, ons ver verwijderd van hen. Dat oude vrouwen dit soort leven leidden, leek ons normaal. Maar dat dit het ideaal van een jong meisje kon zijn, ging ons petje te boven. Nu ik de foto's van Kristien bekijk, voel ik opnieuw dezelfde verbijstering.

Kristien: 'Ach, het begon allemaal heel naïef en idealistisch. Ik was zestien, hield van de natuur en voelde mij vaak overweldigd door een mysterieus gevoel. Die allesomvattende, ongrijpbare dimensie sprak mij veel meer aan dan de Jezus van wie sommigen zo vol waren. Toen de school een bezinningsdag in een klooster organiseerde, sprak de sfeer mij aan. Het koorgebed, de rust, die vriendelijke vrouwen. Samen met mijn beste vriendin Els voelde ik mij aangetrokken tot het kloosterleven.

(lacht) Tijdens het noviciaat, de tweejarige opleidingsperiode voor nieuwelingen, kwam ik acht kilo bij. Van "het goede leven".

Vier maaltijden per dag: ontbijt, 's middags warm eten, 's avonds gebakken patatjes, dessertjes en rond bedtijd nog een *crèmeke* of een *puddingske*.

"De eigenschappen van een goede novice," zo zei men vaak, "dat zijn: goed eten, goed lachen en goed bidden."

Na het noviciaat legde ik mijn tijdelijke geloften af, en werd ik meteen afdelingshoofd in het ziekenhuis naast het klooster. Dat vond ik een rare zaak. Stel je voor, plots moest ik leiding geven aan mensen die ouder en meer ervaren waren dan ik.

Het was hard werken in een strikte dagstructuur, zeven dagen op zeven, met slechts enkele uren onderbreking voor het middaggebed, de meditatie en de maaltijden.

Tegelijkertijd was het ook een zorgeloos bestaan. Het eten stond klaar, de was werd gedaan, we hoefden ons om niets te bekommeren en hadden nauwelijks tijd om over ons leven na te denken. Als ik even naar mijn kamer ging om een knoop aan te naaien, voelde ik mij al schuldig. Tijdens onze schaarse vrije tijd werden we verondersteld "er voor elkaar te zijn". De ene las, de andere breide, puzzelde of keek tv. Ik had me zo veel van dat gemeenschapsleven voorgesteld, maar in de praktijk bleef het beperkt tot samen eten en samen "recreatie nemen". Ik had gedacht dat we "onze diepste kern en ons geloof" met elkaar zouden delen. Maar veel diepgang was er niet. Elke non had haar werk. De dienst moest draaien. De rest deed er niet toe. Tenminste, zo voelde ik het aan. Toen ik daar vragen over stelde, zei de overste streng: "Als het gemeenschapsleven niet aan je verwachtingen beantwoordt, is dat ook jouw verantwoordelijkheid. Begin zélf met iets over je geloof te vertellen, vooraleer je kritiek op de anderen geeft."

Ondanks mijn vragen en twijfels sprak ik in 1988 mijn eeuwige geloften van gehoorzaamheid, armoede en kuisheid uit. Ik was zesentwintig jaar.

(lachje) De gehoorzaamheid betekende voor mij: "een luisterend oor hebben voor de anderen en gehoor geven aan het diepste stuk

in mezelf". Iets heel anders dus dan "leven naar de strikte letter van de regel".

Ook de armoede vond ik een mooie gelofte. Voor mij betekende het dat ik niets bezat, maar me ook om niets zorgen hoefde te maken. In de praktijk betekende die gelofte dat ik alles, zelfs een nieuwe zakdoek of een nieuwe balpen, aan de overste moest vragen.

We hadden geen geld en kregen op het einde van de maand geen loonbriefje. Eén keer per jaar kregen we een klein bedrag om een presentje te kopen voor een zieke of een familielid. Iets voor onszelf kopen was taboe. En als we toch eens van iemand een doosje pralines kregen, moesten we dat afgeven. Maar kom, dat stoorde mij allemaal niet, want ik had niets te kort.

Eén keer per maand mochten we bezoek ontvangen, en drie weekends per jaar gingen we naar huis. Dan trok ik mijn nonnenkleren uit en mijn jeans aan, rookte een sigaret, ging uit het raampje van de auto hangen en begon lekker luid te roepen.'

'En de kuisheid?'

'Wat wil je over de kuisheid weten?'

'Wat die gelofte voor jou betekende.'

'Moet dat nu echt?'

'Het is toch een van de drie geloften?'

'Ja, natuurlijk. Maar laat me eerst een sigaret opsteken.'

Ze inhaleert diep, wikt en weegt haar woorden. 'Ik herinner het mij allemaal niet meer zo goed, maar tijdens de *conferenties* gaven ze een mooie betekenis aan de kuisheid. "Dát is echt wel zinvol", dacht ik dan. Maar wat doe je met je eigen seksualiteit? Mijn vriendin Els en ik, we kenden elkaar al zo lang. Eigenlijk zijn we nooit écht verliefd op elkaar geweest. Geen vlinders in de buik, zeker niet die eerste jaren op school. We waren gewoon graag samen, praatten veel, hadden dezelfde interesses. Op een dag was het fysieke contact er gewoon. Zonder meer, haast vanzelf.

We wisten maar al te goed dat onze beslissing om non te worden het einde van onze relatie zou betekenen. Toch kwam het keihard aan dat mijn persoonlijke behoeften in het klooster plots geen enkel belang meer hadden.

"Je bent er voor iedereen", luidde de boodschap. "Alle zusters zijn gelijk." Bijzondere vriendschappen? Een beste vriendin? Dat kon niet.

Ik troostte mezelf met de gedachte: "Als we ons leven en onze liefde dan niet met elkaar kunnen delen, kiezen we tenminste voor hetzelfde ideaal."

Uiteindelijk hebben we jarenlang geen lichamelijk contact met elkaar gehad.

Zorgvuldig probeerden we elkaar te vermijden en ons aan onze kuisheidsgelofte te houden. We wisten dat *het* niet kon en niet mocht, al vond ik in het diepst van mijn hart dat er niets mis was met elkaar graag zien.

Maar weet je, eigenlijk praat ik hier niet graag over. Het is een onderwerp waar men zo graag grapjes over maakt. Lesbische nonnen, seks en verliefdheid achter de kloostermuren, dat spreekt natuurlijk tot de verbeelding.'

'Nu woon ik samen met Els, dé liefde van mijn leven. Ze is rustig en zwijgzaam, veel stiller dan ik. Met geen woord praat ze nog over het kloosterleven. Als ik er toch eens over begin, krijgt ze angsten, nachtmerries. Dan droomt ze dat ze opnieuw in het klooster is. Opgesloten en gevangen. Voor haar zijn het verloren jaren. Ze was er doodongelukkig.

Voor mij lag dat anders. Ik heb nooit spijt gehad van mijn jaren als non. Op mijn werk, in het ziekenhuis, was ik wel gelukkig en kon ik lachen en plezier maken. Maar als mijn dienst was afgelopen, werd ik stil en teruggetrokken.

"Elke keer als jij naar het klooster vertrekt, lijkt het alsof je iemand anders wordt", merkte een collega eens op. En zo was het ook.

Ik leidde een dubbelleven. *(lachje)* Een driedubbel leven eigenlijk. Een leven als non. Een leven als verpleegster. En nog een ander leven, stiekem en verborgen. Want 's avonds zochten Els en ik elkaar op. Ondanks het verbod om op elkaars kamer te komen. Ondanks het verbod op "bijzondere vriendschappen".

'Misschien zijn er wel meer vrouwen in het klooster gegaan omwille van hun gevoelens voor vrouwen.'

'Zeker weten, al denk ik toch dat wij uitzonderingen zijn. Gedurende al die kloosterjaren heb ik bij de andere zusters nooit iets gelijkaardigs opgemerkt.'

Ze neemt ons mee naar haar werkkamer en toont ons een map vol brieven, kladjes en notities. De neerslag van haar twijfels.

Kristien: 'In 1993 begon ik voor mezelf de zaken op een rijtje te zetten. Toch heeft het nog tot 1997 geduurd voor ik ben uitgetreden. Ik maakte lijstjes met argumenten *voor* en *tegen* het kloosterleven. Ik schreef brieven aan de overste en aan de bisschop. Onlangs heb ik ze allemaal herlezen. Het viel me op hoe ontzettend braaf ik was, en hoe ik mijn uiterste best deed om steeds opnieuw uit te leggen wat me zo stoorde. Ontelbare brieven heb ik gestuurd, maar nooit kreeg ik een antwoord. Ze schoven het een beetje voor zich uit, in de hoop dat mijn ongenoegen wel zou overwaaien. Hier, lees maar.'

Ik blader door de dichtbeschreven vellen ziekenhuispapier met aan de ene kant de grillige tekening van hartritmes en hersenactiviteit, en aan de andere kant notities van een twijfelende non. In 1992 is het lijstje *Argumenten contra het huidige kloosterleven* lang en hard: 'Een echt gemeenschapsleven ontbreekt; we lopen elkaar voorbij; persoonlijke behoeften worden onvoldoende erkend, zelfs onderdrukt; het werk wordt overbenadrukt; de zorg voor elkaar beperkt zich tot het materiële; een groot onvermogen om zich verbaal uit te drukken; argwanende houding tegenover de buitenwereld; moeilijkheden worden niet aangepakt; onwetendheid wordt in stand gehouden; macht en aanzien bepalen het bestuur van scholen en ziekenhuizen.'

Het lijstje *Pro* is kort en eenvoudig: 'Mijn geloof blijft ongewijzigd. Zal mijn geloof "in de wereld" standhouden?'

Kristien: 'Uittreden was géén gezamenlijke beslissing. Toen ik, na lang wikken en wegen, de knoop doorhakte, bleef Els twijfelen. Ze wilde eerst nog met enkele zusters een kleine gemeenschap vormen, los-vast verbonden met het moederklooster. Maar toen ook dat project in het water viel, stond haar beslissing vast.

Uiteindelijk zijn we er samen uitgestapt. Niemand legde ons een strobreed in de weg. Integendeel, toen we op het bisdom om dispensatie gingen vragen, toonden ze veel begrip voor onze ontgoocheling en argumenten. We zijn met stille trom vertrokken, als dieven in de nacht. De andere zusters waren op retraite. Maar toen we langs de kamer van moeder-overste kwamen, hoorden we haar huilen.

Het leven buiten de kloostermuren viel ons hard. We hadden niks. Geen huisraad, geen geld, geen bezittingen. Bovendien waren we, na vijftien jaar kloosterleven, behoorlijk wereldvreemd. We wisten zelfs niet hoeveel een brood kostte. Toch vielen we niet in een zwart gat. Integendeel, we hadden meteen werk – daar heeft het klooster ons trouwens bij geholpen – en waren van 's ochtends tot 's avonds in de weer. Zelf koken en boodschappen doen, wassen en plassen. Het was een hele aanpassing. Maar kom, we vonden het ook wel leuk om samen naar oplossingen te zoeken.'

'In het begin dacht ik: "Eindelijk zijn we vrij. Nu kunnen we eens lekker van onze relatie genieten." Maar dat viel behoorlijk tegen. *(aarzelt)* Het is moeilijk om een relatie met een vrouw vrij te beleven als je een loodzwaar *dat-kan-niet-en-dat-mag-niet-verleden* met je meesleurt.

In het begin hielden we onze relatie ook angstvallig verborgen. Dat was niet moeilijk, want blijkbaar vond iedereen het vanzelfsprekend dat wij – twee uitgetreden nonnen – gingen samenwonen. Na een tijdje voelde ik wel de behoefte om het aan sommige mensen te vertellen. In zekere zin verloochen je elkaar toch als je er niet mee naar buiten durft te komen? Door andere vrouwen uit "het milieu" te leren kennen, zijn heel wat mensen nu toch op de hoogte van onze relatie. Niet dat ik ermee te koop loop of in een lesbische optocht zou meestappen. Neen, het gaat om de gewone dingen. Niet voortdurend op je woorden hoeven te letten. Elkaar niet doodzwijgen. Toch is nog lang niet iedereen op de hoogte. *(stil)* Misschien blijven we op die manier nog steeds een beetje gevangen in onze kloostergeloften.'

'Nu ga ik niet meer naar de kerk en bid ik zelfs niet meer. Van mijn religieuze beleving blijft dus nog weinig over. "Is het dan allemaal waardeloos geweest?" vraag ik me soms af. "Was het een rol die ik speelde? Was het dan niet gemeend?" "Toch wel", denk ik dan. Ik ben met overtuiging ingetreden, maar ik ben ook met overtuiging weggegaan. Sans rancune kijk ik op mijn kloosterjaren terug. Omdat ik denk dat ik daar moest zijn. Omdat ik het altijd goed heb gemeend. Omdat ik eerlijk ben gebleven tegenover mezelf en de anderen. Zonder boosheid of opstandigheid ben ik vertrokken. Maar één ding weet ik zeker: nooit meer zal ik mij aan iets of iemand binden. Eén keer heb ik mijn woord gegeven. Eén keer heb ik het gebroken. Dat volstaat. Hoe graag ik Els ook zie, nooit zal ik met haar trouwen.'

'Naar het klooster ga ik ook nooit meer, maar af en toe loop ik weleens iemand tegen het lijf. Sommige medezusters hebben spijt dat ze niet zijn meegegaan. Ze zijn gebleven uit trouw aan hun geloften, of om welke reden dan ook. Ik respecteer hun beslissing, ook al kampen velen met psychische problemen. Het valt mij op dat er tamelijk veel nonnen in de psychiatrie terechtkomen. Of verbeeld ik me dat? In elk geval weet ik dat heel wat kloosterzusters zich niet op een normale manier hebben kunnen ontplooien. Ze zijn hard en meedogenloos geworden of psychisch onderuitgegaan. Sommige nonnen met een kinderwens zijn gefrustreerd en in de war geraakt.

Ik was vijfendertig jaar, nog redelijk jong toen ik het klooster verliet. Maar welk perspectief heeft een vijfenvijftigjarige non die uittreedt? De rest van haar leven als een paria doorbrengen?

Intussen zijn er haast geen roepingen meer, en sociaal engagement kun je op allerlei andere manieren beleven. Als verpleegkundige help ik nu toch ook de mensen?

In de contemplatieve orden zouden er nog wel nieuwe roepingen zijn. Maar ja, een gesloten orde, dat is een totaal ander verhaal.'

20 OKTOBER 1997

Uiteindelijk is het Kristien die een slotzuster bereid heeft gevonden om vandaag een kwartiertje met ons te praten.

De buitenpoort van het slot heeft geen handgreep of sleutelgat, alleen een getralied doorkijkluikje waardoor een stokoude non ons aandachtig bekijkt. Zuster Portierster leeft, volledig afgezonderd, in het buitenklooster en houdt in haar eentje de lijn met de buitenwereld open. Ze doet de boodschappen, bestelt de hosties en ontvangt de bezoekers. Ze leeft, eet en slaapt alleen, en mag alleen op de grote kerkelijke feestdagen bij de slotzusters komen eten.

Door kraaknette gangen schuifelt ze voor ons uit naar de bezoekersruimte. Hier hangen geuren uit het verleden. Het aroma van gebraden kip, pasgeboende vloeren en gesteven lakens.

Moeder-overste wacht ons op achter een houten traliewerk. Al zesenvijftig jaar leeft ze achter slot, en in al die jaren heeft ze slechts twee keer het klooster verlaten: één keer om haar stervende moeder te bezoeken, en één keer om haar stemplicht te vervullen. Maar dankzij het volmachtensysteem hoeft zij zelfs om haar burgerplichten te vervullen het klooster niet meer uit.

Ik weet niet hoe ik haar moet aanspreken. Zuster Coleta? Moeder-overste? Eerwaarde Moeder?

Zij: '*Wat wilt gij over ons weten?*'

'Wij weten heel weinig over het leven achter slot.'

'Ja, ons leven staat ver af van de mensen, hé? Vooral jonge mensen zoals *gijlie* weten bijna niets over het slot. Het is natuurlijk ook niets voor de massa, hé? Het is een roeping die niet voor iedereen is weggelegd.'

Ze legt haar handen op het houten traliewerk tussen ons.

'Dit is de symbolische afsluiting van de buitenwereld. Vroeger stonden hier zware, ijzeren tralies met kleine gaatjes waardoor je elkaar bijna niet kon zien, én met een gordijn ervoor. Als mijn ouders op bezoek kwamen, werd het gordijn even opzij geschoven, en probeerden we door die gaatjes naar elkaar te kijken. Spreken mocht niet, dat was verboden. Bovendien moesten er altijd twee getuigen bij zijn. *Ge ziet elkander, ge lacht een keer, en het is voorbij.* Voor mijn ouders was dat heel erg. Voor mij iets minder.

Na het concilie is er veel veranderd. De tralies kregen grotere gaten, het gordijn verdween en er moesten geen getuigen meer bij zijn. Mijn moeder heeft die vernieuwing nog meegemaakt.

"*Zijt gij hier alleen?*" fluisterde ze.

"Echt waar", zei ik stilletjes terug. "Ik ben hier helemaal alleen. *Ge kunt hier zeggen wat ge wilt*. Niemand luistert mee."

Twintig jaar geleden heeft men de afsluiting even weggehaald, maar dat vonden wij geen goed idee. Het was hier precies een cafétoog: "Geef mij een pint bier." Neen, zoals het nu is, vind ik het goed. Deze afsluiting is precies goed. Ze belet ons toch niet om elkaar te zien, of met elkaar te spreken?'

Ze heeft gelijk. Het zijn niet de tralies die ons van elkaar scheiden. We leven gewoon in een andere eeuw, in een andere wereld.

'Waarom heeft u voor een slotklooster, zo afgesloten van de buitenwereld, gekozen?'

'Ik heb ook andere, "actieve" kloosters bezocht, maar die spraken mij niet aan. Toen ik hier aankwam, wist ik: "Dit is mijn plaats." Die sfeer, dat gebouw, helemaal van Onze-Lieve-Heer afhangen, Hem met heel mijn hart toebehoren, dat was mijn ideaal.

Ik kan alleen maar zeggen: "Het is Onze-Lieve-Heer die trekt". Het is een "drang naar het slot", een roeping die ge niet kunt weerstaan zonder diep ongelukkig te zijn. Zoals een meisje met een jongen trouwt, zo ben ik met God getrouwd. Zoals een vrouw trouw is aan haar man, zo heb ik God trouw beloofd in goede én kwade dagen. Het slot is voor mij geen *gevang*, maar een manier om Onze-Lieve-Heer te dienen. Het huwelijk is toch ook geen last?'

'Maar u heeft toch veel moeten opgeven?'

'Ik weet écht niet wat ik door het slot gemist zou hebben. Als ge God bezit, hebt ge toch alles? En ik kan u verzekeren dat ik hier nooit ongelukkig ben geweest. Pas op, ik heb het soms wel moeilijk gehad. Toen mijn vader ging sterven, mocht ik niet naar hem toe. Op vijf minuten van hier is hij overleden, en ik heb hem niet gezien. Mijn moeder heeft na mijn vaders dood nog vijf jaar geleefd, maar aan haar sterfbed heb ik wel gestaan. De bisschop heeft mij persoonlijk toestemming gegeven om naar haar toe te gaan. Dat waren de hardste momenten, zeker voor iemand als ik die haar familie zo graag ziet.

Kort na haar dood is ook Henri, mijn oudste broer, gestorven. Hersenbloeding, coma, dertig jaar. En ook mijn andere broers zijn intussen overleden zonder dat ik hen ooit heb teruggezien. Alleen als ge een roeping hebt, kunt ge zoiets begrijpen.'

'Hoe wist u dat u een roeping had?'

'Ik was *enig meisje* tussen acht broers, en we hadden goede ouders. Mijn vader was een brave man, een wagenmaker. Toen hij naar het front vertrok, waren er al vier kinderen. Na de eerste oorlog zei mijn moeder tegen hem: "Zie mij hier nu zitten met al die jongens. Ik moet toch een *meiske* hebben om mij bij te staan?"

Ik ben, als eerste en enige meisje, na de oorlog geboren. Na mij volgden er nog vier jongens.

We woonden in een werkmanswijk. Ik heb altijd tussen de mensen geleefd, ik ben bij het mansvolk *opgekweekt.* Toen ik twintig was, in 1940, wilde ik absoluut naar het klooster. Het is juist hetzelfde als een meisje dat wil trouwen met een man in Amerika. Ook zij wil vertrekken en alles achterlaten.

Maar het was opnieuw oorlog – enkele broers waren aan het front en de anderen op de vlucht – en mijn moeder zei: "Iedereen is weg. *Blijft gij tenminste nog wat thuis.*"

Ik deed wat ze mij vroeg, maar werd ziek van verlangen om de bruid van God te worden.

"*Ge moet mij beloven dat ge niet zult weglopen*", smeekte mijn moeder. Dat deed ik, maar ik werd zo mager dat de mensen tegen mijn moeder zegden: "Pas maar op dat uw dochter niet doodgaat". Toen kreeg mijn moeder schrik. "Ik zal u maar laten gaan, zeker?" zei ze in 1944. Ik was 24 jaar.

Moest ik kunnen herbeginnen, ik zou juist hetzelfde doen. Het komt erop aan u volledig te geven. Dan zijt ge nooit ongelukkig, ook al lijdt ge honger of kou. Er was een tijd dat we 's morgens niet mochten eten. 's Middags aten we patatten en groenten met vis of *eiers*, en 's avonds droog brood. Vele jaren heb ik geen vlees op mijn bord gezien.

In het begin sliepen we ook op een strozak en stonden we 's nachts op om te bidden. Om elf uur en om twee uur. Daarna sliepen we tot halfvijf. Dan volgden de meditatie, de *officie*, de geestelijke oefeningen, de mis en daarna het werk. Ik kon niet tegen dat slaaptekort, en na een tijdje zat ik gewoon te dutten tijdens het gebed. We sliepen niet meer dan vijf à zes uren per nacht, en nooit aan één stuk door.

Tegenwoordig doen we ons nachtgebed 's avonds en slapen we van halftien tot vijf uur 's morgens. We worden ook een dagje ouder, hé?'

Zuster Coleta is tachtig jaar. Haar medezusters zijn 84, 83, 82, 78, 77 en de jongste, laatst ingetreden zuster is 74 jaar. Sinds 1968 waren er geen nieuwe roepingen.

'Vindt u het niet spijtig dat er geen jonge vrouwen meer intreden?'

'O, maar er zijn er nog, hoor. Ik heb gehoord dat er in het klooster van O. *(een zusterklooster 30 km verder)* onlangs een jonge zuster is binnengegaan. Ze is nog maar 58 jaar.'

'Nog maar 58 jaar.' Daar hebben we nog vaak om gelachen.

Ik was 36 toen, zij 49. 58 leek mij toen behoorlijk oud. Je had gepensioneerden en grootouders van die leeftijd. Sommigen nog fit en energiek. Anderen oud en uitgeblust, het leven en de liefde ver voorbij.

Toen Magdalena stierf, was zij 58.

'Nog maar 58', denk ik nu.

Zij:

'Vier dagen en vier nachten bracht ik alleen door,
zonder eten, zonder drinken.'

'In spin, het leven in.
Uit spuit, het leven uit.'
[Magdalena]

HOOFDSTUK 7

Een blauwe wolk

20 NOVEMBER 1997

Zij, in de wagen: 'Voorlopig is dit ons laatste uitstapje samen. Daarna ga ik mij concentreren op mijn tocht naar Jeruzalem. Ik neem je mee naar een oude vrouw die door velen gek wordt verklaard.'

Ik: 'Is ze gek?'

Zij: 'Natuurlijk niet.'

Ik: 'Hoe heet ze?'

Zij: 'Blauwe Wolk.'

Zij is bijna zeventig en heeft elf kinderen, negentien kleinkinderen en een huis vol foto's van indianen. Ze heeft een tipi in de tuin en lange, grijze vlechten. Elke veertien dagen maakt een man een groot vuur in haar tuin, waarin hij enorme stenen opwarmt tot ze roodgloeiend zijn. Wie zich naar lichaam en geest wil reinigen, is dan welkom in de zweethut van Blauwe Wolk.

De hut is een houten geraamte, dicht tegen de grond en afgedekt met dikke dekens. Een losse flap doet dienst als deur.

Op handen en knieën kruipen Magdalena en ik naar binnen. Naakt, met alleen een handdoekje om op te zitten. In het midden van de hut is een gat in de grond, met keien omzoomd. De vuurput. We zijn met vijftien, en zitten in een kring, vlak naast elkaar, met opgetrokken knieën. Met mijn handdoekje probeer ik een klein stukje territorium af te bakenen tussen een grote, donkere man en Magdalena. Geïnteresseerd kijk ik toe hoe ook de anderen zich, schamel en bloot, een houding proberen te geven.

Als laatste kruipt Blauwe Wolk de hut binnen. In slipje en beha.

'Niemand hoeft in de zweethut te blijven', zegt ze. 'Als je het niet meer uithoudt, vraag je gewoon om naar buiten te gaan. Dan doe ik de deur wel open. Zolang er licht is, mag je praten. Net als de indianen. Maar als de stenen worden binnengebracht, moet het stil worden: uit respect voor het vuur en het eeuwenoude gesteente. En als het donker wordt in de hut, moét iedereen zwijgen. Want de zweethut is de baarmoeder. En het kind in de baarmoeder zwijgt. De zweethut is Moeder Aarde. En jij zit in haar schoot.'

Dan steekt Blauwe Wolk het hoofd naar buiten en roept: 'Oké, breng de stenen maar binnen.'

Op een enorme vork voert de man roodgloeiende stenen aan die hij voorzichtig in de vuurput laat rollen. 'Goed zo,' roept Blauwe Wolk na de derde steen, 'nu mag de deur dicht.'

De flap valt omlaag en in het pikdonker is alleen de oranje gloed van de stenen zichtbaar.

Het eerste kwartier in de zweethut verloopt in absolute stilte en duisternis. Best geruststellend, vind ik. Zo hoeven we elkaar niet aan te kijken. Ik sluit mijn ogen, maar als ik ze toch weer open, merk ik geen enkel verschil. Zo donker is het dus.

Samen met de warmte voel ik een gevoel van ontspanning en welbehagen door mijn lichaam trekken. Af en toe wordt de stilte verbroken door klokkende en sissende geluiden. Het is Blauwe Wolk die water uit een emmer schept en op de gloeiende stenen giet. Langzaam voel ik de eerste zweetdruppels langs mijn huid naar beneden glijden.

'Doe maar open, kindje', roept Blauwe Wolk naar haar dochter die buiten de wacht houdt. Het eerste kwartier is om en de flap gaat omhoog. We knipperen met onze ogen en zuigen gretig de verse zuurstof naar binnen. Opgewekt gooit Blauwe Wolk haar beha in een hoekje – 'Die is toch kletsnat' – en roept om nieuwe stenen.

Na deze korte pauze begint de tweede ronde. Dit keer wordt een gladde kei van hand tot hand doorgegeven. Wie de steen heeft, mag iets zeggen. De ene spreekt, de andere zwijgt. Blauwe Wolk schept water, de stenen sissen en de zweetdruppels vormen beekjes op mijn huid.

'Ik wil een liedje zingen', zegt Magdalena, en ze begint te neurieën. Dan komen de woorden, zacht en wijs. '*...bless this completely unnecessary challenge...*' Het klinkt wat onwerkelijk in die donkere hut. Ze zingt het één keer, twee keer, drie keer. Zo, in het pikdonker, kletsnat van het zweet, dicht bij Moeder Aarde, trilt de emotie in de lucht.

'Het is een Engels gedicht', legt Magdalena uit. 'Een zegening voor een goede reis.'

De zweethutceremonie bestaat uit vier rondes en het ritueel wordt intenser naarmate de temperatuur stijgt. Voortdurend gooit Blauwe Wolk vers water op de stenen. Warmer, warmer, warmer wordt het. Verrast merk ik dat het zweet langs mijn gezicht gutst. Buik, benen, rug, armen, dijen, kuiten. Alles is druipnat.

'Ik hou het niet meer uit', fluister ik tegen Magdalena.

'Breng je hoofd zo dicht mogelijk bij de grond. Dan gaat het een stuk beter.'

Dus ga ik op mijn knieën zitten, onderarmen op de grond, mijn hoofd erop. En ja, daar hangt nog een vers laagje zuurstof tegen de grond. Gretig zuig ik het op en blijf zo zitten tot Blauwe Wolk al onze zorgen, gedachten en gebeden de lucht instuurt, ze aan de adelaar toevertrouwt, die ze als pijlen terug naar de aarde afschiet en over de hele wereld verspreidt. Daarna stuurt ze ons de zweethut uit. Voor een afkoelingsbeurt onder een gammele douche in de tuin.

Het is stralend najaarsweer. Loom liggen Magdalena en ik in het gras en laten de zon haar werk doen. Blauwe Wolk draagt nu een blauwe badjas waarop haar vlechten donkere, natte plekjes maken.
Haar dochter brengt ons een kom soep.

'Wat een ongewone moeder heb jij', zeg ik tegen de vrouw.
'Ja, ze is een schat. Veel te goed voor deze wereld. Altijd maar zorgen. Zo is ze altijd geweest. Als ik terugdenk aan mijn kinderjaren, kan ik me haar alleen maar zwanger herinneren. Ze had een keihard leven, maar ze deed alles voor ons. Als we laat thuiskwamen, stond ze in het holst van de nacht op om eten voor ons te maken. Ze is veel te goed. Op het naïeve af. Ook met die indianen. Die hebben van haar geprofiteerd. Ze heeft hun reis betaald en ze leefden hier op haar kosten. Een dagje naar de Zoo? Een dagje naar de Ardennen? Een dagje naar zee? Zij reed en betaalde. Terwijl ze zelf nauwelijks geld had om rond te komen.'

'Ach kind,' glimlacht Blauwe Wolk, 'de indianen hebben mij veel meer gegeven dan ik ooit had durven te dromen. Neem nu de zweethut of *inipi.* De oorsprong ervan is terug te vinden bij de Noord-Amerikaanse indianen. Van oudsher gebruikten ze de zweethut om zich lichamelijk, emotioneel en geestelijk te reinigen. De vier natuurelementen – vuur, water, lucht en aarde – zijn in deze ceremonie zeer tastbaar aanwezig. Nederigheid en respect voor de natuur staan centraal. Een *inipi* kan een ceremonie op zich zijn, maar het kan ook een zuivering zijn als voorbereiding op een ander ritueel. Een zweethut is ingebed in een eeuwenoude indiaanse traditie. Bij mijn volk, de Cheyenne-indianen, heeft de zweethut een sterke symbolische kracht en creëert een bijzonder gevoel van verbondenheid tussen de mensen die eraan deelnemen.'

'Ja, ik noem de Cheyenne-indianen *mijn* volk. Want ik heb indiaans bloed. Ik ben geboren op een ananasplantage in Mexico. Mijn vader was een indiaan. Mijn moeder, Nathalia Morales Boeck, was de dochter van een indiaanse en de baas van de plantage, een Antwerpse baron.

Toen ik drie was, trok mijn moeder met mij naar België. Op zoek naar baron Boeck. Maar erg welkom waren we niet. De vrouw van de baron zette ons op de trein naar Parijs met de vage belofte dat haar man daar voor ons zou zorgen. Maar in Parijs stonden we gewoon op straat.

Uiteindelijk kwam ik in een Antwerps weeshuis terecht. Eerst twee jaar bij de nonnen. Daarna, tot mijn achttiende, in een privé-weeshuis in de Lange Lozanastraat. *Maison des Orphelins*. Het gebouw staat er nog altijd. Dat tehuis werd door "rijk volk" gefinancierd. Maar tijdens de oorlogsjaren kwam er geen geld meer binnen en was het armoe troef. Het was een keiharde tijd. Ik herinner me nog de allereerste woorden in mijn dagboek: "Liefste God, laat mij alstublieft sterven."'

'Mijn moeder heeft nog een hele tijd in Europa rondgezworven, en is later opnieuw in Mexico beland. Ik herinner me dat ze een tijdje in Brussel heeft gewerkt, in een of ander café, maar ze verdiende niet genoeg om mij geregeld te bezoeken. Ik zag haar hooguit één of twee keer per jaar. De mooiste dag van mijn leven was de dag van mijn Plechtige Communie. We kwamen terug van de kerk en daar, voor de deur van het weeshuis, zag ik mijn moeder staan. Ik herinner mij nog goed wat ze toen tegen mij heeft gezegd: "*N'oublie jamais que tu es une Cheyenne, parce qu'on nous appelle des chiens. Nous sommes des chiens.*"

Dát was een sleutelmoment. Want ik wist wel dat ik in Mexico geboren was, maar was compleet verrast, zelfs geschokt, toen ik hoorde dat mijn ouders indianen waren.

Weet je, vijftig jaar geleden was "indiaan zijn" niets om trots op te zijn. Integendeel, de indiaan was de slechte, de bruut, de woesteling. De scalpeerder die kinderen doodde. In verhalen, boeken of films waren de indianen altijd de booswichten. En ik wist zeker dat ik zelf zo niet was. Ik was niet slecht, en mijn moeder ook niet. Zij was zo zacht en lief.

Daarom weigerde ik wat dan ook over de indianen te horen of te lezen. Ik wilde niets met die verhalen te maken hebben.'

'Intussen zijn de tijden veranderd, en staat de indianencultuur hoog aangeschreven. Zelf ben ik ook pas vele jaren later met die nieuwe kijk op de indianen in contact gekomen.

Ik trouwde en kreeg elf kinderen, die ik helemaal alleen heb grootgebracht. Mijn zwaarste taak was de verzorging van mijn man, die jarenlang ernstig ziek was. Multiple sclerose. Ik had geen geld, ik had geen hulp. Er zijn perioden in mijn leven geweest dat ik nauwelijks verder kon. Compleet opgebrand was ik. Totaal oververmoeid.

En toen, op mijn drieënvijftigste, toen mijn kinderen allemaal het huis uit waren, heb ik pas mijn plaats gevonden. Toen ben ik thuisgekomen: bij de indianen.

Mijn kleindochter had een leraar die een seminarie over indianen organiseerde. Ze vroeg of ik met haar meekwam, want er zou een "echte indiaan" komen.

"Oké," zei ik, "maar als die indiaan niet echt is, ga ik meteen naar huis."

En daar, op dat seminarie, ontmoette ik voor het eerst de beroemde medicijnman *Lame Deer*. Hij sprak over zijn volk, over de jacht en de zweethut, en ik staarde hem aan terwijl hij praatte. Ik had nooit iets over indianen gelezen. Ik had nog nooit van een zweethut gehoord. Ik kende geen woord Engels en hij sprak geen woord Nederlands. Maar ik luisterde en ik observeerde hem aandachtig om te zien of hij de waarheid sprak. En telkens ik zijn woorden hoorde vertalen, wist ik dat het waar was wat hij zei.

Volgens Lame Deer is een medicijnman "iemand die houdt van een plek waar behalve het zoemen van de insecten niets te horen is. Hij spreekt tegen de planten en ze geven hem antwoord. Hij luistert naar de stemmen van alles wat zich op aarde roert."

Als medicijnman was Lame Deer prachtig en respecteerde ik hem enorm. Hij had een enorme verbondenheid met de natuurkrachten, met de planten en de dieren, met de doden en de geesten. Hij beschikte over wondere, genezende krachten en hij bezat een zeer grote wijsheid. Ik heb veel aan die man te danken, want hij heeft mij een naam – *Blue Cloud* – en een thuis gegeven. *(triest)* Maar hij was geen heilige. In de zweethut, als medicijnman, was hij niet te overtreffen. Maar buiten de zweethut was hij net als "de blanke man". Bezitterig, ontzettend gesteld op geld en op mooie dingen, zeer gevoelig voor materieel bezit. Dat heeft mij erg teleurgesteld.'

'Maar kom, dankzij hem én met mijn nieuwe naam begon ik aan een compleet nieuw leven. Met enkele mensen begonnen we zelf zweethutten te organiseren. Ik begon ook naar *councils* te gaan, in Frankrijk, Duitsland en Nederland. We trokken rond, met een tentje in de bossen. Elke week kwam ik thuis met stapels dekens die naar het vuur stonken. Ik deed vlechten in mijn haar en begon een jeansbroek, een trui en laarzen te dragen.

In het begin dachten mijn kinderen dat ik gek werd. Maar tegelijkertijd merkten ze dat die zweethutten mij ontzettend veel deugd deden. Jarenlang had ik *stijf gestaan* van de reuma en plots zagen ze dat ik een hele nacht lang, soms tot 's ochtends vroeg, kon dansen. En dat ik er de volgende dag nog fris en vrolijk bijliep ook.'

'Ik weet dat sommige mensen mij een rare vrouw vinden. Maar dat trek ik me niet aan. "Kom eerst mee in de zweethut", zeg ik tegen argwanende buren en dorpsgenoten. "Daarna mag je er het jouwe van denken." Trouwens, ik neem mijn verantwoordelijkheid. Ik weet waar ik mee bezig ben. Ik zorg dat ik geen aanstoot geef. Ik schik mij naar alle voorschriften en reglementen. Ik ben degelijk verzekerd en ik neem geen enkel risico. Zo vraag ik aan mensen met hartklachten om eerst hun arts te raadplegen. Verder zorg ik dat er geen menstruerende vrouwen in de zweethut komen.

Want de zweethut is een zuiveringritueel. Door de menstruatie zuiveren de vrouwen zichzelf. Zij hebben die zweethut dus niet nodig. Bij de indianen gaan menstruerende vrouwen trouwens samen in de tipi zitten, op het mos. Zo vloeit hun bloed onmiddellijk de aarde in. Bovendien zou het ook kunnen dat de extreme warmte de menstruatiebloeding verhevigt, en dat risico wil ik niet lopen. Trouwens, bij de indianen gaan de vrouwen pas de zweethut in als ze *geschorst* zijn. Na de menopauze dus. Zo is het mij ook vergaan, besef ik nu. Ik ben pas met de zweethutten begonnen toen ik al *geschorst* was.'

'Hoe ik dat allemaal weet? Omdat ik de regels van de zweethut, de rituelen en ceremonies bij de indianen zelf ben gaan leren. Op een goede dag wilde ik naar mijn land, naar mijn volk, naar de Cheyennen. Mijn kinderen begonnen mij op verjaardagen en feestdagen dollars in plaats van cadeaus te geven. Toen ik duizend dollar bij elkaar had gespaard, ben ik naar Amerika vertrokken.

Tot mijn verbazing én opluchting hebben de indianen mij meteen als een van hen aanvaard. Ze zagen dat ik een echte Cheyenne ben. Ik heb hun trekken en hun huidskleur. En ik voelde mij helemaal thuis bij hen. Vijf maanden lang heb ik in Montana, bij Donlin, gewoond. Hij was de pipekeeper, een heel belangrijke functie bij de Cheyennen.'

(triest) 'Jammer genoeg is de indianencultuur niet meer wat ze geweest is. De indianen leven niet meer in tipi's en ze gaan niet meer op jacht. Er is veel verdwenen en kapot gegaan. De vrouwen, die traditioneel voor de kinderen en de tipi zorgden, hebben zich nog min of meer kunnen handhaven. Maar de mannen zijn met het verdwijnen van de jacht hun identiteit en bestaansrecht grotendeels kwijtgespeeld. Dat verklaart ook het enorme drankprobleem bij de indianen.

Ja, ik was teleurgesteld toen ik merkte dat die indianen met hun rijke verleden nu ook in hun huisje zitten, elke avond naar hun kastje kijken en zich te pletter drinken. Toch blijft hun ingesteldheid heel bijzonder. Ze leven nog steeds in verbondenheid met de natuur en gaan ervan uit dat alles bezield is: de dieren, de planten, de rotsen, de bliksem, de donder, de regen en de storm. Ze leven ook in de overtuiging dat er andere werelden bestaan en dat je daarmee in contact kunt komen door een trancereis te maken.

Eigenlijk is een trance helemaal niet zo'n bijzondere toestand. Iedereen kent bepaalde vormen van trance. Dagdromen bijvoorbeeld, of helemaal opgaan in een boek, een film of muziek. Wegdeinen op het ritme van een trein. Meedrijven op het geluid van een luid tikkende koekoeksklok. De vreemde droomtoestand net voor je inslaapt.

In de indianencultuur probeert men soms door extreme inspanningen, vermoeidheid, uitputting of eenzaamheid bepaalde bewustzijnstoestanden op te wekken waardoor je visioenen krijgt en in andere werelden terecht kunt komen. Daarom noemt men het een reis.'

'Net voor mijn vertrek uit Amerika heb ik zo'n *Vision Quest* gedaan. Dat is een hele zware proef. Je brengt vier dagen en vier nachten alleen door, zonder eten, zonder drinken. Ergens hoog op een berg of diep in een put. Daar ga je zitten om te vasten en te bidden. Er is iemand die je, op afstand, een beetje in het oog houdt. Als je te erg verzwakt, of als het te gevaarlijk wordt, komt hij je halen.

Ik heb die beproeving in een eenzame zweethut ondergaan, ergens op een weiland, ver weg van de bewoonde wereld. Donlin had een stuk tapis plain in die hut gelegd, en dat was het. Daar, in het pikdonker, heb ik mijn Vision Quest beleefd. Ik wist niet wanneer het dag of nacht was. Ik had alleen een slaapzak bij me, een kaarsje en enkele lucifers. Twee keer maar heb ik die kaars even aangestoken. Vooraf had men mij gewaarschuwd: "Probeer niet te plassen. Houd je water in, zolang je kunt, en ga alleen maar plassen als je het gevoel hebt dat je gaat barsten". Voor de nieren is het namelijk van belang zoveel mogelijk vocht zo lang mogelijk in je lichaam vast te houden. Ik heb de hele tijd stilgelegen en ben maar twee keer opgestaan om te gaan plassen.'

'Voor ik aan mijn Vision Quest begon, had men mij gezegd: "Brand salie en doe voor niemand open. Als er toch iemand zou binnenkomen, een klein mannetje misschien, moet je zeggen: '*I'm only here to pray*'. Zeg niets anders. Geen woord. Tegen niemand."

Tijdens zo'n Vision Quest kan het namelijk gebeuren dat je naar andere werelden reist en visioenen krijgt. Je kunt vreemde wezens ontmoeten: dieren of geesten van overledenen.

Zelf ben ik nogal nuchter in die dingen. Ten eerste geloof ik niet in geesten, en bovendien deed ik die Vision Quest niet om een trancereis te maken.

Uiteindelijk kreeg ik geen visioenen, maar vond ik het wel een heel aangrijpende ervaring. Ik sliep en ik bad. Dat was alles. Ik droomde de hele tijd. In mijn dromen ging ik naar mijn kinderen om hen te groeten en te vertellen dat ik niet kon blijven omdat ik terug naar de zweethut moest.

Slechts één keer ben ik echt bang geweest. Toen ik het geluid van een ratelslang hoorde. Als je de ratelslang één keer hebt gehoord, vergeet je dat geluid nooit meer. "O neen," dacht ik, "dit is mijn laatste uur. Als ik nu gebeten word, slaag ik er nooit in om op tijd de bewoonde wereld te bereiken." Het enige wat ik kon bedenken, was: diep in mijn slaapzak kruipen en hem met beide handen boven mijn hoofd dichtknijpen. Zo heb ik een hele tijd gelegen tot ik uiteindelijk in slaap viel. Toen ik wakker werd, was het geratel verdwenen.'

'Op een ochtend hoorde ik iemand een houtvuur maken. Ik kroop naar buiten, zag dat het Donlin was en dacht dat hij met mij een zweethut wilde doen. "*Please*, geen zweethut nu", smeekte ik hem. Ik was compleet uitgeput, kon zelfs niet meer op mijn benen staan. Maar hij was niet voor een zweethut gekomen, maar om mij mee naar huis te nemen. Voorzichtig tilde hij me op, wikkelde mij in een deken en zette mij op een stoel die hij had meegebracht. Het vuur was bedoeld voor de pijpceremonie. Vier keer zou hij mij de pijp aanbieden. Drie keer moest ik weigeren, pas de vierde keer mocht ik ze aannemen.

Na de ceremonie reed hij met mij naar huis. Op een tafel stonden de heerlijkste lekkernijen uitgestald, maar ik kreeg geen hap door mijn keel. Ik heb alleen een beetje gedronken. Toen ben ik gaan rusten in een bed dat hij voor mij had klaargemaakt.'

'Ik weet het, mijn kinderen vinden dat de indianen van mij geprofiteerd hebben. Misschien hebben ze wel gelijk. Er zijn inderdaad teleurstellingen geweest. Niet alleen Lame Deer, maar ook Donlin heeft mij als mens teleurgesteld. Maar ik denk dat hij beseft dat hij een zware fout heeft gemaakt. Want ik heb vernomen dat hij na zijn terugkeer in Amerika zijn pijp heeft afgegeven. Door dit gebaar heeft hij in zekere zin zichzelf gestraft. Hij was goed van inborst, maar had een ernstig drankprobleem. Ginds, in Amerika, kon hij dat nog min of meer onder controle houden, want alcohol is daar niet vrij beschikbaar en bovendien minder sterk dan bij ons. Maar toen hij in Europa kwam, was het hek van de dam. Dat deed mij ontzettend veel verdriet. Amper acht dagen was hij hier en ik was er al kapot van. Ik heb me toen een tijdje bij een vriendin teruggetrokken, en daar kwam ik tot het besef dat ik dat drankprobleem niet kon oplossen. Ik heb nog geprobeerd het met hem te bespreken, maar telkens zei hij: *"I don't want to discuss this."*

Kort voor zijn vertrek hebben we samen nog een laatste zweethut gedaan. Zoals gewoonlijk ging ik achteraan zitten. Maar hij wees naar mij en zei dat ik op zijn plaats, de Cheyenneplaats, moest plaatsnemen. Zo gaf hij de leiding aan mij over.

Vanaf toen ben ik zelf zweethutten beginnen te leiden. Als Donlin, de pipekeeper, vond dat ik het goed deed, zou het wel goed zijn, dacht ik. Ach, er zijn teleurstellingen geweest... Maar weet je wat Lame Deer ooit tegen mijn kinderen heeft gezegd? "Uiteindelijk is jullie moeder meer indiaan dan ik!"

Ik:

'Opstaan, schatje.

De dolfijnen zijn heilig.'

'Nadat ik de bergen beklom,
bewoonde ik de wereld.'
[Magdalena]

HOOFDSTUK 8

Verliefd op een dolfijn

5 DECEMBER 1997

Zij: 'Een Vision Quest. Dat lijkt me geen slecht idee als voorbereiding op mijn tocht naar Jeruzalem. Vier dagen en vier nachten in een winterse grot. Zonder voedsel, zonder verwarming, zonder te spreken, zonder ook maar iets te doen.'

Ik: 'Maar waarom?'

Zij: 'Waarom niet? Zoals jij dat vraagt, lijkt het iets heel bijzonders. Maar eigenlijk is het toch doodgewoon? Het bos, de grot, zwijgen en vasten. Eenvoudiger kan het toch niet? Op een vliegtuig stappen om een week naar Tenerife te gaan, is veel spectaculairder.'

Ik: 'Tenerife is tenminste leuk en warm en comfortabel. Zwemmen in de oceaan. Misschien wel tussen de dolfijnen. Best gezellig.'

Zij: 'Gezellig zal het bij mij niet zijn. Misschien wel boeiend en spannend. Het zittende, kruipende leven. Overal stof en muizen.'

Ik: 'Maar waarom toch?'

Zij: *(haalt haar schouders op)* 'Gewoon. Om uit te zoeken wat de zin en de betekenis van mijn voettocht is. Ik wil zien wat er met een mens gebeurt als je alle franjes en uiterlijkheden verwijdert.'

15 DECEMBER 1997

Vandaag breng ik Magdalena weg, naar de rand van een Luxemburgs bos. Op de plaats van afspraak wacht een grote, zwijgzame vrouw.

'Als je wilt, kun je nog samen met ons tot aan de grot stappen,' zegt Magdalena.

Het bospad slingert omhoog. Na een uur stevig stappen blijft de grote vrouw staan en wijst naar een kleine opening in het struikgewas. Ze duwt de struiken opzij en gaat voorop. Het pad – al kun je het nauwelijks zo noemen – loopt pal omhoog, tegen een steile helling aan. Schuivend, struikelend, op handen en voeten kruipen we naar boven. Langs een smal richeltje klauteren we over een rotspunt. Op een klein platform laat de vrouw zich op de grond zakken. Zachtjes hijgend leunt ze met haar rug tegen de rotswand. 'Hier is het,' zegt ze.

De grot is een klein, donker hol in de rotsen. In het voorste gedeelte kun je nog net rechtop zitten. Achteraan, onder een gewelf van nauwelijks een halve meter hoog, is er net voldoende slaapruimte voor twee personen. Je kunt er alleen maar liggen of sluipen. Op je buik. Met een enorme rotsmassa boven je hoofd.

Ongelovig kijk ik Magdalena aan.

Zij: 'Geen commentaar nu. Hier nemen we afscheid.'

Ik: 'Oké, zorg goed voor jezelf.'

Zij: 'Jij ook. En veel succes in Tenerife.'

Ik: 'Benieuwd wie de wijsheid vindt. Jij in je grot. Of ik tussen de dolfijnen.'

17 DECEMBER 1997

Op weg naar Tenerife verdiep ik mij een beetje in het fenomeen *dolfijn*. Want blijkbaar is de dolfijn helemaal 'in'. Overal duikt hij op. Van de reclamespotjes tot de posters in de kinderkamer, van pluchen exemplaartjes in de auto tot juweeltjes. In managementcursussen worden *dolphin strategies* aangeleerd om meer creativiteit, energie en bereidheid tot verandering in het bedrijfsleven te realiseren. Depressieve, autistische, zieke en stervende mensen gaan aankloppen bij een dolfinarium om zich door een dolfijn te laten aanraken. En zwemmen tussen de dolfijnen blijkt een nieuwe vakantierage.

Ik leer ook dat er meer dan dertig verschillende soorten dolfijnen bestaan. De Tuimelaar *(Tursiops Truncatus)* is het bekendste exemplaar. Het is *Flipper* uit mijn vroege kinderjaren, de trots van elk dolfinarium. Tuimelaars zijn speelse, leergierige en aanhankelijke dieren die zich zorgzaam en communicatief gedragen. Blijkbaar spreekt dat tot de verbeelding. De spectaculaire reddingsoperaties door dolfijnen zijn een typische uiting van dat zorggedrag. Zoals een dolfijnenmoeder haar pasgeboren jong op haar rug naar boven duwt, richting zuurstof, zo zou het leven van menig drenkeling gered zijn door een dolfijn.

Fascinerend is ook het uitgebreide geluidengamma van dolfijnen. Naast het typische geratel dat we als mens kunnen opvangen, produceert de dolfijn ook de zogenaamde *sonar*. Dat zijn hoge frequentiegeluiden die het menselijke oor niet kan waarnemen, maar die zeer effectief zijn bij het zoeken en vangen van een prooi, de onderlinge communicatie en de oriëntatie op zee.

Mijn besluit is dat de wetenschap en de mythe over de dolfijn weleens door elkaar lopen, maar dat er nergens sprake is van een bijzondere genezende kracht.

18 DECEMBER 1997

Laat in de namiddag ontmoet ik de dolfijnenvrouw op een terras, vlak naast de zee. Onder ons klotsen de golven tegen de rotskust. 'Sorry dat ik je zo lang liet wachten,' lacht ze, 'maar het werk ging voor. Vanochtend nog ben ik met een autistisch kind bij de dolfijnen geweest. Daarna heb ik met een kankerpatiënte op de buik van een dolfijn rondgezwommen.

Dolfijnen hebben bijzondere, genezende krachten. De vrouw met wie ik vandaag naar het dolfinarium ging, was geopereerd van een kankergezwel in haar kaak. Heel behoedzaam stapte ik met haar het bassin in. Het bad begint met een ondiep stuk waar de dolfijnen contact met je maken. Het diepe gedeelte mag je zonder toelating van de dolfijnen niet betreden. Dat is hun territorium.

In het begin komen de dolfijnen gewoon wat kennis maken. Wat rondzwemmen, kijken, kopjes en kusjes geven. Maar vandaag zwom die dolfijn meteen naar de zieke vrouw toe, en gaf haar met zijn snuit een duw op haar wang. Het was een krachtige aanraking. Pal op de zieke plek. Zo gaat dat met dolfijnen. Ze voelen perfect aan waar je kwetsbare plekken zijn, en sturen via die aanraking genezende energie naar je toe.

Na dat eerste contact begonnen we de dolfijn over zijn kop en zijn rug te strelen. Plots draaide hij zich om, met zijn buik omhoog. Hij spreidde zijn vinnen als vleugeltjes en nodigde die vrouw uit om samen met hem rond te zwemmen.

"Doe maar", moedigde de verzorger van het dier haar aan. Een beetje aarzelend greep ze hem vast en de dolfijn zwom achterwaarts met haar het hele bad rond. Het was een prachtig gezicht.

Achteraf stond de vrouw te trillen op haar benen. "Zo'n krachtige energie heb ik nog nooit gevoeld", zei ze bibberend. "Ik voel het in mijn hele lichaam vibreren."'

'Weet je, Tenerife is een bijzondere plek, een krachtig vulkanisch gebied. In 1992 kwam ik hier voor het eerst om een bezoekje te brengen aan een vriendin. In die periode werkte ik als vrijwilliger met volwassen autisten, ernstig zieken en kankerpatiënten. Maar over dolfijnen wist ik niets.

Ik had slechts één associatie: bij de Noord-Amerikaanse indianen waar ik een tijdje verbleef, kreeg ik "de Dolfijn" als totem.

Dat eerste bezoek aan Tenerife was heel ingrijpend. Ik leerde het eiland en de oceaan kennen, en ik ontdekte dat de dolfijnen met geluiden, klanken en trillingen werken. Op een of andere manier had ik het gevoel dat ze mij wilden helpen.

"Zet je werk voort", fluisterden ze mij in. "We hebben je nodig. Wat jij doet, is precies hetzelfde als wat wij doen."

Ik ging terug naar huis, en merkte dat de dolfijnen voortdurend in mijn dromen opdoken. Ik herinner mij een prachtige droom uit die periode. Ik lag op een strand. Een golf rolde over mij heen, trok mij de zee in en ik werd een dolfijn. Ik voelde de kracht en de wijsheid van de dolfijn in mijn lichaam. Toen spoelde het water mij weer op het strand en werd ik weer een mens.

In België begeleidde ik in die periode een vrouw die terminaal ziek was. Anja. Ze was heel bang voor de dood. "Er wordt gezegd dat de dood een tunnel is, met aan het eind een fel licht. Dat vind ik een akelig beeld", vertrouwde ze me toe.

"Zoek dan een beeld dat je aangenaam vindt", raadde ik haar aan, "Als kind droomde ik van engelen die rond mijn bed stonden om mij mee naar de hemel te nemen."

Dat vond Anja een mooier beeld. Wat later vertelde ze me dat ze de engelen al een beetje kon voelen.

Op een dag belde ze me op met de voorzichtige vraag of ik geen zin had om drie weken met haar naar Tenerife te gaan. Naar de dolfijnen. Aanvankelijk aarzelde ik omdat ik niet wist of ik dat wel aankon. Want Anja zat in een rolstoel en had permanent verzorging nodig.

Ik besloot het erop te wagen, maar waarschuwde haar: "Ik kan je niets beloven. Ik weet zelfs niet of we in het dolfinarium de toelating zullen krijgen om bij de dolfijnen te komen."

Tot mijn eigen verbazing kreeg ik in Tenerife de toestemming om elke dag met Anja de dolfijnen te bezoeken, tussen de shows en de therapiesessies voor autistische kinderen door. Het was een heel bijzondere ervaring. De dolfijnen zaten toen nog in een piepklein bassin, nauwelijks vier meter diameter. De rand van het bassin was ongeveer tachtig centimeter hoog. Kortom, de ideale situatie voor een rolstoelpatiënt.

Die eerste ontmoeting zal ik nooit vergeten. Ik had Anja vlak naast het bassin geïnstalleerd. De dolfijn kwam een beetje rondneuzen, raakte haar even aan, en zwom naar de andere kant van het bad.

Daar lag een blaadje op het water. Het dier nam dat op zijn neus, zwom recht naar Anja toe en legde, heel voorzichtig, het blaadje voor haar neer. Alsof hij wilde zeggen: "Dit is voor jou." De tranen rolden over Anja's wangen.

Vanaf die dag zag ik haar veranderen. Haar angsten vielen van haar af. Elke dag opnieuw gingen we naar de dolfijnen, en ik zag hoe Anja die dolfijnenenergie steeds meer in zich opnam.

Na drie weken gingen we terug naar huis. Anja begon met haar man en kinderen over haar afscheid te praten. Ze maakte afspraken en trof de laatste regelingen.

Twee maanden na onze reis is ze gestorven. Heel snel, gemakkelijk en rustig.

Enkele dagen voor haar dood zei ze nog: "Ik voel de engelen 's nachts heel dicht bij mij. Ik ben niet meer bang. Ik voel dat ze mij komen halen."'

'Voor mij is het overduidelijk: dolfijnen nemen je angsten weg. Op een of andere manier is hun aanwezigheid helend, en ze zijn aanwezig op het moment dat iemand sterft.

Daarna ging ik steeds vaker naar Tenerife. Bij elk bezoek werden mijn contacten met de dolfijnen intenser. De dolfijnen zelf hebben mij naar hier geroepen. Daar ben ik zeker van.

Ik weet het, momenteel biedt Hawaï de beste mogelijkheden om de dolfijnen te ontmoeten. Ten eerste is het klimaat er bijzonder aangenaam zodat de dolfijnen en walvissen er graag vertoeven. Ten tweede is het water er slechts zeven meter diep en uitzonderlijk helder en warm, zodat je de dolfijnen duidelijk kunt zien zwemmen en lang met hen in het water kunt blijven. Bovendien is het *dolfijnenbewustzijn* in Hawaï veel sterker aanwezig dan bij ons. Op de afgebakende plekken in zee wordt gewerkt met autistische kinderen, met ernstig zieke mensen en zelfs terminale patiënten.

Even heb ik overwogen me daar te vestigen. Maar in Hawaï en de Verenigde Staten is deze vorm van spirituele zorg volledig gecommercialiseerd. Zweverig en duur, typisch Amerikaans. Ik vind het beter om hier, zonder commerciële machine, gelijkaardig werk te verrichten. Bovendien is Tenerife dichterbij en veel goedkoper.'

'Op een dag wilde ik heel graag in zee tussen de dolfijnen zwemmen. We zaten in een bootje en plots wist ik dat ze in de buurt waren. Heel indrukwekkend. Ik voelde die trillingen komen, tot de dolfijnen zo dichtbij waren dat we gewoon tussen hen in konden zwemmen.

Met walvissen kun je een gelijkaardig contact krijgen. Als je met hen zwemt, voel je een zeer intense energiestroom waardoor je nooit meer dezelfde bent als voorheen.

In die periode leerde ik ook de dolfijnen *roepen*. Met een trom en belletjes ging ik op de rotsen of in een boot zitten om hen te roepen. Tot mijn eigen verbazing zag ik dat ze aan kwamen zwemmen.

Een basisregel is dat je je nooit mag opdringen aan een walvis of een dolfijn. Hij nodigt je uit. Alleen als je zijn toelating krijgt, mag je bij hem komen zwemmen.

Ik ken een schipper die een bootje heeft. Als je wilt, kun je morgen mee uitvaren. Maar je mag niets verwachten en ik kan je niets beloven. Misschien zien we hen, misschien niet.

Misschien nodigen ze ons uit, misschien niet."'

's Avonds, op mijn terras, staat het aperitief klaar. Rode wijn en slakjes. Mijn vriendin, Lut Celie, is me achterna gereisd. Ze is moe van het vele werk en allerlei beslommeringen. Ze begeleidt ernstig zieke en terminale kinderen, en specialiseert zich in rouwtherapie.

Benieuwd naar haar mening als palliatief deskundige vertel ik haar over de walvissen en de dolfijnen, over de dolfijnenvrouw en Anja.

'Ach, wat heb *ik* een stervend kind te bieden?' zucht ze, 'Wat heeft die dolfijnenvrouw een terminaal zieke te bieden? Precies hetzelfde.

Het gaat om de energie en de aandacht die je iemand geeft. Het vertrouwen en het engagement. De vorm is van ondergeschikt belang. Het kan een massage zijn, een aanraking, een gesprek, een reis die je samen maakt of een zwembeurt met een dolfijn.

Als een terminaal patiënt op mensen kan rekenen die tijd voor hem maken, die aandacht geven en hem graag zien, kunnen er inderdaad heel mooie dingen gebeuren. Toeval of niet, maar toen de moeder van een patiëntje hoorde dat ik naar Tenerife vertrok, zei ze: "Probeer tussen de dolfijnen te zwemmen. En vooral: praat met hen. Ga als een onschuldig kind, met grote ogen en een open geest. Word verliefd op de dolfijnen. Geef je helemaal aan hen over. Leg al je vragen aan hen voor. Ze zullen je een antwoord geven."

In mijn werk merk ik dat steeds meer mensen op allerlei niet-klassieke manieren met ziekte en dood beginnen om te gaan. Ze kloppen aan bij *healers* en alternatieve genezers, ze zoeken naar allerlei nieuwe rituelen en symbolen om afscheid te nemen. Zeker nu de grote godsdiensten hun aantrekkingskracht verliezen, is er een onvoorstelbare behoefte aan zingeving op het moment dat mensen afscheid moeten nemen.

Indianenrituelen, goeroes, mediums... Waarom geen dolfijnen? Het is toch evident dat een dolfijn energie geeft? Alleen al de attractie en het contact met zo'n lief beest! Als je dan ook nog tussen de dolfijnen of de walvissen kunt gaan zwemmen, krijg je natuurlijk een enorme energiestoot. Net zoals in volle winter in de zon zitten, naar de zee kijken en je amuseren. Dat is toch ook pure energie? Dat heeft ook iets zuiverends en genezends.'

'Hoe gek of geschift ook, in principe respecteer ik de manier waarop mensen hun leven en hun dood zin willen geven. Ik respecteer ook de mensen die hen daarbij willen helpen. Ik ken in de palliatieve zorg veel mensen die dat op heel verschillende, soms zelfs bizarre manieren doen, maar meestal met veel toewijding en overtuiging.

Die dolfijnenvrouw biedt mensen de mogelijkheid op een mooie manier afscheid te nemen en te sterven. Ze biedt een vorm van zingeving en spiritualiteit aan mensen die daar behoefte aan hebben. Bovendien biedt ze een perspectief na de dood aan, en laat ze de mensen daarbij zelf hun beelden kiezen. "De engelen komen je halen." Dát is geruststellend voor mensen die stervend zijn.

Ik kan je verzekeren dat veel volwassenen een vreselijke doodstrijd meemaken, precies omdat ze dat perspectief niét hebben. Bovendien engageert deze vrouw zich voor haar zaak. Iemand die met zo'n sterke overtuiging iets positiefs wil overbrengen, heeft per definitie een grote kracht.

Ik apprecieer het ook dat zij de mensen geen fysieke genezing voorspiegelt. Je zou eens moeten weten hoeveel alternatieve genezers dat wel doen. "Als je mijn therapie volgt, ben je binnen drie maanden genezen." Ik ken alternatieve genezers die met een terminaal zieke voor een *healing* naar Azië of Afrika trekken. Voor de begeleiding van zo'n trip vragen ze een bom geld.

Mijn enige vrees is dat mensen die vernemen dat dolfijnen speciale genezende gaven zouden hebben, naar Hawaï of Tenerife willen vertrekken voor een magische genezing. De vliegtuigreis, het hotel, de verzorging en verpleging in het buitenland kosten massa's geld. Ik huiver bij die gedachte, maar ik weet maar al te goed dat sommige mensen tot alles in staat zijn om zichzelf of hun ziek kind te genezen.'

19 DECEMBER 1997

's Ochtends krijg ik Lut niet wakker.

'Opstaan, schatje. De dolfijnen zijn heilig.'

'Mijn slaap is dat ook.'

Dus vertrek ik alleen. De dolfijnenvrouw is mooi op tijd, maar de schipper komt een flink stuk te laat. Zijn rooddoorlopen ogen verraden een zware nacht. Met een stuurse knik in onze richting gebaart hij ons in zijn bootje te stappen. Hij start de motor en trekt flink op.

Met bruuske schokken vliegen we over het water. Niemand zegt een woord.

Na een tijdje legt de man het bootje stil. We speuren de zee af, op zoek naar een vin boven het wateroppervlak, een plotse beweging, een ongewone rimpeling in het wateroppervlak. Maar er gebeurt niets. Helemaal niets.

We zitten, en turen, en zwijgen. De dolfijnenvrouw opent haar tas en haalt er een ronde trom uit. Ze gaat op de boeg van het bootje zitten, met haar gezicht naar het water, en begint met zachte, doffe slagen te trommelen. 'Zo roep ik de dolfijnen', legt ze uit. 'Ik heb hen gisterenavond gevraagd om naar ons toe te komen.' Bovenop het tromgeroffel begint ze een liedje in een onverstaanbare taal te zingen. Maar er gebeurt nog altijd niets.

Na een kwartiertje stelt de schipper voor opnieuw een eindje te varen en het elders te proberen. Terwijl de boot over het water scheert, buigt de vrouw zich over de rand en laat koperen belletjes vlak boven het water rinkelen. 'Misschien komen ze hier wel op af', lacht ze hoopvol.

Opnieuw legt de schipper de motor stil. Dit scenario herhaalt zich een paar keer, tot we besluiten om naar de haven terug te keren. Maar net op het moment dat de man het bootje keert, roept ze: 'Kijk daar, dolfijnen!' In een flits zie ik twee of drie vinnen boven het water uitsteken.

Zachtjes naderen we de bewuste plek, maar de vinnen zijn verdwenen. Heel traag varen we verder, onze aandacht gespitst op elke verdachte rimpeling van het water.

En dan gebeurt het. Op nauwelijks enkele meters van ons bootje komen, traag en donker, vier grote vinnen boven het water uit. Aan alle kanten van het bootje zien we ze opduiken. Links, rechts. Voor ons, achter ons. Grote, imposante, donkere lijven glijden in trage, gracieuze bewegingen boven en onder het wateroppervlak. De dieren zijn nu vlakbij.

Rechtop, met open mond, staan we te kijken naar wat zich voor onze ogen afspeelt. Alles gebeurt in volstrekte stilte. Oog in oog met deze enorme dieren voel ik me nietig als een waterdruppel.

'Ik ga er in', fluistert de dolfijnenvrouw.

'Wacht even', hoor ik mezelf zeggen, en ook ik laat mij zachtjes in het water glijden. 'Ze zullen ons toch niets doen?' vraag ik nog, maar als ik de vrouw zo rustig naar hen toe zie zwemmen, voel ik me merkwaardig veilig. De donkere, glanzende lijven zwemmen naar ons toe, blijven in onze buurt, zonder ons aan te raken. Alsof ze een beschermende wal rond ons optrekken. Ik vergeet te ademen en te zwemmen, ik vergeet mijn angst.

Ik kan me niet herinneren hoe lang we in het water zijn gebleven. Enkele seconden, enkele minuten of een uur? Ik herinner me alleen de kreet van de schipper. 'Terugkomen. Vlug.'

Ik kijk om en zie een grote toeristenboot op ons afstevenen in de hoop een graantje van het spektakel mee te pikken.

De dieren verdwijnen prompt, wij klauteren hijgend in de boot en ik merk dat ik over mijn hele lichaam tril.

'Zie je wel?' lacht de dolfijnenvrouw, 'heb je het nu gevoeld? Die kracht, die energie, die trillingen! Ze hebben ons uitgenodigd! Ze hebben ons geroepen!'

Ik kan nauwelijks geloven wat me overkomen is. 'Het was fantastisch', stamel ik. 'Nooit had ik gedacht dat ik écht tussen de dolfijnen zou zwemmen.'

'Maar je hebt helemaal niet tussen de dolfijnen gezwommen!' roept ze. 'Het was een school van wel twintig walvissen!'

Zij:
'Ik ben de vrouw die ouder wordt,
en het meisje dat steeds jonger wordt.'

'Spoorloos verdwijn ik
voorbij het landschap
voorbij de vuurrode zon.'
[Magdalena]

HOOFDSTUK 9

Alles gaat voorbij

24 DECEMBER 1997

Magdalena aan de telefoon.

Zij: 'Hoe was het in Tenerife?'

Ik: 'Prima. Maf. Vakantie.'

Zij: 'Wijsheid of waanzin?'

Ik: 'Waanzin. Maar leuke waanzin. En jij? Hoe was het in je grot?'

Zij: 'Het was een nachtmerrie. Vooral de koude was ondraaglijk, en ik had veel te weinig kleren bij. 's Nachts, in de slaapzak, had ik het iets warmer dan overdag, maar het bleef de hele tijd berekoud.'

Ik: 'Pure ellende, dus.'

Zij: 'Dát heb ik niet gezegd. Het was hard en moeilijk, maar ook... leerrijk. Best interessant om te zien wat er gebeurt als alles – voedsel, verwarming, spreken, handelen, stappen – wegvalt.'

Ik: 'En? Wat blijft er dan over?'

Zij: 'Een nachtmerrie, dat zei ik toch?'

Ik: 'Had je een visioen? Was het religieuze of spirituele ervaring?'

Zij: 'Neen.'

Ik: 'Heb je spijt van je onderneming?'

Zij: 'Ook niet.'

Ik: 'Wijsheid of waanzin?'

Zij: 'Geen van beide.'

Ik: 'Wil je er iets over kwijt?'

Zij: 'Niet nu. Maar ik heb in de grot een tekst geschreven. Als je wilt, mag je die hebben. Ik stuur je hem op. Oké?'

28 DECEMBER 1997

Tussen de kerstkaarten vind ik een grote envelop in de bus. Haar tekst, in mooie, sierlijke letters. De titel in kalligrafie.

Alles gaat voorbij maar het verlangen niet

'Ik ben te gast in een winters bos, in een grot verscholen tussen bomen en struiken. Voor de ingang hangen dorens en takken die je voorzichtig opzij moet duwen om binnen te geraken. Buiten regent het zonder ophouden. Binnen wordt het nooit echt licht.

Het duister slokt me op en verwijdert zorgvuldig mijn naam en mijn bestaan.

Mijn ogen doen pijn als ze naar de rotswand staren. Ik ben verblind in de duisternis.

In de oorverdovende stilte zwijg ik vier dagen en vier nachten. De honger en de kou vreten aan mijn botten tot zelfs mijn gedachten en gevoelens verkild zijn.

Er gebeurt niets.

Overdag zit ik, en 's nachts lig ik.

Noodgedwongen kruip ik van de dag naar de nacht, want rechtop staan is hier onmogelijk.

Ik ben een gebogen en gebroken vrouw. Mijn geest fladdert ontredderd rond.

In godsnaam, wat doe ik hier? Wat bezielt me toch? Alleen kijken naar A. geeft me enig houvast. Zij hoort hier thuis. Zij is hier geboren en getogen. Voor haar is het een doodgewone zaak om midden in de winter een paar dagen in een spelonk honger en kou te lijden. Zij is één brok natuur, ik ben een ramp.

Verontrust en bang sterf ik duizend doden.

Zonder licht en warmte, voedsel en geluid ben ik een nul.

Het gewicht van de rotsmassa boven mij herleidt me tot een puinhoop, een worm die zich voedt aan de resten van de vrouw die ik ooit was.

Ik ben een insect dat achteloos vertrapt zal worden.

Het enige wat overblijft, is het verlangen. Het trillende, kloppende verlangen naar ruimte en licht, warmte en voedsel.

Want alles gaat voorbij maar het verlangen niet.

De nachten zijn nachtmerries, lang en woordenloos.

Alles is pijn. Gewrichtspijn, spierpijn, oogpijn, botpijn, hartpijn.

De nachten zijn lang en hopeloos. Ik droom van vlinders met verschroeide vleugels. Gekortwiekt schuifelen ze voort, wanhopig proberen ze te ontkomen.

Ik droom en vlieg en val. Vallen duurt een eeuwigheid. Herboren worden slechts een flits.

Tussen leven en dood word ik heen en weer geslingerd, en altijd blijft de kou.

Maar dwars doorheen de rotswand hoor ik een stemmetje zingen. *Want alles gaat voorbij maar het verlangen niet.*

In het donker zie ik de mensen die ik bemin, of denk te beminnen.

Ik zie mijn kinderen, mijn ouders, mijn kleindochter, mijn broer en zus, mijn vrienden.

Ik zie de vele huiden die ik aanmeet en weer afwerp. De ontelbare pogingen, het goede doel, het slechte doel, de heuvels en de bergen die ik beklim en afdaal.

En ik zie hoe ik steeds weer verloren loop.

Ik zie heel hoge bergen, maar het blijken schaduwen.

De enige echte berg is klein. Het is de krop in mijn strot, die mijn adem afsnijdt.

Die berg is klein maar moeilijk, scherp en steil, maar ook mooi en verleidelijk.

De echte berg ligt duizenden kilometers hiervandaan, én ligt vlak onder mijn neus.

De tijd is gekomen. Ik bundel mijn energie voor het beklimmen van de berg.

Ieder gaat zijn eigen weg en beklimt zijn eigen berg.

Elke weg is een omweg, en alle omwegen komen samen in één punt. Naar dát punt wil ik gaan. Die plek noem ik Jeruzalem.

Want alles gaat voorbij maar het verlangen niet.'

★

'Jeruzalem, waarvoor de bannelingen in Babylon zingen: Als ik U, Jeruzalem, vergeet, dan begeve mij mijn rechterhand, dan verstomme mijn tong in mijn mond, als ik Uwer niet blijf gedenken.' (Psalm 137: 5-6)

★

'Ik droom van vlinders
met verbrande vleugels –
alsof ik mijzelf mijn amper vliegen
niet kan vergeven.'

★

'Na drie dagen begint het te sneeuwen. Bij valavond maken we in de grot een vuur.

Hier zitten we, twee zwerfsters, grauw en vuil bij een vuur dat spookachtige schaduwen op de rotsen werpt.

Mijn koude lijf hunkert naar warmte, mijn ogen snakken naar licht, mijn keel schreeuwt om water. Maar ik blijf zitten en wacht. En ik hoor een stem die zingt:

Alles gaat voorbij maar het verlangen niet.'

★

'Ik maak een spiegel die oplicht in de duisternis.

Ik kijk in de spiegel en ik zie een klein meisje met sluik, blond haar en droeve, onschuldige ogen. "Hou van mij", zegt het kind.

Het meisje in de spiegel raakt mij aan, maar ik kan geen klank uitbrengen. Dus strek ik mijn armen om haar te strelen en een schuilplaats te bieden. Maar ze wil niet.

"Laten we gaan," zegt ze, "want ik ben bang van de duisternis en de kou."

Ik kijk in de spiegel en ik zie een jonge, sierlijke vrouw met heldere, onvermoeibare ogen. Met een hunkerend hart streelt ze ontelbare kinderen en biedt hen een schuilplaats in haar armen. "Kom maar", zegt zij. "Jullie hoeven niet bang te zijn van de duisternis en de kou, want jullie zijn licht en warm, mooi en sterk, slim en goed." Met trillende vingertoppen raakt de vrouw in de spiegel mij aan, en ik hoor het ijle breken van glas.

Ik kijk in de spiegel en ik zie een sterke, volwassen vrouw met grote, indringende ogen. "Wie gaat, zal onder het stof zitten", zegt de vrouw. En zij gaat. Ze gaat de weg van hemel en hel, van mooi en lelijk, van open en dicht, van waanzin en wijsheid. Ze is moe en zit onder het stof. De mensen kijken haar aan en ze zegt: "Hou van mij en laat me rusten, want mijn handen en mijn lichaam zitten onder het stof." De vrouw snijdt zich aan de spiegel, en er vloeit bloed. Ik wil het stelpen, maar ze gaat weg en ik laat haar gaan.

Ik kijk in de spiegel en ik zie een oude, grijze vrouw met zachte, vermoeide ogen.

"Kijk maar," zegt ze, "ga zitten en verroer je niet. Er is geen tijd en geen plaats meer om weg te lopen. Je moet nu de cirkel sluiten, want elk leven verwijst naar de dood. Kijk naar mij en je zult thuiskomen."

De oude vrouw maakt me boos en opstandig. "Laat me gaan," zeg ik tegen haar, "want ik wil weg uit deze duisternis en kou."'

★

'Urenlang werkt A. aan een popje. Verbaasd kijk ik toe. In de zak van haar jas zitten stofjes en touwtjes, naald en draad. Met veel geduld knipt en naait ze een lijfje, vult het met schapenwol, tekent een gezichtje, knipt de haartjes en maakt de kleertjes. Het popje is een vrouwtje met rode wangen en blauwe ogen. Het is een kindje én een oude vrouw. Zacht en warm in mijn handen. Het hoort thuis op deze plek.'

★

'Ik ben een vrouw die ouder wordt, en een meisje dat steeds jonger wordt.

Spoedig zal het meisje sterven.

Spoedig zal de vrouw tot as vergaan.

Maar eerst zal ik gaan.

Om afscheid te nemen van alle vrouwen in mezelf: van het kleine kind en de opstandige puber, de moeilijke echtgenote en de goede vriendin, de minnares en de verraadster, de domme en de wijze, de verguisde en de bewonderde.

Ik ben al die vrouwen niet, en ik ben ze wel.

Allemaal zitten ze in mij, en niets menselijks is me vreemd.

Ik zal gaan en tussen hen in verdwijnen.

Och, deze tocht is niks. Een lege cirkel in het zand. Een spiegel die weerkaatst. Deze tocht is niets. Een nutteloze beweging, een uitvergroting van lege lucht.

Toch zal ik gaan, want deze tocht is alles. De verrukkelijke waarheid is dat ik geen keuze heb.

Ik kan alleen maar gaan. Deze tocht is alles, want zonder deze tocht is er geen leven voor mij.

Dus zal ik gaan. De weg begint bij de deur van mijn huis. Diep in mijn hart en met alle vezels van mijn lijf weet ik als nooit tevoren dat ik moet gaan. Alles wijst in één richting. Er is geen weg terug. De enige manier om terug te komen is weg te gaan.

Ik sluit de deur van mijn huis, ik stap over de drempel en voor mij ligt de weg. De wind en de wolken, de stenen en het zand, de zon en de regen zijn mijn huis.

De natuur is het graf waarin ik sterf, de baarmoeder waarin ik geboren word.

De monsters en draken die ik ontmoet, ga ik alleen te lijf. Ze zijn mijn eenzaamheid en schuldgevoel, mijn spot en redeloze woede, mijn teleurstelling en vermoeidheid.

Ik bevecht ze met mijn moed en mijn kracht. Iets anders is er niet.

Ik kan alleen maar de weg gaan die voor mij ligt.

Ik droom en vlieg, en ik weet:

Alles gaat voorbij maar het verlangen niet.'

31 DECEMBER 1997

Om het jaar feestelijk af te sluiten, zijn we met een groep vrienden op een vuurloop uitgenodigd. Op een grote wei, ver weg van de stad, stapelt een magere man houtblokken als bakstenen op elkaar. Vier *kuub* hout is er nodig om een manshoge brandstapel te maken.

Als het begint te schemeren, steekt hij de boel in de fik. Meteen laaien de vlammen metershoog op, reikend en likkend.

Gefascineerd kijken Magdalena en ik naar de gigantische vlammen. 'Het hout heeft twee uur tijd nodig om te veranderen in gloeiende houtskool,' legt de vuurman uit. '1200°C is precies de geschikte temperatuur voor een vuurloop. Als je voor zo'n bed met gloeiende kolen staat, voel je angst. Dat hoort zo, want de oorspronkelijke functie van angst is je lichaam klaar te maken om een topprestatie te leveren:

je leven te redden, te vechten of te vluchten. Angst wordt opgewekt door een grote hoeveelheid adrenaline die je in staat stelt iets geweldigs te doen. Het komt erop aan de opwinding en de angst die je op dat moment voelt niet te onderdrukken, maar om te zetten in energie. Je moet je angst dus niet proberen te overwinnen of te verdringen. Integendeel, het komt erop aan de angst toe te laten. Je mag bang zijn. Sterker nog, je moét bang zijn. Wie de angst niet voelt, die krijgt pas problemen.

Initiatierituelen bij primitieve volkeren bevatten altijd een element van angst. Niet omdat die volkeren er zo op gebrand zijn elkaar bang te maken, maar omdat ze weten dat ze met de energie van de angst grootse dingen kunnen doen. Elke heldendaad wordt uit angst geboren. Angst is ook een van de sterkste energiebronnen in onze maatschappij. Zonder angst zouden we geen verzekeringsmaatschappijen hebben, geen pensioenregelingen, geen sociale zekerheid. Zonder angst zouden we geen huizen bouwen.

In ieders lichaam zit boosheid, angst, seks, verdriet en agressie. Het loopt pas fout met die gevoelens als je ze begint te verdringen. Als kind al leerden we: "Houd je een beetje in, houd het een beetje klein."

Ken je dat gedicht van Nelson Mandela? *"Onze grootste angst is niet dat we onvolmaakt zijn. Onze grootste angst is dat we mateloos krachtig zijn. Het is ons licht, niet onze schaduw die ons het meest beangstigt."'*

'Noem mij één goede reden om over het vuur te lopen,' vraagt Magdalena sceptisch.

'Ach, ieder heeft zijn eigen reden. Zelf vind ik het belangrijk dat het vuur je kan leren je angsten positief te gebruiken. Vertrouwen is bij een vuurloop essentieel, anders doe je het niet. Het is precies omdát je erin gelooft, dat je je voeten niet verbrandt. Op het moment dat je beslist te lopen, ben je volledig op dat vuur geconcentreerd, en gebeuren er geen ongelukken. Als je in een andere situatie per ongeluk op een hete kool zou trappen, zou je meteen een kanjer van een brandblaar krijgen.

Natuurlijk zijn er mensen die het louter voor de sensatie of de kick doen. Maar het vuur is krachtig en laat niet met zich sollen. Op het moment dat je er de draak mee steekt, haalt het je vanzelf terug. Dan krijg je brandblaren.

Als ik tijdens een vuurloop niet goed in mijn vel zit, overkomt het mij ook weleens. *Kisses of the fire*, noem ik dat. Het omgekeerde gebeurt ook. Sommige mensen hebben na een vuurloop vreselijk veel pijn aan hun voeten en denken dat ze brandblaren hebben. Maar als ze aandachtig kijken, blijken hun voeten ongeschonden te zijn.'

'Ga jij straks over het vuur lopen?' vraag ik aan Magdalena.

'Misschien wel. Ik hou van vuur. Het hééft ook wel iets: *voor iets over het vuur lopen, voor iemand door een vuur gaan.* Maar misschien loop ik ook niet. Die psychologische bullshit vind ik er te veel aan. Je gaat of je gaat niet. Je verbrandt je voeten, of je verbrandt ze niet. Zo simpel is het.'

'Het fenomeen is inderdaad veel minder mysterieus dan het lijkt', merkt iemand op. 'Wetenschappelijk kan het perfect verklaard worden. Houtskool is een slechte warmtegeleider en kan slechts weinig warmte opnemen. Daardoor koelt de houtskool vijf keer zo snel af als de huid van de voeten opwarmt, en is de overdracht van warmte naar de voetzolen betrekkelijk gering. Bovendien verminderen de as en de zuurstof tussen de kooltjes het thermische contact tussen voet en vuur. Met andere woorden, als je snel over een korte strook houtskolen stapt, is er niets aan de hand en heb je een grote kans om er zonder brandblaren vanaf te komen. Als je daarentegen over een metalen plaat met dezelfde temperatuur zou lopen, zou je je voeten wél verbranden.'

Enkele uren later zijn de vlammen gedoofd en liggen de houtskolen roodgloeiend te wachten op mensenvlees. Met een hark spreidt de vuurman de kolen uit tot een gloeiend bed: ongeveer zes meter lang, zeven stappen voor een volwassene.

Het hééft iets. De duisternis, het vuur, de angst, de twijfel.

'Tijd voor de vuurloop', roept de vuurman plechtig. 'Doe je schoenen en kousen maar uit. Hier sta je dan, voor dit gloeiende houtskoolbed. Je wilt wel naar de overkant, maar eerst moet je over het vuur. Wat doe je? Ga je of ga je niet? Jij kiest, jij beslist.'

Ademloos kijk ik naar de gloeiende kolen die zo heet zijn dat mijn ogen ervan tranen en knipperen. Plots vind ik het allemaal zo absurd. Waarom zou ik in godsnaam over vuur gaan lopen?

Met een luide schreeuw begint de man te stappen, vastberaden, met losjes zwaaiende armen. Meteen na hem springt Magdalena overeind en stapt zonder aarzelen op de kolen af. Een, twee, drie stappen. Dan trekt ze met een pijnlijk gezicht het linkerbeen op en snelt naar de overkant. Ze heeft zich lelijk bezeerd, zoveel is duidelijk.

'Neen,' denk ik bij mezelf, 'dit doe ik toch maar niet.'

Maar het vuur lokt. Ik kijk naar de gloeiende kolen en voel de angst in mijn keel. Ik wil wel, maar ik durf niet. Opnieuw kijk ik naar het vuur. Het is zo mooi, zo aanlokkelijk. In een opwelling denk ik 'ja' en begin te stappen. *Hop, hop, hop.*

Voor ik het goed en wel besef, ben ik aan de overkant en maak ik een sprongetje van pret. Het is me gelukt. Zomaar. Zonder pijntje, schroeivlekje of blaartje.

Achteraf vloeit de drank, en zitten heel wat mensen met pijnlijke voeten in een teiltje water. Ze lachen en praten, en maken elk hun eigen verhaal.

'Het is het vuur dat je – al of niet – uitnodigt. Ga je over het vuur zonder uitgenodigd te worden, dan krijg je brandwonden.'

'Word je wél uitgenodigd, dan kan je niets overkomen.'

'Het gaat om de overtuiging dat het kán.'

'Neen, het gaat om het loslaten van de overtuiging dat het niét kan.'

'Allemaal flauwekul', blaast Magdalena, en ze laat me de blaar op haar voetzool zien. Knalrood, rond van vorm, ongeveer vier centimeter doorsnede. 'Het doet verdomd veel pijn. Er bleef gewoon een stuk houtskool tegen mijn voet kleven.'

Wat later, terwijl we samen naar de sterrenhemel kijken, toasten we op het nieuwe jaar.

'Heb je de tekst gekregen die ik in de grot geschreven heb?' vraagt ze.

'Ja. Hij was mooi. Maar ook triest en donker. Hij gaat over verdwijnen en sterven.'

'Hij was toch niet alleen maar triest?'

'Dat klopt. Hij gaat ook over verlangen, en over je tocht naar Jeruzalem. Vreemd, nog voor je vertrokken bent, weet je al wat je tocht wordt. *Een lege cirkel in het zand.*'

'Zo is het toch? Eigenlijk kun je al op voorhand het verhaal van je onderneming – je tocht, je huwelijk of zelfs je hele leven – vertellen. Alle elementen, elke intentie, elk verlangen is al bij aanvang aanwezig. In de kiem zit alles opgeborgen. Zoals met genetisch materiaal. Van sommige ziektes staat al op voorhand vast wanneer ze zich gaan manifesteren. Misschien heb jij of ik wel een kanker die zich pas binnen enkele jaren zal tonen. Zo is het ook met relaties, huwelijken en tochten. Het succes of het failliet ligt al bij de aanvang vast.'

Hij:

'Er valt niets te doen in dit leven,

en toch is elke seconde belangrijk.'

'De weg begint
hier en nu.'
[Magdalena]

HOOFDSTUK 10

Er is geen geheim

10 FEBRUARI 1998

Ik maak een boekenbijlage voor een tijdschrift, en schrijf een stuk over de explosie van de spirituele literatuur. Onvoorstelbaar hoe massaal de westerse mens zich tegenwoordig tegen de godsdienst keert én tegelijkertijd op zoek gaat naar zingeving.

'Je houdt het niet voor mogelijk wat een onzin er tegenwoordig op de boekenmarkt verschijnt,' foeter ik tegen Magdalena. 'Alleen al over "engelen" heb ik een waslijst van recente publicaties. Die titels alleen al. Luister: *Van Engelen en Uilen, Werken met gidsen en engelen, Het orakel van de engelen, Angels and Fallen Angels, Engelenverhalen, Een engel op je pad, Gesprekken met mijn engel, Inspiratie uit de wereld der engelen, The Little Book of Angel Wisdom, Broederschap van mens en engel, The Encyclopedia of Angels, Angels of Love, Engelen als beschermers en helpers der mensheid, Angels. A Modern Myth, Angels in Art, Een engel op bezoek.* Dat is toch te gek?'

'Volgens mij zijn er maar een handvol boeken die er écht toe doen. Voor ik naar Jeruzalem vertrek, zal ik je mijn dierbaarste boeken in bewaring geven. *(knipoogt)* De *I Tsjing* op de eerste plaats natuurlijk.'

'O neen, daar ben ik nog niet klaar voor. Dat boek zal zich hermetisch voor mij sluiten.'

'Begin dan met de Bijbel', lacht ze.

Vorige week heeft ze in de grootste esoterische boekhandel in Vlaanderen de *I Tsjing* gekocht. Aan de tafel met de bestverkopende boeken – *De Celestijnse belofte* op kop – raakten we aan de praat met de boekhandelaar.

Hij zuchtte toen hij naar de torenhoge stapels keek. 'De echte bronnen van wijsheid komen slechts zelden op de bestsellerlijsten voor. De meeste succesboeken worden impulsief of louter op basis van de titel gekocht, en liggen in de sfeer van persoonlijkheidsontwikkeling en bijgeloof. Hersenspinsels die men voor waarheid aanziet. Je houdt het niet voor mogelijk. Daarnet was er nog een vertegenwoordiger van een alternatieve uitgeverij die een nieuwe publicatie kwam voorstellen.

"Ik voel dat dit de meest geschikte plek is om dit boek te verkopen", zei die man tegen mij.

"O ja?" vroeg ik, "Hoe voelt u dat?"

"Ik heb uw naam doorgekregen van een Gids, een Hogere Intelligentie."

"Dat moet een vergissing zijn, want ik ken geen Gidsen en Hogere Intelligenties."

"Dat hoeft ook niet. Zij kennen jou. Hun perspectief is ruimer dan het onze. Zij hebben mij naar hier gestuurd. Ik ben er zeker van dat onze ontmoeting niet toevallig is."

"Vreemd, dat gevoel heb ik niet, mijnheer", zei ik vriendelijk. *(zucht)* Ik word zo moe van al dat gedoe. Elke dag staat er wel ergens een profeet op die precies weet hoe hij zijn medemens naar de Verlichting kan leiden. Maar de Verlichting kun je niet nastreven. Er zijn eindeloos veel wegen. Wie beweert dat hij dé Weg gevonden of hét Geheim ontsluierd heeft, is niet alleen pretentieus, maar zit ook op een dwaalspoor. Want de Waarheid is "een land zonder paden", zoals de Indiase filosoof Krishnamurti het uitdrukte. Je weet nooit precies waar je bent en welke richting je uit moet.'

Hij: 'In het begin stelde ik mijn grenzen heel strikt en verkocht ik uitsluitend *grondteksten*. Alleen de oorspronkelijke geschriften waarop de grote wereldfilosofieën zijn gebaseerd. Dus geen tekstverklaringen, catechese of theologie: wél de Bijbel, de Koran, boeddhistische teksten, de indianenspiritualiteit en de *I Tsjing,* het Chinese wijsheidsboek. En ook de sprookjes en de mythen die de volkse afspiegeling van die wijsheid zijn. Nu kun je al die boeken makkelijk vinden, maar twintig jaar geleden was dat wel anders. Toen had ik van een vriend, die een jaar in Amerika had rondgereisd, een klein boekje over zenboeddhisme gekregen. Daar was ik zo van onder de indruk dat ik meer over het boeddhisme wilde weten. Maar tot mijn grote verbazing was er in heel Vlaanderen geen enkele boekhandel waar je een zentekst kon kopen. Pas na lang zoeken en aandringen vond ik een boekhandelaar die enkele werken voor mij wilde bestellen. Toen ik voor de derde keer ging informeren of die boeken al binnen waren, slenterde die man naar de traphal en riep naar zijn vrouw: "Is die bestelling met die oosterse zever al binnen?"

Toen dacht ik: "De tijd voor een goede boekhandel is rijp." *(zucht)* Maar al snel moest ik vaststellen dat de tijd niét rijp was, en dat mijn project slechts kon overleven door er andere dingen bij te nemen. *Mindere* dingen. Het begon met allerlei boeken over persoonlijkheidsontwikkeling. Op zich heb ik daar niets tegen, zolang je maar beseft dat dat tot niets méér leidt dan tot een ontwikkelde persoonlijkheid. Het leert je niets over de zin van het leven. Het leert je niet het juiste te doen. Het leert je niet het essentiële van het bijkomstige te onderscheiden. Het is geen wijsheid. Integendeel, het kan tot verdwazing en verblinding leiden. Natuurlijk verkoop ik veel liever de Koran of het Nieuwe Testament. Maar wie ben ik om te oordelen over de voorkeuren van mijn publiek? Ik heb gekozen voor een onafhankelijke boekhandel, en hoef het niet eens te zijn met alles wat in de rekken staat. Zelf heb ik ook veel dwaalwegen gevolgd die ik achteraf niet als vergissingen of als verloren tijd en moeite beschouw.

Intussen ben ik wel oud genoeg om te beseffen dat er niets te weten en te onsluieren valt.

Er *is* geen Boodschap, er *is* geen Geheim. En het heeft ook geen zin om naar het Geluk, de Wijsheid of het Goddelijke te zoeken. Je kunt Het niet zoeken, je kunt Het niet vinden.

Op een zeldzaam moment, als je er niet naar streeft, kom je Het tegen. En pas achteraf besef je dat je iets uitzonderlijks hebt meegemaakt. En wát heb je uiteindelijk gezien of gehoord? Een boom, een bloem, de lucht en wat wolken. Heel even had je het gevoel dat er geen verschil was tussen jou en die boom.

Gisteren hoorde ik bijvoorbeeld een hels gekwetter in de tuin van mijn buur. Het waren doodsbange kuikens die hun moeder waren kwijtgeraakt. Nu moet je weten dat ik altijd van kippen heb gehouden. De stupiditeit en het onvermogen van die dieren om de wereld te begrijpen, heeft mij altijd aangesproken.

Ik heb die krijsende beestjes onder een van mijn kippen geschoven die slechts één overlevend kuikentje had. "Jij weet wat het is om kleintjes te verliezen", zei ik tegen die hen. "Hier zijn er twee nieuwe. Zou jij voor hen willen zorgen?" En ze heeft die kuikentjes aanvaard.

Kijk, hoe belachelijk dit voorval ook is, toch is het in mijn leven veel belangrijker dan boekenwijsheid. Kunnen wenen om een boom die omgehakt wordt. Gelukkig zijn omdat je op een steen zit. Zo stroomt de wijsheid binnen, en leer je alles doen met de natuurlijkheid waarmee een kind leert lopen en een oude mens sterft. Zo leer je door het leven te gaan zoals water. Of zoals een boom. Ontroerd worden. Weten dat er niets te doen valt in dit leven, en tegelijkertijd beseffen dat elke seconde belangrijk is en dat er geen tijd te verliezen is. Als ik dán moet kiezen, kies ik voor ontroering.'

'In zekere zin heeft mijn vader mij de liefde voor boeken bijgebracht. Hij was een eenvoudige keuterboer. Het enige wat hem interesseerde was het contact met de natuur. Hij zorgde voor ons zoals een vis voor

Hij:
'Zo stroomt de wijsheid binnen. Zo leer je door het leven
te gaan zoals water. Of zoals een boom.'

zijn kroost. Zo hoort het ook, vind ik. Een oogje in het zeil houden, maar vooral veel vrijheid geven. Maar hij had moeite om de wereld juist te beoordelen, zodat hij soms de verkeerde beslissingen nam. Hij zorgde er wel voor dat we net voldoende te eten hadden, maar om geld bekommerde hij zich niet. Zo kocht hij tijdens de oorlog de *Rembrandtbijbel*, een boek dat toen 53,5 frank kostte. Stel je voor, dat was een kapitaal! Maar voor hem was het die ene kostbare schat waarvoor je al het andere opgeeft of verkoopt.

Van mijn vader heb ik die hang naar waardevolle, mooie boeken geërfd, en ook de stilte in de omgang met de natuur. Mijn moeder heeft me de aandacht voor dieren geleerd. Zij praatte tegen een dier alsof het een mens was, niet betuttelend of neerbuigend, maar heel gewoon. Op dit punt in mijn leven is mijn streefdoel de eenvoud te bereiken waarmee mijn ouders zich in de natuur bewogen.'

'Dat-ene-boek-waarvoor-ik-al-het-andere-zou-opgeven is voor mij zonder enige twijfel *I Tjing. Het Boek der Veranderingen*. Dit Chinese wijsheidsgeschrift is een van de belangrijkste werken uit de wereldliteratuur, waar Confucius zelf de laatste hand aan heeft gelegd. De diepste wijsheid van achtduizend jaren is in dit boek verwerkt. De grootste Chinese geleerden hebben hier hun inspiratie uit geput of invloed uitgeoefend op de interpretatie van de tekst.

De *I Tjing* bevat alle geheimen van het leven. Vanuit een natuurfilosofisch kader vertelt het boek hoe de wereld in elkaar zit. Alle veranderingen staan erin beschreven, alles in de juiste volgorde.

Een tijdje geleden stond in een damesblad een groot artikel over de *I Tjing*, met op de cover de fantastische boodschap dat je met dat boek je eigen toekomst kunt voorspellen. Sindsdien krijg ik een boel mensen over de vloer die de grote, zwarte *Wilhelm*-uitgave willen kopen. Meestal raad ik hen een andere versie aan die eenvoudiger is en bovendien een stuk goedkoper. Maar neen, ze hebben de foto van het grote, zwarte boek gezien en dát moeten ze hebben. Het einde van het verhaal is meestal dat ik hen toch de *I Tjing* verkoop. Met pijn in het hart, want ik weet dat ze het toch maar niks zullen vinden. Wie niet geïnteresseerd is in de Chinese kosmologie, komt er niet in. Op geen enkele manier. Het boek sluit zich hermetisch. Je kunt de letters, de woorden en de zinnen lezen en herlezen, maar je kunt er geen touw aan vastknopen.'

'Onlangs heeft een vriend uitgerekend dat ik in mijn leven waarschijnlijk dertigduizend boeken gelezen heb. Daarvan zijn er zo'n 300 die ik nog altijd nodig heb. Zoals die van Meir Shalev – *De vier maaltijden, De kus van Esau* en *Russische roman* – die mij geleerd hebben dat een mens geen enkele reden heeft om te oordelen.

Mijn drie favorieten? Eén: de *I Tjing*. Twee: het verzamelde werk van Zhuang Zi, de wijsheid van het taoïsme. Drie: Etty Hillesum, *Het verstoorde leven*, zonder meer het beste boek van de twintigste eeuw. IJzingwekkend is dit verbijsterend eerlijke verslag van een zoektocht naar waarheid. Het heeft mij op mijn grondvesten doen daveren. *(glimlacht)* Maar als ik naar een onbewoond eiland zou verbannen worden, zou ik toch nog een paar andere boeken proberen mee te smokkelen. *In de ban van de ring* van Tolkien bijvoorbeeld, waarvan ik een prachtig exemplaar in een doos bewaar, met goudbeslag en gewikkeld in zijdepapier. En ook: de sprookjes van Grimm. En verder nog enkele mythen, sprookjes en fotoboeken. Ze leren mij dingen te zién. Ze leren mij bijvoorbeeld het onderscheid te maken tussen een wijze en een dwaas.

Een wijze dooft zijn licht en wordt niet gehinderd door mensen die achter hem aanlopen. Zo kan hij de stilte vinden. Een wijze roept niet en herken je niet op de straat. Hij draagt een maatpak of een jeans, hij is werkloos of verdient op enkele dagen tijd twee miljoen. Hij wordt niet aangevallen, niet nagelopen, niet bewonderd en niet afgebroken. Hij is er gewoon en soms kom je hem tegen. Maar hij vraagt je niet om hem te volgen. Het enige wat hem interesseert, is dat je jezelf bent.

Als jullie hem tegenkomen, zullen jullie hem ook herkennen. Soms ontmoet ik hem gewoon in de boekhandel, al heeft hij in feite geen boeken meer nodig. Misschien is dát wel het enige geslaagde aan deze winkel: dat sommigen van hen elkaar via deze winkel leren kennen.'

'Misschien ben jij wel zo iemand?' glimlachte Magdalena, wat plagend.

'Maar neen,' antwoordde hij spottend, 'het streven naar wijsheid is mij niet vreemd, maar precies dát streven houdt mij van de wijsheid weg. Maar ik weet tenminste dat alles wat ik hier zeg, uiteindelijk geen enkel belang heeft. Slechts één ding weet ik zeker: op een dag zal ik stilvallen, dood of levend. En pas op dat moment, als ik geen enkele ambitie meer koester om God te ontmoeten of een Geheim te kennen, zal ik er oog in oog mee staan.'

12 FEBRUARI 1998

Precies zes dozen boeken brengt Magdalena mij.

Zij: 'Wil jij ze tijdens mijn tocht voor mij bewaren?'

Ik: 'Zes dozen? Je sprak toch over slechts enkele belangrijke boeken?'

Zij: 'Ach, wat doet het ertoe? Zoals de boekhandelaar al zei, er bestaat niet zoiets als hét Geheim, hét Grote Inzicht. We hebben de *omtrekkende* beweging gemaakt. We zijn het overal gaan zoeken. En wat blijft er over?'

Ik: 'Een nachtmerrie volgens jou.'

Zij: *(verontwaardigd)* 'Neen, dat klopt niet. Er blijft verdomd veel overeind.'

Ik: 'O ja? Wat dan wel?'

Zij: 'We zijn samen opgetrokken. We hebben plezier gemaakt. En soms, zo af en toe, heb ik ontroering gevoeld. Mededogen. Oprechtheid. Een glimp van je ziel gezien.'

Ik: 'Maar dat is nog geen God, geen Wijsheid, geen Inzicht.'

Zij: 'Natuurlijk niet. Maar als alle franjes zijn weggehaald, als elke illusie is neergehaald, moet je gewoon je eigen ding gaan doen.

Op het einde van de weg ben je gewoon terug aan het begin. Dan moet je je eigen keuze maken. Ik ga stappen.'

Ik: 'Met wie eigenlijk?'

Zij: 'Met een vriend. Een man die ook wil stappen. We zullen deze tocht samen maken, maar toch ook apart. Elk met zijn eigen doel, zijn eigen reden. Hij stippelt de reis helemaal uit. Routes, afstanden, wegenkaarten, papieren, stempels, visa. Daar hoef ik mij allemaal niets van aan te trekken. Dat vind ik super. Het enige wat ik moet doen, is meestappen.'

28 FEBRUARI 1997

Eindelijk krijg ik Magdalena's stapgenoot te zien. Twee dagen logeert hij in haar huis om, samen met haar, het verloop van hun tocht door te nemen. In alles lijkt hij haar tegenpool.

Zo weinig als zij zich heeft beziggehouden met de praktische kant van de zaak, zo grondig en minutieus heeft hij alles voorbereid.

Vrolijk maakt zij in haar keuken het avondmaal klaar, terwijl hij mij, reisdag per reisdag, zijn maandenlange voorbereiding toelicht. Zelfs nu, drie weken voor haar vertrek, lijkt zij nauwelijks geïnteresseerd in de concrete planning van de reis: landen, afstanden, alternatieve routes, rustdagen, klimaat, uitrusting, overnachtingsmogelijkheden, risico's...

'Ik onthoud alleen de grote lijnen', lacht Magdalena. 'Vertrek op 21 maart. Vijf dagen stappen tot aan de Duitse grens. Van Duitsland naar Tsjechië. Enkele dagen rust in Praag. Stappen naar Slovakije. Daar moeten we kiezen: een lange, maar makkelijke route via de Lage Tatra of een kortere, maar moeilijke route via de Hoge Tatra. Dan doorheen Hongarije, Roemenië en Bulgarije naar de Turkse grens. Enkele dagen rust in Istanbul. Daarna wordt het vaag voor mij: via Syrië en Libanon naar Jeruzalem. Rond kerstmis ben ik terug thuis.'

'Goed zo,' glimlacht haar reisgenoot, 'ik ben al blij dat je de rode draad kent.'

15 MAART 1998

Een kaartje van Magdalena:

'Er is geen weg terug.
Nooit keer ik weer
naar waar ik was.
De weg begint
hier en nu.'

18 MAART 1998

Zij: 'Zou jij het leuk vinden om een eindje mee te stappen?'

Ik: 'Neen, dank je. Het is jouw tocht.'

Zij: 'Als ik terug ben, kunnen we ook eens samen op stap.'

Ik: 'Waarheen?'

Zij: *(lacht)* 'Naar het land van de Verlichting?'

Ik: 'Goed idee.'

Zij: 'Zin in een voorproefje?'

Ik: 'Hoezo?'

Zij: 'In Talheim, een Duits dorpje, op mijn route, ergens tussen Frankfurt en Keulen, woont een échte Indische goeroe: Mother Meera. Elke vrijdagavond komen pelgrims uit Europa, Amerika, Japan en Australië naar dat dorp. Want om zeven uur stipt worden precies 250 bezoekers bij de Moeder toegelaten om *darshan* te ontvangen. In Talheim heb ik een rustdag. Heb je geen zin om langs te komen?'

Ik: 'Dát is pas een goed idee.'

4 APRIL 1998

Op het immense parkeerterrein in het centrum van Talheim sluiten we aan bij het groepje nieuwelingen dat wordt opgevangen door een gebaarde man met een fotootje van Mother Meera op zijn trui. '*Darshan* simply means *looking at*', legt hij uit. 'Mother Meera is de levende incarnatie van de Goddelijke Moeder, die in een menselijke

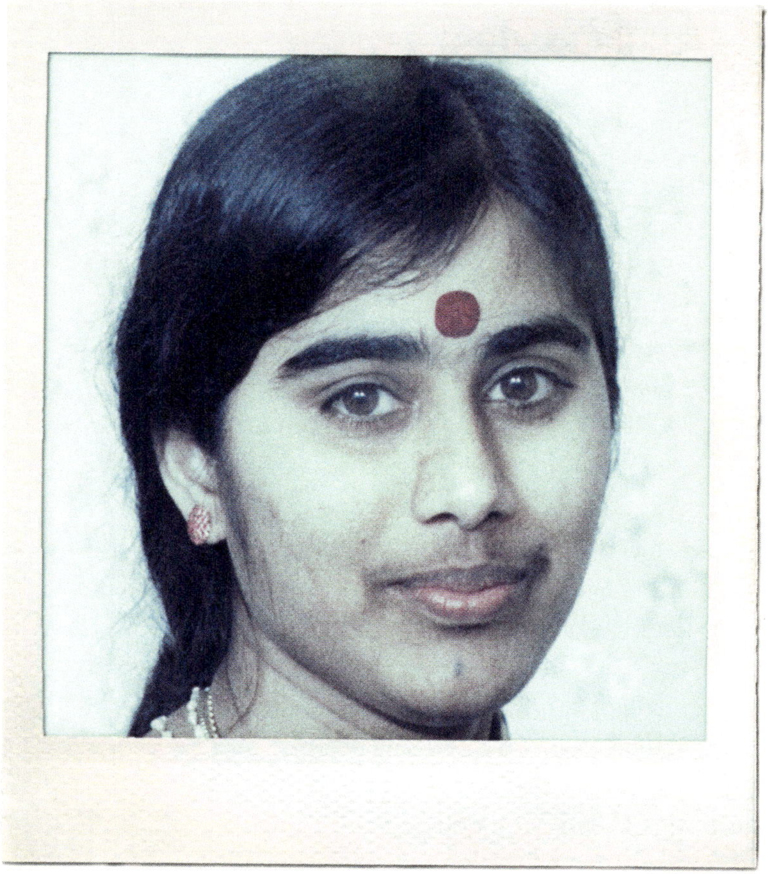

Mother Meera.

'Als je Haar in de ogen kijkt,
kijk je in de ogen van de Godheid zelf.'

vorm op aarde is neergedaald. Als Zij met Haar handen je hoofd aanraakt, ontvang je rechtstreeks Haar Goddelijke Energie. Als je Haar in de ogen kijkt, kijk je in de ogen van de Godheid zelf. Ik kan je maar één raad geven als je naar Haar toegaat. Stel je helemaal open, want alleen op die manier kan de Goddelijke Moeder haar werk in je doen. En ga alleen naar binnen als je in staat bent om twee à drie uur perfect stil te zitten, want *darshan* is een goddelijk gebeuren en verloopt in volstrekte eerbied en stilte.'

We hebben geluk. Als nieuwelingen krijgen we een plaats vlakbij de stoel van Mother Meera zodat we de hele tijd het volle zicht op de Heilige Moeder hebben.

Om zeven uur stipt veert iedereen recht. De sfeer in de zaal is loodzwaar, de verwachting bijna tastbaar. In die geladen stilte schrijdt Mother Meera binnen, klein en donker, in een diepblauw Indisch gewaad met goudgele stiksels. De ogen neergeslagen, de handen verborgen in de plooien van haar sari.

Traag gaat zij op de stoel zitten, haar voeten op een kussen dat schuilgaat onder het lange gewaad. De benen gespreid, de handen lichtjes geopend. Gefascineerd bekijk ik de goeroe. Ze is minder mooi dan op de foto's. Haar gezicht is tamelijk ruw, met zware, iets te dicht bij elkaar ingeplante wenkbrauwen, dikke lippen met daarboven een donkere, opvallende beharing. Ze is niet lelijk, maar mooi is ze evenmin.

Al snel knielt een volgeling voor haar neer, het hoofd tussen de knieën van Mother Meera die er haar handen op legt en enkele seconden onbewogen in die houding blijft zitten. Dan trekt Mother Meera haar handen terug en kijkt ze recht voor zich uit, in de ogen van de volgeling, tot ze, met een haast onmerkbaar knikje, te verstaan geeft dat de volgende aan de beurt is.

Dat scenario herhaalt zich twee uur lang, ononderbroken. De ene na de andere knielt, buigt, kijkt, buigt weer en staat op. En toch is het een boeiend schouwspel. Sommige mensen gedragen zich koel en onbewogen. Anderen kruipen, haast als wormen, naar haar toe. Nog anderen trillen en beven, of zijn vuurrood van spanning, schroom of emotie.

Stiekem kijk ik op mijn uurwerk. Vijfentwintig seconden per persoon duurt het *darshan*ritueel. Soms iets meer, soms iets minder.

Plots is het mijn beurt. 'Heb ik hier wel zin in?' flitst het nog even door mijn hoofd, maar dan kniel ik al voor Mother Meera en buig ik mijn hoofd. Onmiddellijk voel ik de druk van haar vingers. Niet te hard en niet te zacht, precies goed. Als ik haar hand voel verdwijnen, ga ik rechtop zitten en kijk ik haar aan. Tot mijn opluchting kijkt ze écht. Geen wazige blik in de verte, geen trance-achtig gestaar, maar een lange, heldere blik. Ik wil geen goeroe zien, maar een normale vrouw, een toevallige voorbijgangster die ik enkele seconden in de ogen kijk. En zo'n vrouw zie ik ook.

Als iedereen aan de beurt is geweest, staat Mother Meera op en loopt ze, met neergeslagen ogen, de zaal uit. Twee uur lang heeft ze *darshan* gehouden, zonder één moment de zaal in te kijken, zonder één woord te zeggen, zonder één keer te gaan verzitten.

Als we de zaal verlaten, zie ik het winkeltje in de hal. Er zijn niet bijster veel Mother Meera-producten, maar de zaken lopen goed. Boeken over de Moeder, t-shirts en pins met de beeltenis van de goeroe, foto's en postkaarten, wierookstokjes in een speciale Mother Meera-verpakking mét vermelding van de speciale energetische werking: zwangerschap, vertrouwen, volharding, activiteit, dromen, meditatie, blijheid.

'Wat is het verschil tussen dit en Scherpenheuvel?' fluistert Magdalena. 'Aan Mother Meera kun je het niet vragen, want zij staat geen interviews toe en praat niet met haar *devotees*.' Toch vraag ik aan een van de organisatoren, een streng ogende Indische matrone, of het mogelijk is om, heel even maar, persoonlijk met de Moeder te praten. Daar kan geen sprake van zijn. Ze wijst naar de boeken in het winkeltje.

'Daar vind je alles wat de Moeder je te vertellen heeft', zegt ze. In een rood boekje lees ik dat de spirituele ontwikkeling van De Moeder bijzonder snel verliep. Ze had geen goeroe, las geen boeken, mediteerde niet en volgde geen speciale opleiding. Op haar zesde bereikte ze al een toestand van Verlichting, en op haar dertiende kwam ze terecht in de ahsram van *Sri Aurobindo* waar haar spirituele ontwikkeling in een stroomversnelling kwam. Ze sliep en at nog nauwelijks, en was bijna voortdurend in trance. In dromen en visioenen werd zij binnengevoerd in de hogere werelden van de Indische goden en godinnen. Op haar achttiende ten slotte was haar eenwording met de Opperste Moeder volledig.

Niet alleen in India, maar ook in Canada, Europa en Japan begon het nieuws zich te verspreiden. De belangstelling groeide en Mother Meera begon rond te reizen tot ze op een van haar reizen in Duitsland terechtkwam, waar ze in de jaren tachtig een huis kocht.

De rest van het boekje is totaal ongenietbaar. Als ik de getuigenissen van haar volgelingen lees, voel ik plaatsvervangende schaamte. 'Een discipel uit Frankijk had de foto van Mother Meera gezien. Hij vroeg haar hem te helpen zijn geldproblemen op te lossen. De volgende dag kocht hij een loterijbiljet en won. Zijn geldproblemen waren opgelost.'

Later op de avond ontmoeten we Riet, een veertigjarige verpleegster uit Antwerpen die voor een groepje van twaalf mensen een spirituele reis naar Mother Meera heeft georganiseerd.

Riet: 'Het boeiende aan Mother Meera is precies dat ze niets zegt. Ze werkt als een spiegel. Door haar aanraking en blik corrigeert ze essentiële dingen in je ziel. Om dat te ervaren, hoef je niet met haar te praten, maar moet je je voor Haar openstellen. Telkens als ik met een probleem zit, trek ik naar Mother Meera. En elke keer krijg ik een duidelijk antwoord.

Ik kom hier al járen. Soms alleen, soms met vrienden of, zoals nu, met een groep. En elke keer is het anders. Mother Meera heeft mij gemaakt tot wie ik nu ben. Zij heeft mijn bewustzijnsproces op gang gebracht.

De laatste keer dat ik bij Haar was, gebeurde er iets heel ingrijpends. Ik ging met een open geest naar Haar toe, en bad: "Als het op mijn weg ligt om nieuwe stappen te zetten, ben ik daartoe bereid." Wat er toen gebeurde, valt bijna niet te beschrijven. De volgende nacht herbeleefde ik het overlijden van mijn moeder. Ik was weer een kind van zeven, stond aan haar sterfbed en raakte opnieuw in paniek bij de gedachte dat ik haar zou verliezen. Het was een vreselijke nacht. Maar toen ik de volgende ochtend opstond, voelde ik mij als herboren. Door mij die pijnlijke gebeurtenis opnieuw te laten beleven, heeft Mother Meera een nieuwe fase in mijn leven ingezet. Als je het zelf niet hebt meegemaakt, kun je je niet voorstellen wat het betekent om door Mother Meera geraakt te worden. De eerste keer toen ik voor Haar zat, voelde ik Haar energie als elektrische stroom door mijn rug trekken.'

'Dat kan toch inbeelding zijn?' vraagt Magdalena droog.

'Inbeelding? Neen. Het is de Goddelijke Energie van Mother Meera die je op een hoger bewustzijnsniveau tilt. Het is de bedoeling dat je steeds meer op die goddelijke energie gaat leven.'

'Is Mother Meera jouw goeroe?'

'Ach, dat woord heeft zo'n negatieve bijklank. Jarenlang heb ik het niet willen gebruiken. Maar sinds ik in India ben geweest, durf ik echt voor een goeroe te kiezen. Wie op zoek is naar wijsheid en verlichting, wie een echte goeroe of een goddelijke leermeester wil vinden, komt uiteindelijk toch in India terecht.'

5 APRIL 1998

Vroeg in de ochtend zwaai ik Magdalena en haar stapgenoot uit. 'Als ik terug ben van Jeruzalem, gaan we samen naar India', lacht ze.

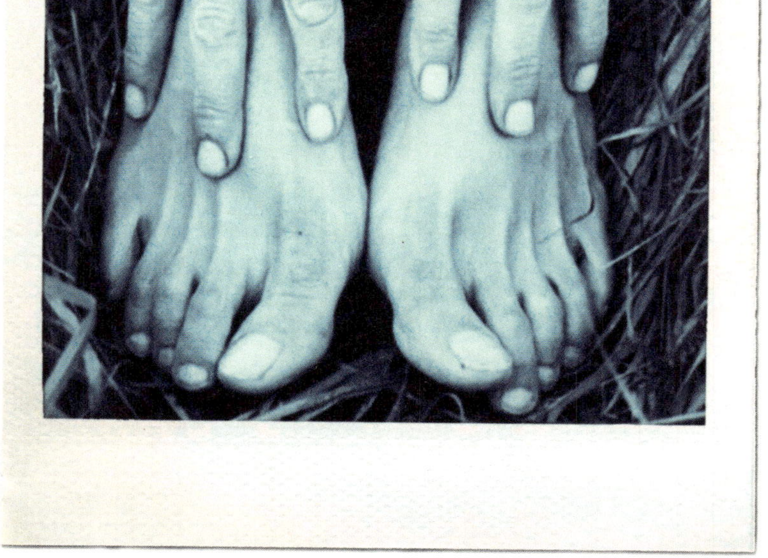

Zij:
'De pijnlijkste confrontatie is dat niemand de hele tocht
tot het einde met mij mee wil gaan.'

'De enige manier
om terug te komen
is weg te gaan.'
[Magdalena]

HOOFDSTUK II

Deze tocht is niets

Af en toe valt er een envelop in de brievenbus. Nieuws van Magdalena. Geen minutieus verslag van haar reis. Maar flarden, bedenkingen, soms een anekdote. 'Alleen maar lettertjes als venstertjes', schrijft ze.

DUITSLAND, 11 APRIL 1998

(...) 'Mijn voeten zijn juweeltjes, en doen het nu al drie weken zonder pleisters. Mijn bottinen moet ik wel dringend laten verzolen, en ook bovenaan beginnen ze te verslijten. Mijn knieën laten zich voelen en verder ben ik af en toe doodmoe, maar vooral héél blij dat alles zo goed gaat. Tijdens mijn vorige tochten – Nepal, Assisi, Santiago de Compostella – was dat wel anders. Toen heb ik letterlijk met bebloede voeten rondgelopen. Deze keer heb ik zelfs geen blaren. Hoe dat komt, weet ik niet. Er zijn zoveel theorieën over blaren en voetverzorging, maar ik hecht er geen geloof meer aan. Ik heb goede stapschoenen, maar geen speciale trekkersuitrusting. Vroeger heb ik ook weleens peperdure sokken uitgekozen in een speciale winkel, maar mijn laatste sokken heb ik gewoon op de markt gekocht. Ik geloof niet meer in al dat outdoorgedoe.' (...)

DUITSLAND, 14 APRIL 1998

'Te weinig leegte vandaag,
te weinig niets.'

DUITSLAND, 16 APRIL 1998

(...) 'Eindelijk in de sneeuw gelopen die al dagen voorspeld werd. Heerlijk tochtje zonder problemen. Terechtgekomen in een jeugdherberg, half onder en half boven de grond.

Schandalig lekker gekookt: bulghur, knolselder, gemengde groenten en room.

Waar een mens al niet blij mee kan zijn. Ik ben gelukkig.'

DUITSLAND, 18 APRIL 1998

(...) 'Meestal zoeken we onderdak bij pastoors en *Seelsorgers*. Gisteren kwamen we terecht bij een zeventigjarige priester die heel blij was dat we bij de juiste – dat wil zeggen de *Katholische* en niet de *Evangelische Kirche* – hadden aangeklopt. Hij leefde samen met zijn zeventigjarige nicht en we zaten elkaar er wederzijds van te overtuigen dat we géén koppel maar singles waren.

Alleen stappen is echt niets voor mij. Ik ben daar bang voor. En zeker deze tocht – door landen als Turkije, Syrië en Libanon – kan ik als vrouw onmogelijk alleen maken.

Tot nu toe zijn we elke dag als bedevaarders bij pastoors gaan aankloppen om eten en onderdak te vragen. We hebben zelfs een officiële verklaring van kardinaal Danneels waarin hij bevestigt dat wij als pelgrims op weg naar Jeruzalem zijn. Zelf vind ik dat wel wat hypocriet, want voor mij is dit geen katholieke bedevaart. Maar kom, voor mijn reisgenoot geldt die bedevaartsgedachte wél. Bovendien zie ik de praktische voordelen van dit systeem wel in: onderdak en voedsel, vaak op plaatsen en in situaties waar niets anders te vinden is. En ach, uiteindelijk heeft deze tocht toch wel een religieuze betekenis. Oké, niet als pelgrimstocht in de strikt katholieke betekenis van het woord. Maar het is ook geen avonturen-, trek- of natuurtocht. Wel een symbolische tocht: een verlangen naar de kern van de dingen, een zoektocht naar het "het hart van de wereld". Jeruzalem vind ik nog altijd een geschikte bestemming.'

'Jerushalayim – Stad van Vrede, door alle eeuwen heen het toneel van strijd en oorlog, van verwoesting en wederopbouw.'

TSJECHIË, 21 APRIL 1998

'Vandaag hebben we de grens met Tsjechië bereikt.

Je zet de ene
voet voor de andere
en je wacht
tot je voorbijgaat.'

TSJECHIË, 6 MEI 1998

(...) 'De kwestie met de pastoors blijft me bezighouden. Omdat we zo vaak het deksel op de neus kregen toen we vertelden dat we geen katholieken en geen echtpaar zijn, zijn we van strategie veranderd. Nu doen we alsof we getrouwd zijn en samen vijf *(!)* kinderen hebben. Dan krijgen we meteen onderdak. Te gek toch? Pijnlijk ook, om voortdurend komedie te moeten spelen.

De katholieke pastoors zijn opvallend minder vriendelijk en spontaan dan hun evangelische collega's. Confronterend, want eigenlijk zijn deze pastoors en wij – pelgrims – toch van dezelfde strekking?

Gisteren zei een priester gewoon dat hij bang van ons was en de zaak niet vertrouwde. Een andere pastoor zei dat we "niet op het juiste moment" kwamen. Net als in het kerstverhaal.

In Duitsland was ons verblijf meestal gratis of heel goedkoop, maar vanaf Tsjechië zijn we de pastoors beginnen te betalen. Gewoon de prijs van een goedkope overnachting in deze streek.

Want die mensen hebben geen behoorlijk inkomen en delen echt het weinige wat ze hebben. De pastoors in Tsjechië zijn anders dan de Duitse: volks, meestal arm en weinig ontwikkeld, soms politieke activisten, nu eens achterdochtig, dan weer ontzettend lief.' (...)

TSJECHIË, 13 MEI 1998

(...) 'Onze weg is mooi, maar we hebben totaal geen zicht meer op de afstand. De kilometeraanduidingen kloppen niet, we lopen soms verloren en zullen dus nooit weten hoe ver Jeruzalem te voet is. Mijn reisgenoot schat het traject op achtduizend kilometer. Anderen gokken op tienduizend kilometer, maar dat lijkt mij overdreven. Als we goed op dreef zijn, stappen we zo'n dertig kilometer per dag. Dat is niet zoveel, maar met een rugzak meer dan voldoende. In de bergen, waar je niet in kilometers, maar in aantal stapuren telt, halen we dat niet, zodat achthonderd kilometer per maand mij een realistische schatting lijkt. Gedurende negen maanden geeft dat 7200 kilometer. Maar ongetwijfeld zullen wij meer kilometers afleggen, want we gaan nooit langs grote wegen en nemen vaak langeafstandswandelpaden die meestal in kringetjes vorderen. Maar ach, eigenlijk heeft de afstand tot Jeruzalem voor mij geen enkel belang.' (...)

SLOVAKIJE, 20 MEI 1998

'Als het moet
zal ik gaan
duizenden kilometers
om zachtjes
beetje bij beetje
mezelf te laten gaan.'

SLOVAKIJE, 25 MEI 1998

(...) 'Voorlopig mis ik mijn thuisfront niet. Ik geniet van het stappen, uren aan een stuk door. Elke dag is een opeenstapeling van onverwachte gebeurtenissen. Ik raak eraan gewend, maar het emotioneert mij allemaal niet meer zo. Ik hou de draad ook niet meer vast, weet niet meer waar ik gisteren was en met wie. Wie kan ooit het verhaal vertellen van deze dagen? Van de hoge toppen en de diepe dalen, van het ergste rotregenweer en de stralendste zon, van de grootste luxe en de schrijnendste armoe, van de corruptie en de eerlijkheid, van de relativiteit van afstand en tijd? Ik heb over deze reis geen verhalen te vertellen. Niet dat ik geen spannende of sensationele dingen meemaak. Integendeel. Maar daar gaat het toch niet om?

À la limite is zo'n tocht echt het meest gewone dat er is, en ik wil daar geen avonturenverhalen over vertellen. *Dit is echt het leven waarvoor ik geboren ben.* Ik ben gelukkig, gewoon, zonder speciale hoogte- en dieptepunten. Ik stap van dag tot dag en voel mij inderdaad zo thuis in het stappen dat ik niks of niemand mis. Ik doe gewoon wat ik te doen heb, en vind rust op de plek waar ik ben.' (...)

EEN POSTKAARTJE AAN MIJN KINDEREN

'We lopen nu door de Mala Fatra in Slovakije en we hebben dus 1500 kilometer afgelegd. Het is hier ongelooflijk mooi en wild. Op een nacht sliepen we in de tent. Twee Duitsers die bij ons waren, hebben toen een beer gezien van twee meter hoog. De hele dag hadden we al berensporen gezien. Echt waar. We hebben ons eten in een grote, reukvrije zak aan een boom gehangen en de hele nacht het vuur aangehouden.

Het gaat heel goed met mij. Ik vind stappen het leukste wat er is.'

HONGARIJE, 2 JUNI 1998

'Slecht nieuws. Mijn reisgenoot heeft plots besloten zijn tocht stop te zetten en terug naar huis te keren. Ik ben geschokt. Niet zozeer door zijn beslissing, maar door de kwetsbaarheid van mijn situatie, mijn afhankelijkheid en de mogelijke consequenties daarvan. Tegelijkertijd behoud ik mijn rotsvast vertrouwen in dit project en is het voor mij uitgesloten dat het op deze manier zal eindigen. Voor mij gaat deze tocht in elk geval verder, ook al zou de vorm weleens grondig kunnen veranderen.

Tot Istanbul zie ik het alleen nog wel zitten, maar vanaf dat punt zoek ik een man die kan kaartlezen én graag stapt én bereid is het hele eind naar Jeruzalem mee te lopen.

Ik ben ook geschokt door het feit dat ik niet had verwacht dat hij het zou opgeven.

"Ik heb mij misrekend, ik heb op mijn intuïtie vertrouwd en ik kom bedrogen uit", spookt het nu vaak door mijn hoofd. Want hier sta ik nu, goed wetend dat het vanaf Turkije onmogelijk is om als vrouw alleen verder te stappen. Ik word heen en weer geslingerd tussen de hoop op een oplossing en de schrik dat er geen oplossing zal zijn. Het lijkt mij het best in Vlaanderen een zoekertje te plaatsen: "Geschikte stapgenoot gezocht". Of zoiets. Het is een gok, maar ik heb geen keuze.

Intussen is het al juni. Roemenië en Bulgarije staan op het programma. Enkele vrienden en vriendinnen stappen de volgende weken een eindje met mij mee. Voorlopig hoef ik dus nog niet alleen te stappen.' (...)

HONGARIJE, 9 JUNI 1998

'nee – nu even niet
de natuur kan me gestolen worden
geef me een stoel een keuken een bed
een dak boven het hoofd
en hou de hemel hoog

nee – nu even niet
vergiftigd door insectenbeten
snak ik naar bescherming en cultuur
het gewone doordeweekse leven
wat slapen wat werken wat eten
genezen van te veel natuur'

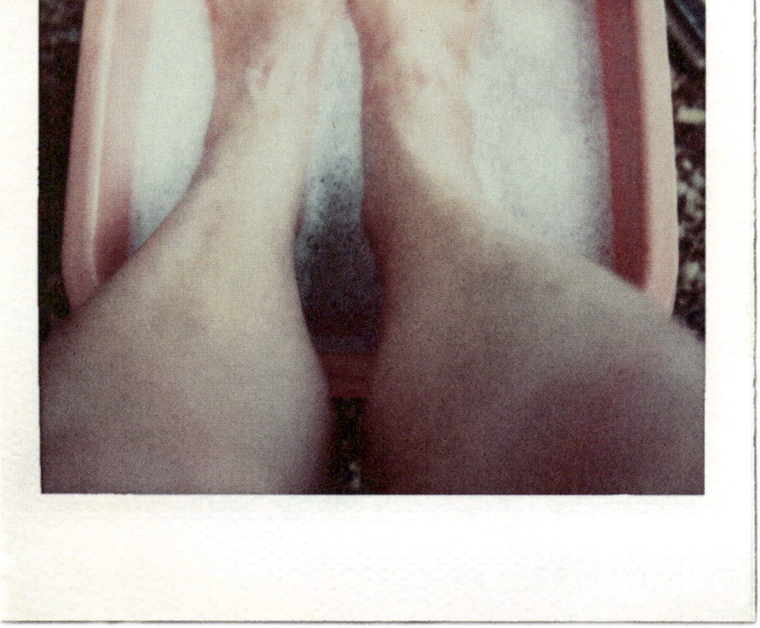

Zij:
'Mijn voeten zijn juweeltjes, en doen het nu al
maanden zonder pleisters.'

ROEMENIË, 12 JUNI 1998

'Ik bezeerde mezelf
bij het vallen
een paar keer -
mijn eigenwaan
echter
nog veel meer.'

ROEMENIË, 1 JULI 1998

(...) 'Ik zou je over de voorbije weken een boel sensationele verhalen kunnen vertellen. Hoe wij – een vriendin en ik – 's ochtends om vijf uur door een 78-jarige Bulgaarse vrouw de deur werden uitgeschreeuwd nadat we de nacht hadden doorgebracht in het gezelschap van haar 47-jarige zoon Vesselin, en hoe die man er als een schaap bijstond. Over hoe arm en vervallen en onwetend dit land is. Over hoe we vaak geen eten vonden. Over hoe we in een verboden grenszone terechtkwamen, hoe we daar behandeld en afgesnauwd werden en hoe wonderbaarlijk we gered werden. Over hoe ontroerend mooi kinderen kunnen spelen met niks. Over hoe een streek eruitziet na een aardbeving. Maar de kans wordt steeds groter dat deze dingen nooit verteld zullen worden omdat ik ze vlug vergeet, én omdat ze afbreuk doen aan de veel belangrijker en minder sensationele kant van de zaak: dat dit leventje werkelijk het meest gewone, mooie en alledaagse is dat er bestaat.' (...)

BULGARIJE, 10 JULI 1998

(...) 'Het thuisfront is nog altijd op zoek naar een geschikte stapgenoot voor mij. Ik blijf erin geloven, al slaat de schrik mij af en toe rond het hart.' (...)

BULGARIJE, 4 AUGUSTUS 1998

(...) 'We hebben een tentje bij, maar slapen in de dorpen ook weleens bij de mensen thuis. Gisteren donderde en bliksemde het en klopten we aan bij een oude man en vrouw die ons eerst niet wilden binnenlaten. Uiteindelijk overwon die vrouw haar argwaan en gaf ze ons een afschuwelijk kamertje. Heel vies, echt een vuil kot. Maar we hebben haar drie keer de prijs van een hotelkamer betaald, uit tevredenheid en respect omdat ze haar argwaan had overwonnen.

De hele maand juli heb ik met vrienden en vriendinnen gestapt. Ze wisselden elkaar voortdurend af. Het was een vreselijk vermoeiende periode. Ik heb zo mijn best gedaan om mij aan Jan en alleman aan te passen dat ik er doodmoe van ben.

De meest pijnlijke confrontatie is dat zoveel mensen wel bereid zijn een eindje met mij mee te stappen, maar dat niemand de hele tocht tot het einde mee wil gaan.' (...)

BULGARIJE, 20 AUGUSTUS 1998

'Goed nieuws! Er komt een "reddende engel" die samen met mij de rest van de tocht, helemaal tot in Jeruzalem, wil stappen. Hij heeft gereageerd op het zoekertje in de krant. Ik ken hem niet, maar hij is heel enthousiast wat *onze* tocht betreft. Hij arriveert op 28 augustus. Dan ga ik op stap met een wildvreemde man. Ook een avontuur.

Mijn gevoel zegt: "Nu is het erop of eronder. Ofwel gaan we samen het hele eind tot Jeruzalem, ofwel is het gedaan."

Ik heb het thuisfront laten weten dat ik liever geen andere "meestappers" meer heb. Ik ben aan rust toe, op precies dezelfde manier als ik dat thuis soms ben. Moe van de mensen, moe van het praten, veel meer dan van het stappen.' (...)

TURKIJE, 2 SEPTEMBER 1998

(...) 'Toen ik hem zag, wist ik meteen: "Met hem zal het lukken!"

Ik vind het wel jammer dat we na die pastoorskomedie nu, in Turkije, opnieuw hetzelfde spelletje moeten spelen. "Zijn jullie wel getrouwd?" is altijd de eerste en de laatste vraag die iedereen ons stelt.

Zelfs als we een fles water willen kopen, moeten we die vraag eerst bevestigend beantwoorden. Blijkbaar moet je overal compromissen sluiten.

In Turkije zijn de mensen heel gastvrij, al weten we niet of het echt gemeend is of louter omdat de Koran dat voorschrijft. Ze geven vaak meer dan ze kunnen missen, maar weigeren steevast iets van ons aan te nemen. Dat vind ik best moeilijk, want uiteindelijk voel je toch wel dat ze iets van je terug verwachten. Eerst gaf ik een zakmes of een balpen aan een kind, maar na een tijdje vond ik een betere oplossing. In Turkije is de oudste dochter vaak het slaafje. Ze staat voor dag en dauw op, doet al het werk, bedient en eet niet mee aan tafel. "Aan haar moeten we iets geven", besefte ik plots. En inderdaad, een bijdrage voor een juweeltje of oorringen voor hun dochter nemen de mensen wél aan.' (...)

TURKIJE, 15 SEPTEMBER 1998

(...) 'Schrijven wordt steeds moeilijker. We stappen ook steeds verder weg. De afstand wordt niet alleen letterlijk, maar ook figuurlijk steeds groter. Bij elke stap laat ik mijn thuisfront meer en meer los. Natuurlijk blijf ik wel enkele mensen in mijn hart dragen. Mensen aan wie ik denk of voor wie ik iets voel. Al zijn dat vaak andere mensen dan ik vooraf had gedacht.

Ook de cultuur wordt hoe langer hoe vreemder. Hier, in Turkije, slapen we elke nacht bij de mensen thuis. Elke dag opnieuw komt het hele dorp naar ons kijken en vertellen we – met handen en voeten – ons verhaal, de leugens incluis. In het begin vond ik dat scenario wel leuk, maar nu ben ik het grondig beu en snak ik naar wat tijd voor mezelf.

Maar kom, we worden ontzettend vriendelijk ontvangen en we voelen ons nooit onveilig.' (...)

SYRIË, 30 OKTOBER 1998

(...) 'Op de grens tussen Turkije en Syrië werd het eventjes echt spannend. We wilden via een kleine grensovergang naar Syrië stappen. De plaatselijke bevolking had ons die route afgeraden, maar we legden die waarschuwingen naast ons neer. De mensen zijn daar zo bang, en hadden ons al zoveel nodeloze schrik aangejaagd. Dus dreven we onze zin door.

Plots kwam er een legerauto op ons af met achteraan twee rijen Turkse soldaten, de geweren in aanslag. Ze omsingelden ons, hun wapens naar buiten gericht in de stellige overtuiging dat onze aanwezigheid in dat gebied een afleidingsmanoeuvre van de Koerden was.

Uiteindelijk pakten ze ons op en brachten ze ons voor verhoor bij hogere officieren.

We bleven de hele tijd rustig, vriendelijk en beleefd. Zo waarheidsgetrouw mogelijk antwoordden we op hun vragen. Omdat Israël vijandig gebied is, vertelden we hen dat we naar de hoofdstad van Jordanië gingen.

Hoe ongeloofwaardig en naïef ons verhaal ook klonk in de oren van die militairen – stel je voor, twee mensen die te voet van België naar Amman stappen! – we hielden onze verklaringen vol. Op dat moment beseften we goed dat onze veiligheid volledig van ons eigen gedrag afhing. Als wij ons anders hadden gedragen – ongeduldig, bang of brutaal – zou dat incident niet met een sisser zijn afgelopen.

Uiteindelijk accepteerden ze onze verhalen en lieten ze ons gaan. Waarschijnlijk zagen we er ook voldoende onnozel uit.

Oorspronkelijk wilden we via Syrië, Libanon en opnieuw Syrië naar Jeruzalem gaan.

Maar omdat ik intussen mijn buik vol heb van het gebergte, hebben we besloten het bergachtige Libanon te vermijden en Syrië van boven naar beneden te doorkruisen, langs de rand van de woestijn.

We zijn intussen in een vreemde sfeer verzeild. We lopen de hele tijd door het stof, van het ene dorpje naar het andere. Steenwoestijn, zandwoestijn, lavawoestijn. Geen lange, rechte weg. Alleen maar zand, heel droog en warm. We zijn allebei nonchalant, zorgeloos en onwetend, en blijken bijzonder goed tegen de hitte bestand. We huldigen maar één principe: zorgen dat we altijd voldoende water hebben. Met vijf liter water kunnen we tien kilometer overbruggen. Zonder water verdamp je hier in de verzengende hitte.

Verder bekommeren we ons nergens om. Eten en slapen, alles komt gewoon uit de lucht vallen als we het nodig hebben. En altijd duikt er wel iemand op die ons de juiste weg kan wijzen. In een lichte, onbevangen sfeer vliegen we vooruit en zullen we – als alles goed gaat, insjallah! – met een enorme voorsprong op ons schema in Jordanië uitkomen. Vandaar is het nog slechts een boogscheut naar Jeruzalem.' (...)

JERUZALEM, 10 DECEMBER 1998

'Natuurlijk is het een cliché om te zeggen dat het niet de bestemming is, maar de weg die telt. En toch is het zo. De aankomst in Jeruzalem was echt niet belangrijk voor mij. Bij wijze van spreken had ik ook enkele kilometers voor het einddoel mijn tocht kunnen afsluiten.

Vreemd genoeg deed het bij aankomst in Jeruzalem echt pijn toen we door de franciscanen aan de deur werden gezet. In de Palestijnse wijk werden we wél goed ontvangen. We hebben een kamertje aan de Damascuspoort en kijken uit op een kruispunt. Stel je voor, gisteren stonden daar soldaten die met rubberkogels naar enkele Palestijnse jongeren schoten. Tussen de twee partijen liepen moeders met hun kinderen de straat over, terwijl de kogels en de stenen rond hun hoofd vlogen.

Dát is voor mij het meest schokkende beeld van Jeruzalem: moeders die zelfs niet meer de moeite doen om hun kinderen te beschermen.

Hoe murw moet een moederdier zijn als ze haar jongen niet meer beschermt?

Intussen stond er een minibusje aan de kant. Terwijl de kogels en de stenen door de lucht vlogen, riep de buschauffeur: "*Tel Aviv! Tel Aviv!*" alsof er niets aan de hand was.

Het busje liep vol en vertrok, en niemand leek zich iets aan te trekken van dat gevecht waarbij uiteindelijk twee doden vielen. Ik wist zelfs niet dat je met rubberkogels iemand kunt doden.

Ik ben geschokt. Want mijn tocht ging naar "het hart van de wereld", maar ik kwam in een oorlog terecht.

Vandaag zag ik in een winkeletalage een boek over Jeruzalem met de titel *Een gat in het hart van de wereld*. Ik dacht: "Dat klopt. Hier is iets onherstelbaars gebeurd. Hier is een probleem dat nooit meer opgelost kan worden." En voor mezelf kom ik tot dezelfde conclusie. Ook in mijn hart is een gat. Een heimwee en een verlangen dat altijd zal blijven bestaan.'

De bedelaar Ran:

'Geluk is totaal onbelangrijk.'

'Niets behoort mij toe,
niets neem ik mee.
Leven dient
om niets van over te houden.'
[Magdalena]

HOOFDSTUK 12

Echte en valse goeroes

22 DECEMBER 1998

Ik: 'Mijn god, wat zie jij er stralend uit. Zo gebruind en energiek. En wat ben je vermagerd.'

Zij: *(glunderend)* 'Vijftien kilo's ben ik kwijt. Tijdens mijn tocht ben ik vijftig geworden, en nooit in mijn leven ben ik zo tevreden geweest over mijn lichaam en mijn figuur.

Ik heb de smaak van het reizen nu echt te pakken. Mijn jaar loopbaanonderbreking loopt nog tot maart. Als je tijd en zin hebt, kunnen we nog enkele weken samen op reis.'

Ik: 'Naar het land van de Verlichting?'

Zij: 'Waarom niet? Het land van de gewijde veda's, de hippies en de goeroes.'

Ik: 'Toch niet opnieuw op zoek naar wijsheid?'

Zij: 'Waarom niet? Die tocht is eindeloos. Maar we kunnen natuurlijk ook gewoon wat goeroehopping gaan doen.

Ik: 'Lijkt me fijn. Al schrikt het me ook wat af. De kinderen zijn nog zo klein. India lijkt mij een moeilijk land, en ik ben ook nog nooit buiten Europa geweest.'

Zij: 'Katlijn is een India- en ashramexpert. Ze wil ons heel graag mee naar India nemen. We zouden met ons drieën kunnen gaan.'

28 JANUARI 1999

Meteen na mijn aankomst in India loopt het mis. Het begint al in de bus die ons van het vliegveld naar de stad brengt. Om de een of andere onverklaarbare reden lijkt de wereld rondom mij ondraaglijk hels en druk. De kleuren en geuren maken mij kotsmisselijk.

In het centrum van de stad belanden we op een kruispunt waar we klem raken in een onvoorstelbaar verkeerskluwen. Meteen stormen tientallen bedelaars het kruispunt op om te profiteren van deze uitgelezen kans. Tot mijn ontzetting steken ze hun handen en armen door het raam en raken mij aan, in mijn gezicht en over mijn lichaam. Als een slang grijpt de paniek mij naar de keel.

'Rustig maar,' zegt Magdalena, 'er kan je niets gebeuren.'

Maar er gebeurt wél iets. Ja, er gebeurt iets verschrikkelijks. Plots steekt een van de vrouwen haar pasgeboren baby door het raam, duwt hem op mijn schoot en rent weg, zo hard ze kan. Ik wil gillen, maar er komt geen geluid uit mijn keel. Ik gruw van die baby, wil dat kind van mijn schoot. Maar ik kan niet bewegen, mijn handen lijken verlamd.

Gelukkig neemt Magdalena de baby van mijn schoot en steekt hem opnieuw door het raam, naar buiten. Vreemd genoeg zijn er handen die het kind weer aanpakken.

Wat later merk ik dat ik geen woord Engels meer begrijp en spreek. Ik kan mij niet meer oriënteren, en raak in paniek als ik niet minstens een van mijn vriendinnen zie. Ik kan geen beslissingen meer nemen. Ik weet niet meer wat ik wil. Eten of drinken? Stappen of zitten? Kijken of niet? Reageren of niet? Het enige wat ik wil, is slapen, slapen, slapen. In bed liggen met mijn ogen toe, zo wilde ik het liefst mijn tijd in India doorbrengen. Ook al kan ik niet slapen.

'Je hebt een cultuurshock', zegt Magdalena.

'Of je reageert slecht op je malariamedicijn Lariam,' zegt Katlijn, die verpleegster is. 'Sommige mensen worden daar echt gek van.'

3 FEBRUARI 1999

Na die eerste, vreselijke dagen heb ik nu geleerd een dubbelleven te leiden. Een deel van mij gedraagt zich normaal. Dát deel spreekt, denkt, handelt, eet, drinkt en slaapt.

Het andere deel blijft hangen in een waas, ergens op de rand van de angst en de paniek.

In de heilige tempelstad Tiruvannamalai, rijk aan echte en valse goeroes, zijn we op weg naar de ashram van Ramana Maharshi. Een blanke vrouw fietst tussen de straathonden en de bedelaars en botst pal op een betonnen paaltje. Nog net op tijd kunnen we haar opvangen. '*Thank you for being here*,' zegt ze dankbaar. 'Als Ramana Maharshi jullie niet op mijn weg had gestuurd, zou mijn val vreselijke gevolgen hebben gehad. Ik heb botontkalking in de ergste graad. Een eenvoudige breuk heeft twee à drie jaar tijd nodig om te genezen.'

De vrouw heet Sarah en heeft tien jaar geleden haar huis in Londen verkocht om hier vlak naast de ashram te komen wonen. 'Tot de dag van mijn dood blijf ik hier,' zegt ze, 'maar blijkbaar is die dag nog niet gekomen, want anders had Ramana jullie niet naar mij gestuurd. Misschien heeft Hij jullie op mijn weg gezet zodat ik jullie naar Zijn ashram kan brengen.'

Bij de ingang van de ashram krioelt het van de bedelaars. Kreupelen en blinden, melaatsen met stompjes in plaats van vingers, in oranje doeken gehulde *saddhu's*. Onder een boom zit een oude man. Heel even kijkt hij op. Graatmager, een lange, grijze, baard, een vuile lendendoek en lichte ogen. Indiërs hebben toch donkere ogen? Ik blijf staan om de bedelaar beter te bekijken, maar hij staart alweer naar de grond.

'*Do you speak English?*' vraag ik, maar de man antwoordt niet en blijft onbewogen voor zich uitkijken. Voor hem ligt een menselijke schedel met één roepie erin.

Ik haal mijn schouders op en we gaan met Sarah de ashram binnen. 'Elke keer als ik hier kom, word ik getroffen door Ramana's rust en kracht, die hier nog altijd voelbaar zijn', fluistert Sarah. 'Elke dag van zeven 's ochtends tot halfnegen 's avonds volg ik de tempeldiensten: het offeren van de melk, de stille meditaties, het zingen van de veda's. Het leven is hier sober en eenvoudig, rustig en authentiek.'

In stilte gaan we de meditatiezaal binnen waar Sarah ons uitnodigt om samen met haar rond de schrijn van Ramana Maharshi te stappen. Er zijn behoorlijk wat westerlingen bij de wandelende *devotees*. Sommigen lopen ingetogen en traag, anderen snel en gejaagd.

Magdalena en Katlijn beginnen meteen mee te stappen, maar ik voel me opnieuw onzeker en misselijk.

'Ga wat op de grond zitten,' fluistert Magdalena, 'sluit je ogen, adem rustig in en uit, en luister naar de gezangen.'

Eerst klinken de litanieën vreemd-fascinerend, daarna ergerlijk-monotoon en ten slotte aangenaam-bedwelmend. Ja, hier wil ik blijven zitten, op de koele vloer, als buitenstaander, de hele dag desnoods.

Na een tijdje laat Sarah zich naast mij op de grond zakken. Opgewonden begint ze tegen mij te fluisteren. 'Als zestienjarige jongen kreeg Ramana Maharshi een ervaring van spontane verlichting. Overvallen door een plotse angst voor de dood werd hij zich in een klap bewust van zijn ware kern. Op dat moment loste zijn individuele persoonlijkheid op en werd hij een verlicht wezen. Na dit ingrijpende voorval trok hij naar de naburige berg Arunachala, waar hij twintig jaar lang in een grot woonde. Vaak bleef hij dagenlang aan één stuk door in diepe meditatie op de grond zitten. Na die kluizenaarsjaren ontstond er aan de voet van de berg een kleine ashram, waar de *devotees* uit heel India het gezelschap van Ramana Maharshi opzochten. Weet je, Ramana was een eenvoudig mens, maar ook een man van weinig woorden. Meestal stelde hij zijn bezoekers slechts één vraag: 'Wie ben ik?' Volgens Ramana Maharshi kan alleen het antwoord op die vraag een mens naar zijn ware kern brengen. Dié vraag moet jij je ook stellen, de hele dag door. *Wie ben ik? Wie ben ik? Wie ben ik?*'

Wie ben ik? Die woorden dreunen door mijn hoofd en maken mij bang, doodsbang. Het koude zweet breekt mij uit, en ik krijg geen adem meer. Maar gelukkig zijn daar Katlijn en Magdalena die mij zachtjes mee naar buiten nemen, waar we onder de boom, naast de bedelaar, op de grond gaan zitten. In de schedel voor hem ligt nog altijd één roepie.

Opnieuw kijkt hij even op, met zijn lichte ogen.

'*Do you speak English?*' vraagt Magdalena nu, voor hij zijn ogen weer kan neerslaan.

Deze keer haalt hij een vieze, vuile prop uit elk oor, en kijkt ons vragend aan.

'*Do you speak English?*' vraagt ze opnieuw.

Hij knikt.

'Jij bent toch geen Indiër?' Hij schudt zijn hoofd. Neen, dus.

'Uit welk land kom je dan?'

'Duitsland.' Kort. Stug.

'Hoe heet je?'

'Ran.'

Hoe oud ben je?' Hij haalt zijn schouders op.

'Ongeveer', dringt ze aan.

'In 1940 kwam ik hier terecht.'

'Hier? In India?'

'Neen. In dit leven.'

'Als je in 1940 geboren bent, ben je 59 jaar oud.'

'Zal wel.'

'Is dat je opbrengst van vandaag?' Hij knikt. 'Vijf uur bedelen voor één roepie.'

'Kun je daarvan leven?'

'Ik leef.'

'Leef jij van bedelen?'

'Ja, de ene dag één roepie, de volgende dag wat meer of wat minder.'

'Waarom bedel je? Noodzaak? Keuze?'

'Keuze. Als je niets hebt, kun je ook niets verliezen.'

'Ben je gelukkig?'

Hij kijkt ons met heldere ogen aan. 'Gelukkig? Neen. Ongelukkig? Ook niet. Daar gaat het toch niet om?'

'Waar gaat het dan wel om?'

'Rust vinden. *I am peaceful. No moods.* Geen stemmingen meer. Niet gelukkig. Niet ongelukkig.'

'Heb je vrienden, familie?'

'Neen. Geen banden, geen relaties. Die zijn je maar tot last.'

Ondertussen is een handvol bedelaars rond ons komen staan. Ze wijzen en roepen en trekken aan onze kleren. Ran zegt iets tegen hen, en ze blijven lachend op een afstand staan. 'Trek het je niet aan,' zegt Ran, 'ze zijn niet gewend om blanke vrouwen bij een bedelaar op de grond te zien zitten. Maar ze bedoelen het niet slecht. Het heeft ook jaren geduurd voor ze mij als een van hen begonnen te zien.

Vroeger, in Duitsland, heb ik lang in de bossen geleefd. Zonder woning, zonder papieren. Maar dat kan daar natuurlijk niet. Ik werd voortdurend opgepakt en lastiggevallen. Na een tijdje werd ik dat zo beu dat ik naar Scandinavië trok, waar ik enkele jaren bij de Lappen heb gewoond. Daarna ben ik in India terechtgekomen. Toen mijn papieren en mijn visa niet meer geldig waren, besloot ik in de massa op te gaan en bedelaar te worden. Waarschijnlijk zal ik ook als bedelaar sterven.

Ik herinner mij dat ik mij als jongen altijd voorstelde dat ik als clochard onder de bruggen van Parijs zou eindigen. *(lacht)* Uiteindelijk zat ik er nog niet zo ver naast, want wat is tenslotte het verschil tussen een Parijse clochard en een Indische bedelaar?'

'Wens je jezelf dan geen ander leven toe?' vraag ik.

(oprecht verwonderd) 'Neen, waarom? Wat is er mis met dit leven? Ik heb er zelf voor gekozen alles achter te laten en op deze manier te leven. Waarom schrikt mijn leven je eigenlijk af?'

'De armoede, de onzekerheid, geen vrienden, geen dak boven het hoofd...'

'Is jouw leven dan zoveel beter of mooier dan het mijne?'

'Neen, dat bedoel ik niet, maar...'

'Waar ben jij dan wel naar op zoek?'

'Tja...'

'En wat kom jij in India doen?'

Ran kijkt me strak aan, en ik realiseer mij dat hij haast ongemerkt de rollen heeft omgedraaid. Voor onze ogen is hij in enkele ogenblikken veranderd van een stugge zonderling in een spraakzame filosoof.

Ran: 'Ooit, jaren geleden, hebben ze mij in de ashram van Ramana Maharshi binnengehaald. "Jij bent een goeroe," zeiden ze tegen mij, "want jij bent half-verlicht." Maar hoe kan iemand in godsnaam half-verlicht zijn? Een vrouw kan toch ook niet half-zwanger zijn?

Het probleem in de meeste ashrams is dat iedereen naar de Verlichting streeft. Maar wie uiteindelijk verlicht dreigt te worden, is niet langer welkom en wordt zelfs buitengegooid. Want de meeste goeroes verdragen geen andere goeroes of leermeesters naast zich.

Zelf vond ik het zo absurd om half-verlicht te worden verklaard dat ik ben buitengestapt om opnieuw op straat te gaan zitten en bedelen. Ik ben tot het besluit gekomen dat ik geen goeroe nodig heb, en zeker geen goeroe wil zijn. Uiteindelijk kun je de Verlichting alleen in jezelf vinden.

Jarenlang heb ik zelf van de ene ashram naar de andere gezworven. India lééft van zijn goeroes. Zo stilaan zijn ze een belangrijke bron van inkomsten en valuta's geworden. Eigenlijk is het heel eenvoudig om van iemand in korte tijd een goeroe te maken. Er zijn maar drie voorwaarden. Eén: je moet over het beginkapitaal beschikken om een ashram te beginnen. Twee: je moet bepaalde uiterlijke kenmerken hebben – *(monkelt)* dat is bij mij het geval. En drie: je moet een paar wijsheden verkondigen. Of beter nog, je mond houden en geen stom woord zeggen. Op die manier worden in India elke dag heel wat goeroes geboren.

Als je de ashrams in India bezoekt, zul je onmiddellijk merken dat de goeroes die veel westerse volgelingen hebben en de wereld hebben afgereisd, een flink pak duurder zijn dan de andere. Hier, in de ashram van Ramana Maharshi, valt het nog mee omdat de westerlingen die nog maar net ontdekt hebben. Voorlopig moet je nog niets betalen voor eten en onderdak – er wordt wel een gift van je verwacht – en de armen en de bedelaars krijgen nog elke dag een warme maaltijd. Maar als er nog meer westerlingen toestromen, zal dat snel veranderen en zal de goeroewinkel flink beginnen te draaien.'

'Ik lach soms om de westerlingen die zo gemakkelijk een goeroe omarmen. Zo'n enorme behoefte hebben ze aan iets dat groter, ruimer en wijzer is dan zijzelf. Pas op, ik heb dat zelf ook gedaan, hoor. Ik ben samen met zoveel andere hippies in India terechtgekomen. Allemaal op zoek naar wijsheid en inzicht. Duizenden goeroes vond je hier. Sommigen zoals Sri Aurobindo, Sai Baba en Bhagwan waren toen erg in trek.

Die hippietijd was slechts het begin. Sindsdien komen er massa's mensen naar India, *devotees* van alle leeftijden, uit alle lagen van de bevolking, maar vooral uit Amerika, Europa en Australië. Allemaal spirituele zoekers. Mensen die in het Westen iets missen.

Het probleem met de meeste westerlingen is dat ze niet weten hoe ze met een goeroe moeten omgaan. Ze hebben de neiging zich onvoorwaardelijk aan hun goeroe over te geven, zonder zich af te vragen of hij wel betrouwbaar is. De Indiërs hebben een aparte goeroecultuur. Ze aanbidden heel gemakkelijk de ene godheid naast de andere.

In India is "goeroe" ook een veel neutraler woord dan in het Westen. Letterlijk betekent het "licht dat de duisternis doet oplichten". In India is een goeroe een leermeester die inzichten aan zijn leerlingen doorgeeft, of louter door zijn aanwezigheid zijn kracht op zijn volgelingen overdraagt. Een echte goeroe gaat niet op zoek naar volgelingen en is er niet op uit een cultus of organisatie op te bouwen. Hij heeft totaal geen behoefte aan erkenning, macht of bezit. Een echte goeroe stelt

Hij:

'Er komen massa's mensen naar India. Allemaal spirituele zoekers.
Mensen die in het Westen iets missen.'

geen voorwaarden aan de mensen die hem willen volgen, en zal zichzelf ook niet gemakkelijk een goeroe noemen; de anderen geven hem die naam.

In India wordt een volgeling aangemoedigd om lang in het gezelschap van zijn goeroe te verblijven zodat hij hem in alle omstandigheden kan leren kennen. Dat was ook het geval bij Ramana Maharshi, die in zijn ashram geen moment alleen doorbracht. Hij at, sliep, mediteerde en leefde voortdurend in het gezelschap van zijn *devotees*. Alleen de allerlaatste dag van zijn leven, toen hij veel pijn had en stervende was, heeft hij een aparte kamer gekregen. Ook andere goeroes leven op die manier. Ramakrishna bijvoorbeeld leefde strikt celibatair en deelde 's nachts een kamer met enkele mannelijke volgelingen. Zijn vrouw sliep in een aparte kamer. Omdat Ramakrishna 's nachts geregeld zijn kamer verliet, begon een van zijn discipelen hem ervan te verdenken dat hij toch een geheime, seksuele relatie met zijn vrouw had. Dus ging hij op een nacht zijn meester stiekem achterna, en liep recht naar de kamer van Ramakrishna's vrouw. Daar was het tot zijn verbazing perfect stil en rustig. Net toen hij zich afvroeg waar Ramakrishna dan wel was, hoorde hij geritsel in de struiken. Daar stond de goeroe, die – heel onschuldig – was gaan plassen. Toen de meester zijn leerling zag, zei hij: "Goed zo. Het is de plicht van een volgeling om zijn goeroe dag en nacht in het oog te houden."

Eigenlijk weten westerlingen niet precies wat een goeroe is. Ze zien hem als een vaderfiguur of een therapeut. Maar een goeroe *is* geen therapeut. Zo kwam er eens een vrouw naar Ramana Maharshi met een uitgebreide klachtenlitanie over haar echtscheiding en haar jeugdtrauma's. Ramana wist totaal niet wat hij met die vrouw moest aanvangen. Verwonderd vroeg hij aan een van zijn volgelingen: "Wat wil die vrouw van mij? Hoe kan ik haar nu helpen? Dat mens heeft professionele hulp nodig."

In India wordt weinig belang gehecht aan emoties en gemoedstoestanden. In de oosterse traditie komt het er juist op aan je gevoelens, angsten en stemmingen los te laten en contact te maken met een dieper niveau in jezelf. Een echte goeroe kan je de weg wijzen naar die diepere laag, maar hij houdt zich niet bezig met relatie- of echtscheidingsproblemen.'

'Eigenlijk hoeft een goeroe helemaal niets te zeggen en kan hij, louter door zijn aanwezigheid, iemand ráken. Voor heel wat mensen is het louter aanschouwen van de goeroe – *darshan* ontvangen – een ervaring die hun leven overhoop haalt of richting geeft. Er is dus niets rationeels aan. Het *gebeurt* gewoon.

Maar even vaak is het zwijgen van een goeroe gewoon een handige truc. Zoals in het geval van Yogi Ramsuratkumar die, op wandelafstand van hier, een eigen ashram heeft met een gigantische tempel en uitgebreide accommodatie voor studenten en bezoekers. Hij bestempelt zichzelf als "eeuwige zondaar en bedelaar". Maar hier wordt hij gewoon de "voddengoeroe" genoemd omdat hij zich nooit wast en zijn vodden slechts enkele keren per jaar verwisselt. Hij is een kettingroker en krijgt een eindeloze reeks sigaretten aangereikt van een Indische *devotee*, die haar baan aan de universiteit heeft opgegeven om haar meester te dienen. Tot voor kort bestond de boodschap van de voddengoeroe uit één enkele mantra: "Laat mijn 'ik' toch opgaan in het eeuwige bestaan". Tegenwoordig zegt hij helemaal niets meer.

In werkelijkheid is die man gewoon een seniele, oude vent, die de hele dag ligt te suffen.

Niet ver hiervandaan zit een andere goeroe. Al vijftien jaar zit die man op de top van de heilige berg Arunachala. Het enige wat hij zichzelf gunt, zijn twee bekers karnemelk per dag. Je kunt naar hem toe gaan – drie uur stappen – en wat zul je zien? Een gek. Een fossiel. Die man is niet meer in staat één zinnig woord uit te spreken. Tegenwoordig ziet hij er trouwens zo vreselijk uit dat hij een plastieken kap over zijn hoofd draagt.

Van dat kaliber vind je hier nog wel een paar goeroes. Enkele kilometers hiervandaan zit een goeroe met ontzettend lange nagels en drie meter lang haar. Hij verdrijft het kwaad uit zijn *devotees* door ruw op hen te slaan. Dan is er nog een andere goeroe die vijf dagen onder de grond begraven ligt, en de zesde dag naar boven komt om op adem te komen. Of die piepjonge goeroe die de gelofte heeft afgelegd om twaalf jaar lang rechtop te blijven staan. Hij slaapt met zijn hoofd op een schommel. Verder vind je er hier nog een heleboel die keien, slangen of andere voorwerpen ophoesten. Maar dat zijn vaak niet meer dan goocheltrucs. Echte goeroes houden zich daar niet mee bezig.'

'Heb jij de Verlichting gevonden, Ran?'

(haalt zijn schouders op) 'Ik leef zoals ik leef. Ik ben niet langer afhankelijk van stemmingen. Ik heb vrede met mezelf en mijn bestaan. Ik slaap onder een verroeste golfplaat. Ik heb een vuurtje en een kookpot, en ik ben al lang tevreden als ik elke dag wat rijst en wat groenten voor mezelf kan klaarmaken.'

'Dus heb je wél stemmingen? Je bent gelukkig als je eten hebt, en je bent ongelukkig als je geen eten hebt.'

'Neen, als jullie straks vertrekken, maakt het voor mij geen enkel verschil of jullie mij één roepie of duizend roepies geven. Als jullie niets geven, zal ik niet ongelukkiger zijn. Als jullie veel geven, zal ik niet gelukkiger zijn. Die dingen raken mij niet. Ze zijn totaal onbelangijk, en hebben niets met geluk te maken. Ook geluk is totaal onbelangrijk.'

Ran draait zijn vieze oordopjes tussen zijn vingers. 'Ik heb in tijden niet meer zoveel gepraat', zegt hij. We begrijpen dat het gesprek afgelopen is.

Hij kijkt ons vriendelijk aan. Magdalena werpt enkele roepiebriefjes in de schedel.

Als ik na enkele stappen achterom kijk, staart Ran alweer onbewogen naar de grond.

Even overwegen we nog om de naamloze goeroe op de heilige berg op te zoeken, maar als we bedenken dat de tocht naar de top schaduwloos is en minstens drie uur duurt, besluiten we even bij de voddengoeroe langs te lopen.

De binnenruimte van zijn enorme tempel lijkt meer op een loods dan op een heiligdom en is bovendien, op een grijze Mercedes en een levensgroot standbeeld van de goeroe na, zo goed als leeg.

'Geeft Yori Ramsuratkumar geen *darshan* vandaag?' vragen we aan een bewaker die in de tempel rondloopt. 'Neen, geen *darshan* vandaag', zegt de man nors en hij gebaart ons om de tempel te verlaten. We doen wat hij vraagt, maar als we net buiten de tempel nog even achterom kijken, zien we onder een afdakje de voddengoeroe zitten.

Onderuitgezakt in een fauteuil, de ogen gesloten, knikkebollend, terwijl een *devotee* toegewijd uit een dik boek Engelstalige teksten voorleest.

Gefascineerd blijven we staan, maar de bewaker duwt ons naar de uitgang.

'Oké, ' zeg ik, allang tevreden dat ik eindelijk mijn eerste levende goeroe in India heb gezien.

Sai Baba:

'Christus was maar een profeet.

Ik ben God zelf.'

*'Het stof van de weg
blijft plakken aan de ziel.'*
[Magdalena]

HOOFDSTUK 13

God op aarde

8 FEBRUARI 1999

Slapen lukt nauwelijks. Het grootste deel van de nacht lig ik te woelen, vechtend tegen de angst. Nog elke dag verlies ik mezelf een beetje. Geluiden klinken veel te hard, er hangt voortdurend een waas voor mijn ogen, en rekenen of tellen lukt ook al niet meer. Katlijn is er nog altijd van overtuigd dat Lariam de boosdoener is. Magdalena houdt het bij een extreme cultuurshock als verklaring voor mijn verwarde toestand.

Als zorgzame moeders waken zij over mij, terwijl ik als een kind mijn lot in hun handen leg. Geen ogenblik wijken zij van mijn zijde.

Onze volgende bestemming is Puttaparthi, zo'n driehonderd kilometer rijden. De bussen houden we voor bekeken, omdat die felgekleurde voertuigen, uitpuilend van mensen, dieren en bagage, mij doodsbang maken. Dus zoeken we een *driver* die ons met zijn wagen naar Puttaparthi – het Rijk van Sai Baba – wil voeren.

Geen enkele man ter wereld – met uitzondering van de paus – is in staat een grotere mensenmenigte op de been te brengen. Op grote feestdagen stromen er in zijn ashram minstens vijftigduizend mensen samen, en op zijn verjaardag wordt soms een piek van een miljoen bezoekers bereikt. Over de hele wereld heeft de goeroe met het opvallende afrokapsel en het oranje gewaad ongeveer vijftig miljoen volgelingen.

In de dorre woestenij van Andra Pradesh, te midden van de grootste armoede, verschijnt eerst een luchthaven, wat later een gigantisch ziekenhuis, een universiteit, een planetarium, een museum, scholen en ten slotte de kleurrijke resten van een kermisdorpje dat uit zijn voegen is gebarsten en tot een imperium is uitgegroeid. Kraampjes en winkeltjes waar de afbeelding van Sai Baba de verkoop van cd's, horloges, ringen, zakmessen en andere prullaria garandeert, wijzen de weg naar de ashram, de heilige verblijfplaats van Sai Baba, God op aarde.

Bewakers controleren uitgebreid onze paspoorten voor we tussen lage, kazerneachtige gebouwen onze weg naar het *Registration Office* zoeken. Daar worden we elk apart ondervraagd. Eerst met de klassieke vragen die een Indiër aan een westerling stelt. 'Waar kom je vandaan? Hou je van India? Wat is je beroep? Hoeveel verdien je? Ben je getrouwd? Heb je kinderen?'

Dan wordt het ernstiger. 'Hoe heb je Sai Baba leren kennen? Heb je Zijn boeken gelezen? Ben je godsdienstig? Bid je voor de maaltijden?'

Ik geef vage antwoorden, maar geef toe dat ik niet bid voor het eten. Er volgt een lange preek.

'*Food is God*', is mijn eerste les in de ashram van Sai Baba.

'Niet jullie, maar Sai Baba beslist', is de tweede les, die we in het *Accomodation Office* krijgen. Een man legt ons uit dat de meeste *devotees* van Sai Baba in grote hangars slapen, maar dat er ook woonblokken met gastenkamers zijn. Maar je kunt niet zelf kiezen: Sai Baba beslist over de toewijzing van de slaapplaatsen.

En ja, Sai Baba is ons gunstig gezind. Want tot onze opluchting hoeven we niet in de hangar te slapen, maar krijgen we met ons drieën een sober en naar Indische normen comfortabel eenkamerappartementje. Leve Sai Baba!

De vrouw in de kamer naast ons blijkt een Vlaamse te zijn. Marleen.

'*Sai Ram*, dát is het wonder van Sai Baba!' roept ze uit. 'Jullie komen hier voor kennis over Sai Baba, en krijgen prompt een kamer naast de mijne. Sai Baba heeft dat zo geregeld. Blijkbaar wil Hij dat ik mijn verblijf in India met een *kennisoverdracht* afsluit.'

Overal in haar kamer hangen foto's en spreuken van Sai Baba. '*Love all, serve all.*'

'Die spreuk vind je in elk Hard Rock Cafe over de hele wereld', zegt Marleen, en vertelt ons het legendarische verhaal van Isaac Tigrett, de oprichter van de bekende Hard Rock Cafes. Elke bezoeker krijgt vroeg of laat dit verhaal te horen. Elke volgeling herkent er zichzelf in: zijn hoop en frustaties, zijn verwachtingen en zijn geloof in wonderen en mirakels. Het gaat als volgt.

Toen Tigrett in de jaren zeventig in een Indische hotelkamer een poster van Sai Baba zag, besefte hij meteen dat deze man zijn goeroe was. Zonder aarzelen vertrok hij naar Puttaparthi, waar hij in de tempel, tussen duizenden mensen, op Sai Baba ging zitten wachten. Tot zijn verbazing stapte Sai Baba recht op hem af en toverde uit het niets een handvol *vibhuti*, een soort heilige asse. Tigrett was van de hand Gods geslagen.

Sindsdien keerde hij één keer per jaar naar Puttaparthi terug.

Maar de volgende zeventien jaar gunde Sai Baba hem niet één blik.

Toch bleef Tigretts geloof onaangetast, niet het minst omdat hij tot tweemaal toe miraculeus aan de dood ontsnapte. De eerste keer zat hij stomdronken achter het stuur van zijn dure Porsche toen hij een bocht miste en over de kop ging. Tijdens die waanzinnige buiteling realiseerde hij zich dat Sai Baba naast hem zat en zijn arm beschermend om hem heen hield. Na de crash was de Porsche nog slechts een ineengeplooid stuk blik, maar Tigrett kwam er zonder één schrammetje van af.

Enkele jaren later gebeurde er iets gelijkaardigs. Toen Tigrett tijdens een hevige aanval van epilepsie in zijn eigen tong dreigde te stikken, verscheen Sai Baba net op tijd om de weerspannige tong uit de keel van de arme man los te maken.

Uit dankbaarheid besloot Tigrett de winst van zijn Hard Rock Cafes met de goeroe te delen. Hij verkocht zijn aandelen, en vertrok in 1990 voor de zoveelste keer naar Puttaparthi, ditmaal met 54 miljoen dollar op zak. Deze keer had hij meteen prijs: op een teken van Sai Baba werd hij prompt ingedeeld bij het groepje dat die dag een interview met de goeroe kreeg.

Toen hij in de interviewkamer Sai Baba over de cheque wilde vertellen, was die blijkbaar al op de hoogte. 'We zullen er het meest gespecialiseerde ziekenhuis van heel Zuid-Azië mee bouwen', sprak de goeroe. 'En volgend jaar, op deze dag, zal het klaar zijn.'

En ja, precies één jaar later, op de dag die Sai Baba had voorspeld, opende de president van India het Sri Sathya Sai Super Speciality Hospital, waar chirurgen uit de hele wereld vrijwillig hun diensten aanbieden. Dezelfde dag nog werd, als feestelijk orgelpunt, de eerste openhartoperatie uitgevoerd.

Het moet gezegd: de feiten uit Tigretts verhaal kloppen. Voor de devotees is dát een afdoend bewijs van Sai Baba's goddelijkheid. Bovendien is Tigretts verhaal in zekere zin het verhaal van elke *devotee*. De plotse roeping. Dromen, visioenen of tekens van Sai Baba. Het lange wachten. Het verlangen naar een ontmoeting, een blik of een interview. De reeks van grote en kleine toevalligheden. De onverwachte tussenkomsten van de goeroe. Het materialiseren van *vibhuti* of kostbare voorwerpen.

Het is ook het verhaal van Marleen: 'Op een dag, twee jaar geleden, kocht ik in de Fnac een oranje boek over Sai Baba. Toen ik het las, wist ik meteen: "Dit is mijn goeroe. Dit is mijn God. Tot het einde van mijn leven blijf ik bij Hem." Meteen zocht ik een tweede en een derde boek, en na een tijdje had ik nog maar één wens: zelf naar Hem toegaan. Een jaar later heb ik dat ook gedaan.

Stel je voor, bij mijn eerste bezoek al, te midden van tienduizenden mensen, heeft Sai Baba mij uitgenodigd voor een persoonlijk interview.

Nu ben ik hier al drie maanden, en elke ochtend zorg ik dat ik om halfvijf aan de tempel ben om "op te lijnen". Wie vroeg genoeg is, komt in aanmerking voor een genummerde rij en heeft dus een kans om dicht bij Sai Baba terecht te komen. Maar het lot beslist welk nummer je krijgt. Je kunt dus evengoed op de eerste als op de vijftigste rij terechtkomen.

Als je na halfzes aan de tempel arriveert, ben je te laat. Dan moet je ook oplijnen, maar kom je áchter de genummerde rijen terecht, tamelijk ver van Sai Baba verwijderd.

's Middags om één uur start ik opnieuw met oplijnen voor de *darshan* van drie uur. Twee *darshans* doe ik per dag. Elke dag opnieuw. De *bhajans* – de zangmeditaties – durf ik weleens over te slaan; de *darshans* nooit.

Darshan is het allerbelangrijkste wat er bestaat. Dan ontvang je Baba's goddelijke stralen die je ziel nooit meer verlaten. "Zelfs de goden zijn jaloers op jullie," zegt Sai Baba, "want jullie krijgen deze straling twee keer per dag."

Ik weet het, het kost uren en uren geduld. Gemiddeld zit ik per dag negen uur te wachten. Eén keer heb ik zelfs elf uur aan één stuk door gewacht.

Sai Baba *is* God op aarde. "Wie Christus op aarde heeft gestuurd, heeft ook mij gestuurd," zegt Sai Baba, "maar Christus was slechts een profeet, ik ben de Goddelijke Reïncarnatie zelf." Maar Sai Baba respecteert wel de andere godsdiensten. Je kunt perfect christen, hindoe of moslim zijn, én een volgeling van Sai Baba.

Net zoals Jezus verricht Sai Baba wonderen. Met één handbeweging kan hij diamantringen en gouden uurwerken *materialiseren*, de zieken genezen, ja, zelfs de doden doen opstaan.

De eerste keer dat ik zo'n wonder zag, kon ik mijn ogen niet geloven, maar intussen ben ik die mirakels gewoon en besef ik dat die wonderen en geschenken niet de essentie zijn. Ze zijn slechts Zijn visitekaartje. Zijn echte geschenk is liefde.'

'Enkele jaren geleden verschenen er berichten dat de wonderen van Sai Baba goochelspelletjes zijn', zeg ik voorzichtig. 'Op een film kon je goed zien hoe zijn toverkunsten handige trucjes bleken te zijn. Veel *devotees* waren ontzet en ontgoocheld, anderen wilden het niet geloven. Maakt het voor jou enig verschil of de wonderen van Sai Baba goocheltrucs zijn of niet?'

'Natuurlijk. Als het trucs zouden zijn, zou ik mij bedrogen voelen. Goocheltrucs doe je voor het geld; mirakels om je goddelijkheid te tonen. Maar ik twijfel niet, hoor. Natuurlijk zitten er tussen de Indische goeroes heel wat bedriegers, maar in deze ashram zijn al zoveel wonderen gebeurd dat je ze onmogelijk kunt negeren. Heel wat mirakels zijn trouwens officieel geregistreerd.'

'Overmorgen ga ik, na een verblijf van drie maanden, weer naar België. Dat vind ik heel erg. Vandaag, tijdens het oplijnen, zei ik nog: "*Baba*, ik heb hier al zoveel uren en dagen zitten wachten. In die drie maanden heb ik niet één keer vooraan gezeten. Morgen vertrek ik naar huis. Alstublieft, zet mij vandaag vooraan." En pats, ik kreeg nummer twee! Ik heb Zijn kleed aangeraakt, ik heb Hem aangekeken en Hij heeft naar mij geglimlacht. En de hele tijd heb ik met Hem gepraat. Over hoe bang ik ben om terug naar huis te gaan. Toen hoorde ik Hem binnen in mij: "Ik blijf bij jou tot het einde van je leven." En zo is het. Als ik morgen vertrek, gaat hij gewoon met mij mee. In de taxi, in het vliegtuig, in mijn huis. Overal praat ik met Hem. En als ik Hem iets vraag, geeft Hij mij een antwoord.

Ik troost me met de gedachte dat ik op een dag zal terugkomen. Naar hier, naar Sai Baba. Want als je één keer door Sai Baba bent geraakt, kom je gegarandeerd terug. Wannéér ik terugkom, hangt volledig af van Hem. Als Hij het wenst, ben ik hier volgend jaar opnieuw. Maar ik weet dat Hij mij eerst zal testen. "Ik kan geen mooi juweel maken zonder te slijpen, te snijden en te slaan", zegt hij.

Mijn familie en vrienden zullen negatief reageren als ik thuiskom. "Je zit in een sekte", zeggen ze. Ze begrijpen het niet. Mijn ouders hebben voor mijn vertrek zelfs gezegd: "Als je ooit nog terugkomt van die goeroe, zet je hier geen stap meer binnen." Ook dát heb ik vandaag aan Baba voorgelegd. Toen keek Hij plots in mijn richting en hoorde ik Hem zeggen: "Het geeft niets. Ik ben nu je Vader."

9 FEBRUARI 1999

Altijd en overal is het wachten geblazen. Ook in de eetzaal staan lange rijen, de vrouwen en de mannen netjes gescheiden. Aan de muur hangen kalenderfoto's – besneeuwde Zwitserse bergtoppen, een Scandinavisch meertje, een Hawaïaans strand – telkens met een fotootje van Sai Baba op de voorgrond gekleefd. En verder, de *rules* van de eetzaal. 'Vermijd elke afleiding. Hou je tijdens de maaltijd alleen bezig met je spirituele ontwikkeling. Stem je af op de vibraties van de levende God. Eet uitsluitend voedsel uit de ashramkeuken; het wordt elke dag door Sai Baba gezegend.'

Linzensoep, rijst, broccoli, wortelen, rauwkost, chocoladetaart en koffie schaft de ashrampot. Ons bord is amper leeg als een grote vrouw, Janet, voor ons komt staan. '*Sai Ram, Sai Ram*, vrijwilligers gevraagd om de borden af te wassen.' Ze is een van de vaste krachten die, ook op vrijwillige basis, in de keuken werken.

'Voor hoeveel mensen hebben jullie vandaag gekookt?'

Janet: *(verbaasd)* '*Only Sai Baba knows.*'

'Maar dat moet je toch weten om voldoende maaltijden te kunnen bereiden?'

'Dat is precies het wonder van Sai Baba. Op een dag hadden we maar voor vijfduizend mensen eten gekookt, en onverwacht kwamen er vanuit Whitefield (het buitenverblijf van Sai Baba) duizenden nieuwe bezoekers. Wij bléven maar opscheppen, en de kookpotten raakten niet leeg. En toen Sai Baba zestig werd, hebben wij zeven dagen lang een miljoen mensen gratis eten gegeven. *Sai Ram.*'

Sai Ram. De hele dag weerklinkt die groet in de ashram. '*Sai*' is de Goddelijke Moeder, '*Ram*' is de god Krishna. Wie die spreuk voortdurend herhaalt, reinigt tegelijk hart en ziel.

'*Sai Ram*', zeggen we aan de inkom van de meditatiehal. De *bhajans* in de late namiddag willen we nog meepikken. De wachttijden voor die zangstonden zijn beperkt, omdat de kans dat Sai Baba dan komt binnenwaaien bijzonder klein is.

Met de gekleurde vlaggetjes en de lichtblauwe, roze en gouden beschilderingen lijkt de hal op een kitscherige bonbonnière. Bewakers lopen speurend langs de rijen. Streng manen ze de *devotees* aan beter aan te sluiten, het lichaam beter te bedekken, stiller en rustiger te zijn.

Dan weerklinkt uit de luidsprekers het '*Om*'. De goddelijke oerklank, de oorsprong van elk woord en elk geluid. De *devotees* beginnen te zingen, monotoon en onverstaanbaar. De meesten met de handen geopend in de schoot en de ogen gesloten, anderen strak voor zich uit starend.

Plots ontstaat er beroering in de rijen. Want wat iedereen had gewenst maar nooit had durven te hopen, gebeurt. Hij, de goddelijke Sai Baba, is toch gekomen!

In de verte zie ik een zwarte kop en oranje kleed. Een klein, opvallend figuurtje aan de andere kant van de enorme hal. Mensen schuifelen, rechten hun rug en gaan op hun knieën zitten om beter te kunnen kijken. De Indische vrouw naast mij steekt haar pasgeboren baby omhoog zodat het kind een glimp van de God zou kunnen opvangen. Een bewaakster sist de moeder iets toe. Maar de jonge vrouw heeft alleen oog voor de goeroe, en is zelfs niet boos als de bewaakster het kind hardhandig weer naar beneden duwt. De goddelijke stralen hebben het kind geraakt!

10 FEBRUARI 1999

Om vier uur 's ochtends staan Magdalena en Katlijn op. In mijn ogen gaan ze op een vreemde manier met Sai Baba om. Enerzijds volgen ze het dagritme en de ashramvoorschriften nauwgezet; anderzijds lachen ze om alles, mild en zonder spot.

Ik blijf tot acht uur in mijn bed liggen. Als ik ten slotte buitenkom, ligt alles er verlaten bij. Alleen enkele Indische wasvrouwen zitten voor de deur. Ik geef hen onze vuile kleren en wandel door de straatjes van de ashram.

Stil en aandachtig zitten mensen in groepjes rond de luidsprekers waardoor de stem van Sai Baba galmt. Natuurlijk geraak ik niet meer binnen in de stampvolle meditatiehal, maar toch slaag ik erin een glimp van Sai Baba op te vangen, die als een geboren redenaar de massa toespreekt. Begeesterend en meeslepend, in het Engels, maar onverstaanbaar door de luidsprekers. Even moet ik denken aan de tv-beelden van Hitler en Mussolini. De dreunende stem, de gezwollen toon, de ademloze massa.

Het duurt lang voor een vrouwelijke fanfare de goeroe eindelijk naar zijn huis begeleidt, en de eerste *devotees*, stijf en stram, uit de meditatiehal komen. Bijna vijf uur lang hebben twintigduizend mensen opeengeperst op de grond gezeten.

Marleen holt naar haar kamer om haar bagage op te halen, en heeft nog net tijd om ons voor te stellen aan Bettie, een vijftigjarige ambtenaar uit Borgerhout die een half jaar onbetaald vakantie heeft genomen om in India de nabijheid van haar goeroe op te zoeken.

'Dit is mijn twaalfde bezoek aan de ashram,' vertelt Bettie, 'en zeker niet mijn laatste.'

Bettie: 'In 1975 hoorde ik voor het eerst over Sai Baba. Meteen voelde ik dat er achter die naam een schat verborgen zat. "Als ik Hem écht nodig heb, zal ik Hem weten te vinden", hield ik mezelf voor. Enkele jaren later was het zover. Na de geboorte van mijn eerste kind had ik een zware postnatale depressie. Op een nacht verscheen er een man met een grote, zwarte haardos en een lang oranje kleed in mijn droom.

Ik herkende Sai Baba meteen en besefte dat alleen Hij mij kon helpen. Ik stelde hem allerlei vragen en Hij gaf me duidelijke antwoorden.

Jarenlang bleef ik Sai Baba in dromen en visioenen ontmoeten, en elke keer gaf Hij mij concrete adviezen. Pas na negen jaar, in 1986, vroeg Hij mij om naar Puttaparthi te komen.

Ik stond versteld toen ik zag dat alles hier precies was zoals in mijn dromen. Ik was zo diep onder de indruk dat ik twee maanden in de ashram bleef. Als een compleet nieuw mens ging ik weer naar huis. Als sneeuw voor de zon waren al mijn problemen verdwenen. Eindelijk zag ik wat Sai Baba mij te bieden had: innerlijke vrede.

Precies een jaar later vertrok ik opnieuw naar Puttaparthi. Toen bracht ik voor het eerst mijn kinderen mee naar hier. Mijn zoon was toen negen, mijn dochter zeven.

(stil) Mijn man wilde niets met Sai Baba te maken hebben, en zette zich ontzettend tegen Hem af. Hij zei me vaak dat Sai Baba een clown, een bedrieger, ja, zelfs een misdadiger was. Ik had Sai Baba al vaker de vraag gesteld of ik bij mijn man moest blijven. Hij gaf mij altijd hetzelfde antwoord: "Richt je op mij, en alles zal je duidelijk worden." Zo is het ook gebeurd.'

'"Voor mij hoef je niet hetzelfde te geloven als ik," heb ik vaak tegen mijn man gezegd, "maar van de man met wie ik mijn leven deel, verwacht ik wel een verlangen naar God. Dát verlangen maakt dat ik van een man kan houden." Ik moet toegeven dat mijn man ontzettend zijn best heeft gedaan. Op mijn derde reis naar India is hij zelfs met mij mee gegaan. Maar na één week wilde hij al weg. Dat leidde tot een fikse ruzie. Tijdens de volgende *darshan* besloot ik Sai Baba om raad te vragen. Toen gebeurde er iets wonderbaarlijks. Sai Baba keek mij recht in de ogen en wat ik toen voelde, was wonderbaarlijk. Het was alsof er elektriciteit door mijn lichaam ging. De tranen liepen over mijn wangen en ik hoorde Hem zeggen: "Nu ben je op het punt gekomen om bij je man weg te gaan." Dezelfde dag nog heb ik dat gedaan.'

Met grote ogen staren we Bettie aan.

'Vind je het niet heel verregaand vanwege Sai Baba te scheiden?' vraag ik.

'Misschien wel, maar soms moét er iets pijnlijks gebeuren om de weg vrij te maken voor andere dingen. Die moeilijke periode met mijn man is nu afgesloten. Gelukkig is het allemaal veel vlotter verlopen dan ik had gevreesd. *(straalt)* Nu heb ik ook een vriend die helemaal voor Sai Baba kiest. Je ziet, alles is gebeurd zoals het moést gebeuren.'

'Maar zo klopt het toch altijd? Als je iets goeds overkomt, is het Sai Baba. Als je iets slechts overkomt, is het ook Sai Baba.'

'Maar zo werkt het ook! Er kán niets gebeuren als Hij het niet wil. Alles wat Sai Baba doet, alles wat Hij zegt heeft een bedoeling. Als Hij naar je kijkt. Als Hij niet naar je kijkt. Als je op de eerste rij zit. Als je op de laatste rij zit. Er zijn mensen die járen moeten wachten voor ze een interview krijgen. Er zijn mensen die meteen prijs hebben. Mijn vriend is voor de eerste keer in India, maar hij ligt nu met hoge koorts in bed. Ook dát wil iets zeggen. Zijn ziekte hééft een betekenis. Kun je je trouwens een betere plaats voorstellen om ziek te zijn dan hier?

Volgens Sai Baba functioneren mannen trouwens op een lager spiritueel niveau dan vrouwen. Om hen op een hoger niveau te tillen, blijft Sai Baba tijdens de *darshans* altijd langer aan de mannenkant.'

'Een tijd geleden verschenen er in de media berichten over seksuele perversiteiten. Sai Baba's aandacht voor mannen zou niet zo nobel en onschuldig zijn. Een tijdje geleden zijn er in de ashram ook enkele moorden gepleegd....'

'Laat ze maar zeggen. De pers en de media houden van schandalen. Maar Sai Baba zegt: "Schaam je nooit als iemand iets negatiefs over mij zegt." Neen, trek jullie niets aan van die roddels, en probeer zo lang mogelijk hier te blijven. Breng jullie dagen door met zitten, wachten, mediteren, eten, *darshans*, *bajhans*. Want dat jullie hier zijn, betekent dat jullie hier moéten zijn. Je kunt hier ontzettend veel inspiratie opdoen. Al lijkt het me niet ideaal om hier permanent te wonen.

Uiteindelijk komt het er op aan om Sai Baba gestalte te geven in je dagelijkse leven. Thuiskomen na een verblijf bij Sai Baba, dát is pas een cultuurschok.'

Bettie staat recht en trekt haar sari behendig in de plooi. Ze wil haar vriend nog even zien voor ze weer aan het oplijnen begint. 'Pas maar op,' zegt ze lachend tegen mij, 'ook jij bent nog niet klaar met Hem. Je zult Zijn aanwezigheidheid nog wel voelen.'

11 FEBRUARI 1999

's Nachts kan ik alweer de slaap niet vatten. In het donker grijp ik naar mijn horloge, op het tafeltje naast mijn bed. Maar mijn hand komt terecht in een vreemd-poederachtige substantie. Zacht en stoffig. Verward knip ik mijn zaklantaarn aan, en zie een hoopje grijs poeder op mijn dagboek liggen. '*Vibuthi*,' denk ik plots, 'Het mysterieuze stof van Sai Baba!'

Met een ruk schiet ik recht, wrijf in mijn ogen, en ja, er ligt écht een hoopje asse op mijn spullen. Mijn hart slaat over, ik hap naar adem en hoor mezelf gillen.

Met een ruk schieten Magdalena en Katlijn wakker.

'*Vibuthi*,' schreeuw ik, in paniek, 'Sai Baba is hier geweest.'

'Dat kan echt niet,' sust Magdalena, 'al die verhalen over Sai Baba zijn klinkklare onzin. Dat weet je zelf toch ook?'

'Waar komt die asse dan vandaan? Mijn dagboek zit helemaal onder het stof.'

Bezorgd komt Magdalena op de rand van mijn bed zitten en inspecteert het nachttafeltje.

'Je hebt gelijk', zegt ze verbaasd. 'Al je spullen zitten onder de asse.'

'Het spijt me', zegt Katlijn nu stilletjes. 'Ik had gisteren zo'n zakje *vibuthi* gekocht. 's Avonds leek het mij wel een leuk idee om het over je spullen te strooien. Het was als grapje bedoeld.'

Wat later, als ik er alweer om kan lachen, zegt Magdalena: 'Die Sai Baba en zijn volgelingen maken je nog angstiger dan je al bent. Laat ons straks vertrekken. Naar een minder beklemmend oord. Naar een rustiger plek met wat meer comfort.'

Ik:

'Als zorgzame moeders waken zij over mij.
Geen ogenblik wijken zij van mijn zijde.'

'Angst voor het leven
is eigenlijk
angst voor de dood.'
[Magdalena]

HOOFDSTUK 14

Nooit geboren, nooit gestorven

13 FEBRUARI 1999

In lange, rode gewaden stappen we over de marmeren vloer door kamers die met boeken zijn volgestouwd. De bibliotheek van de goeroe. In de slaapkamer van Osho kijken we naar zijn ultrabrede bed, de luxe-tv, de lederen fauteuil, en we werpen een blik op de chique wc in de glimmende badkamer. Zwijgend schuifelen we verder, door de ontbijtkamer met de kristallen glazen en porseleinen borden naar de zaal waar één indrukwekkend, glimmend exemplaar uit de Rolls-Royce-collectie staat tentoongesteld. Tot slot volgt de *Samadhi*, de glazen ruimte waar geen enkel geluid de stilte mag verstoren, en waar de asse van Osho onder een marmeren gedenkplaat wordt bewaard. 'Osho. Nooit geboren. Nooit gestorven.'

In andere Indische ashrams liggen duizenden plastieken teenslofjes voor de meditatiehal, en zitten de *devotees* op kussentjes van schuimrubber. In Poona staan Birkenstocks op de schoenrekken en vlijen de bezoekers zich neer op verende kussens. De ashram van Osho is een paradijselijke plek, smaakvol en luxueus met vijvertjes en fonteintjes, terrassen en cafeetjes, zuiver water en westers eten, ruimte en schaduw, meditatiezalen en tennisvelden, een zwembad en een fitnesszaal.

'Om écht te begrijpen waar het hier om draait, moet je een *groep* volgen,' raadt een *counselor* ons aan.

'*Breathing in Love* lijkt me echt iets voor jou,' zegt hij tegen mij, 'zo meteen start een korte introductiesessie.'

'*Breathing in Love* brengt meer liefde en bewustzijn in je werk, je relaties, je gevoelsleven, in eten en slapen,' legt Shunyo, de cursusleidster, uit. 'Het is een manier om gezond en ontspannen te blijven, een brug tussen het leven in de ashram en je dagelijkse leven thuis. Begin met diep en krachtig in te ademen, en maak contact met iemand uit de groep tot wie je je aangetrokken voelt.'

Een grote, blonde man komt naast mij zitten en neemt mijn hand in de zijne.

'Vast een Duitser', denk ik, terwijl ik diep blijf inademen.

'Wandel nu samen rond,' klinkt het, 'en vertrouw je al ademend aan elkaar toe.'

De Duitser legt zijn arm rond mijn schouder. Gelaten laat ik hem begaan.

'Blijf nu diep inademen en kijk elkaar lang in de ogen.'

Ik kijk naar de blonde man, en hij naar mij. Zonder lach, stil en ernstig.

'Blijf ademen, diep en hevig, en voel nu elkaars lichaam.'

De Duitser trekt mij tegen zich aan, en opnieuw laat ik hem begaan.

'Ja,' zegt Shunyo, 'geef elkaar maar een flinke *hug*, en voel wat er tussen jullie gebeurt.'

Ik adem de Duitser toe, maar plots zit zijn erectie mij in de weg.

Snel maak ik mij uit zijn omarming los en ga op de grond zitten, veilig naast Shunyo.

Na de sessie legt ze glunderend haar hand op mijn arm. 'Jij bent nieuw hier, hé? En nu zit je hier, pal in het centrum van de meest onvoorstelbare plek op deze planeet. Misschien neemt jouw leven vandaag wel een beslissende wending.'

'Hoezo?'

'Vijfentwintig jaar geleden heeft Osho mijn leven ook totaal omgegooid. Sindsdien besef ik elke dag dat dit alles – deze plek en wat wij hier doen – het belangrijkste experiment is dat de mensheid ooit heeft meegemaakt.'

Shunyo: 'In 1975 woonde ik op een leuk appartementje in Londen. Ik had alles wat ik dromen kon: een fantastische vriend, een boeiende job, een uitgebreide vriendenkring. Maar toch miste ik iets. Op een dag las ik een boek van Bhagwan Shree Rajneesh, *The Silent Explosion*, en raakte ik zo gefascineerd dat ik meteen een Bhagwancentrum opzocht.

Daar maakte ik kennis met de *Dynamic Meditation*. Eerst tien minuten chaotisch ademen, dan tien minuten compleet uitfreaken: stampen, schudden, schokken, schreeuwen. Ik zag mezelf veranderen in een wilde furie, en besefte dat bewustijn veel ruimer is dan ik altijd had gedacht. Tijdens de derde fase van de *Dynamic* sprong ik op en neer, met de armen hoog in de lucht, terwijl ik *"Hoo! Hoo!"* riep en de energie tot diep in mijn sekscentrum voelde trillen. Daarna bleef ik onbeweeglijk staan en begon ik als vanzelf te mediteren.

Zes maanden lang deed ik elke ochtend deze *Dynamic Meditation*. En elke keer opnieuw was ik helemaal van de kaart. Alles wat voorheen belangrijk was, leek plots geen betekenis meer te hebben, en ik had nog maar één wens: de man ontmoeten die mijn leven zo ingrijpend veranderd had.

Dus schreef ik naar Osho – in die tijd heette hij nog Baghwan – dat ik niet wist hoe ik mijn voeten op *Het Pad* moest zetten.

Zijn antwoord was kort: "Kom naar hier, mét of zonder voeten."

Meteen vertrok ik naar Poona, waar ik die eerste maanden enkele therapiegroepen volgde. Soms zaten we dagenlang in een kamer om *onszelf te ontdekken*. Ik herinner me dat ik na een tijdje begon te hallucineren. Ik volgde ook een groep waarin we onszelf drie dagen ononderbroken dezelfde vraag stelden: "Wie ben ik?"

Het waren onvoorstelbare ervaringen die mij in staat stelden mijn gedachten urenlang uit te schakelen, en toch op elk moment mezelf te zijn.

Na dat eerste jaar in Poona stapte er op een dag een vrouw naar mij toe. "Bhagwans *dhobi* (Indische washulp) is vertrokken. Zou jij voortaan Zijn was willen doen?"

Ik was compleet in shock toen ik die vraag kreeg. *(stralend)* En die verrukking is nooit meer overgegaan. Stel je voor, als nieuwkomer mocht ik mee in *Lao Tze* (Osho's verblijven) wonen!

Mijn moeder begreep er niets van. "Ben jij helemaal naar India gegaan om iemands vuile was te doen?" schreef ze. 'Kom meteen naar huis. Je vader laat weten dat zijn kleren ook vuil zijn.'

Osho's was- en strijkwerk was een fulltime job. In het begin waste ik alles met de hand. Dan spetterde ik in het water en gleed ik, dronken van vreugde, over de natte, marmeren vloer.

Ik ging zo op in mijn werk dat ik soms maandenlang niet buitenkwam.

In die wasplaats, recht tegenover Osho's kamer, voelde ik Zijn aanwezigheid zo sterk dat ik soms op mijn knieën viel, met mijn hoofd op de strijkplank. Ik zag Hem niet, maar ik voelde Hem. Hij was er. Zeker weten, het waren de gelukkigste jaren van mijn leven.'

Shunyo stapt op en ik hol naar de *No Dimensions Meditation*, waar ik met Magdalena afgesproken heb. 'Amrito is de man die deze meditatie leidt,' fluister ze nog snel, 'met zijn witte haar, zijn hoge soefihoed en zijn lang, zwart kleed kun je je toch moeilijk voorstellen dat hij in een vorig leven arts was?'

Het eerste halfuur herhalen we steeds dezelfde, schommelende bewegingen. Opnieuw en opnieuw. Daarna tollen we een kwartier lang als dansende derwisjen rond. Ik draai en draai, sneller en sneller tot de rode kleren rondom mij golvende lijnen worden die razendsnel langs mij heen glijden. Mijn hoofd wordt licht en tot mijn verrassing merk ik dat ook mijn angsten in de rode draaikolk verdwijnen. Voor het eerst sinds lange tijd voel ik mij licht en vrolijk, helder en onbezwaard.

Dan gaat de gong, en laten we ons allemaal op de grond vallen. Minutenlang blijven we op het koele marmer liggen tot ons hoofd niet langer tolt. Als ik uiteindelijk mijn ogen open, zie ik Magdalena naast mij liggen.

'Ik wil soefidanseres worden', zeg ik vrolijk.

'Ik ook', zucht ze gelukzalig.

Wat later, in de cappucinobar, treffen we Shunyo en Amrito, samen gebogen over een dikke stapel tekeningen en bouwplannen. 'Ha, de nieuwelingen,' lacht Shunyo, 'kijk, hier ligt ons nieuwe bouwproject. Een luxueus vijfsterrenhotel. Ga de bouwplaats maar eens bekijken. En hier heb je foto's van ons nieuwe Osho-complex in New York. Wat een weg hebben we toch afgelegd. In 1987, toen we hier arriveerden, was hier niets. Geen tuin, geen vijvers, geen marmeren Boeddha-hal. Slechts vier gammele gebouwtjes.'

'Buiten de ashram zitten heel wat bedelaars', zeg ik voorzichtig. 'Knaagt dat niet een beetje?'

Amrito: *(spottend)* 'Je christelijke achtergrond speelt je parten. Het is toch een absurd idee om de armen, de hongerigen, de blinden en de zieken te gaan helpen? Ondanks alle goedbedoelde liefdadigheid zijn er in dit land miljoenen armen méér dan tweehonderd jaar geleden. Met al die mooie, sociale, politieke of christelijke idealen kom je nergens. Alleen als het individu verandert, zal er in de maatschappij iets fundamenteels veranderen.

Door Osho heb ik beseft dat alle politieke, sociale en religieuze systemen bullshit zijn, en dat persoonlijke groei het enige is wat telt.' 'Er is alleen jij,' zei Osho, 'en jij moet het doen.'

Dát inzicht maakte dat ik mijn artsenpraktijk liet staan en Osho's lijfarts werd.'

Shunyo: 'Geloof me, Osho heeft ontzettend veel moeite gedaan om ons te overtuigen dat Hij een gewone man was. Maar dat was Hij niét. Hij was Verlicht. Niets kon hem uit zijn evenwicht brengen. Hij was een levend voorbeeld van wat Hij ons probeerde te leren. *Liefde zonder je te hechten. Leven in het nu*. Hij had geen ego, geen menselijke persoonlijkheid, geen verlangens en geen ambities. Hij was ook ontzettend belezen. Per week las hij wel honderd boeken: over filosofie en psychologie, over Jezus en Boeddha, over soefisme, zen, taoïsme, hindoeisme. 's Ochtends, om acht uur, gaf hij een uiteenzetting en 's avonds, om zeven uur, gaf hij *darshan*. Maar vanaf 1981 kreeg Hij gezondheidsproblemen en verhuisden we naar de Verenigde Staten.'

'Dat was meteen ook het begin van een grote schandaalperiode', herinner ik mij. 'De enorme ranch in Oregon, de tientallen Rolls-Royces, de seks- en geldschandalen, de zwaarbewapende veiligheidstroepen en de wachttorens. Alles bij elkaar toch niet zo'n fraai verhaal?'

Shunyo: 'Ach, in het begin ging alles goed. In het midden van de woestenij verscheen in een mum van tijd een heuse stad voor duizend bewoners en tienduizend bezoekers. Er was een hotel, een enorme kantine, een disco, een groentenkwekerij, medische voorzieningen, een dam en zelfs een luchthaven. Maar Osho leidde een teruggetrokken leven en had weinig contact met zijn mensen. Hij stond vroeg op, bracht veel tijd door in Zijn zwembad, luisterde naar muziek, en kwam alleen buiten voor een ritje met een van Zijn Rolls-Royces.'

Amrito: 'Ach, die heisa rond zijn Rolls-Royces. Wij vonden dat helemaal niet erg. Integendeel. Die Rolls-Royces waren het symbool van Osho's boodschap. Zij vertellen dat er niets mis is met dure en mooie dingen, met luxe en rijkdom. Het bestaan is overvloed en het komt er gewoon op aan van rijkdom en welvaart te genieten.

Door die Rolls-Royces zal hopelijk niemand het nog in zijn hoofd halen Gandhi of Moeder Teresa te gaan spelen. De winkel van Moeder Teresa en Gandhi draait verdorie op armoede! Ze krijgen de Nobelprijs omdat ze arme kindjes van de straat halen. Zo pathetisch.

(boos) In die tijd probeerden ze gewoon iéts te vinden om Hem te pakken. À la limite konden ze het niet hebben dat een niet-blanke, niet-christelijke man met een lang kleed en een vloot dure wagens een stad had gesticht waar gezin en privé-eigendom niet van tel waren, waar iedereen vegetariër was, rode kleren droeg en in de straten danste. En dat middenin *redneck cowboy country*! Je kon je in die streek geen grotere provocatie voorstellen.'

Shunyo: 'Uiteindelijk werd Osho veroordeeld tot tien jaar gevangenisstraf met uitstel. Wegens belastingsfraude en geknoei met de immigratiewetten. Hij betaalde een half miljoen dollar boete, en moest onmiddellijk het land verlaten.

Na zijn uitwijzing uit Amerika begonnen wij aan een wereldreis om een nieuw onderkomen te vinden. Met Osho in de eerste jet, en wij – zijn huishouding – in de volgende, vlogen we de aardbol rond. Ik heb de was gedaan in een stenen hutje in Nepal, in een hotelkamer in Kathmandu, in een badkamer in Kreta, in een keuken in Uruguay, in een slaapkamer in Portugal, en nergens mochten we blijven. Uiteindelijk kwamen we allemaal opnieuw terecht waar we begonnen waren: in Poona.'

'Weet je wat ik zo vreemd vind op deze plek?' zeg ik.' Ik heb hier nog geen enkel kind gezien.'

Amrito: 'Dat klopt. Met kinderen houden wij ons niet bezig.'

'Zijn er hier dan nooit kinderen of zwangere vrouwen geweest?'

Amrito: 'Natuurlijk zullen er wel zwangerschappen en abortussen geweest zijn. Misschien zijn er zelfs mensen die kinderen hebben gekregen, maar ik heb ze niet gekend. Volgens Osho is zwanger worden *"a pretty dumb thing to do"*. Wat voor zin heeft het je leven te besteden aan zo'n banaal biologisch fenomeen? Hoe kun je nu de zorg voor een ander leven op je nemen als je niet eens in staat bent om op een behoorlijke manier voor jezelf te zorgen? Osho's voorstel voor deze planeet is heel eenvoudig: absolute geboortecontrole.'

'Heb jij dan nooit moedergevoelens gekoesterd, Shunyo?'

Shunyo: 'Toch wel. Op mijn twintigste kreeg ik een kind. Maar omdat ik niet gehuwd was en niet genoeg geld had, heb ik het afgestaan. Daarna ben ik een tijd heel depressief geweest, want die zwangerschap was het mooiste wat ik ooit had meegemaakt. Maar na enkele weken *Dynamic Meditation* ontdekte ik dat meditatie net hetzelfde gevoel van eenwording kan opwekken als een zwangerschap. Sindsdien heb ik besloten voorrang te geven aan mijn eigen *geboorte*. Liefdesrelaties in de ashram worden dus niet bezegeld met een kind. Ook niet met een huwelijk trouwens. Volgens Osho zou een koppel nooit langer dan enkele vakantiedagen samen mogen blijven. Hoe meer ruimte er tussen een koppel is, hoe levendiger de liefde.

Osho vertelde ons vaak het verhaal van een man en een vrouw die erg verliefd waren. Toen de man wilde trouwen, stelde de vrouw één voorwaarde. Dat ze apart zouden wonen. Elk in hun eigen huis, met een groot meer tussen hen in. En dat hun ontmoetingen altijd toevallig zouden zijn.

In het begin vond ik dat een vreselijk verhaal. Maar na een tijdje begreep ik dat alleen ruimte en afstand een relatie fris, jong en levendig kunnen houden. Met mijn minnaar Milarepa heb ik zeven jaar een relatie gehad, maar nooit heb ik met hem samengewoond.

Op een dag hoorde Osho dat ik vreselijk van streek was omdat Milarepa de nacht wilde doorbrengen met een goede vriendin van mij.

"Als zulke dingen zelfs hier niet kunnen, waar dan wel?" wees hij mij terecht. "Als zelfs mijn mensen niet in staat zijn hun minnaars de vrijheid te geven om ook van andere mensen te genieten, wat onderscheidt hen dan van de rest van de wereld?"

Zijn woorden raakten mij. "Als Osho zo geduldig met mij is, kan ik toch wel zo liefdevol zijn om mijn twee vrienden samen te laten slapen?"

Toen ik de volgende dag zag hoe gelukkig Milarepa en mijn vriendin waren, begreep ik dat Osho's liefde dat mogelijk had gemaakt. En dat ik nog met heel wat jaloersheid en bezitterigheid moest afrekenen.'

Amrito: 'Op een bepaald moment werd Osho de *seksgoeroe* genoemd door mensen die niet eens wisten wat hij over seks te vertellen had. De wereld is geobsedeerd door seks, maar kent de grens niet tussen blinde losbandigheid en het ongeremd laten stromen van seksuele energie. Osho had tenminste de moed ons die grens te tonen. In tegenstelling tot de meeste religieuze leiders heeft hij seks nooit veroordeeld. Integendeel, volgens Osho is seksuele vrijheid een belangrijke stap naar de Verlichting. Als je iets doet, moet je het totáál doen. Als je van seks iets wilt maken dat hoger en vrijer is dan de dwingende seksuele behoefte, moet je er eerst helemaal *in*gaan. Zelf ben ik ook een hele tijd duchtig in de seks ondergedoken, maar die periode is achter de rug. Ik ervaar nu wat een vrijheid het geeft om niet meer voortdurend met seks bezig te hoeven zijn. Zoals Osho zegt: *"How long can you go on doing push-ups?"*

Maar kom, ons persoonlijk verhaal heeft weinig belang. Je moet zelf uitzoeken wat Osho voor jou betekent. Wat doet bijvoorbeeld de *White Robe Brotherhood* jou? Dát is de beste test!'

De *White Robe Brotherhood* is het hoogtepunt en meteen ook de afsluiting van de dag.

In lange, witte kleren laten we ons aan de ingang van de Boeddhahal besnuffelen door getrainde *devotees*. Wie naar stof, vuil, zweet of parfum ruikt, komt er niet in. Daarna zoeken we tussen de duizenden, witgeklede bezoekers, een plaatsje op de grond. Eerst mediteren we een kwartier in stilte. Daarna is het tijd om een kwartier *uit te freaken* om dan, hijgend en bezweet, naar een videopreek van Osho te luisteren. Het moet gezegd, ik vind hem spits en leuk, helder en zinnig.

"... Niemand kan jou vertellen wat de zin van het leven is. Naar de Himalaya gaan helpt niet. Zoek de zin van het leven niet bij mij. Zoek hem niet in boeken. Zoek hem niet in slimme verklaringen. Die geven uitleg, maar geen antwoord. Als je wilt weten wat de zin van het leven is, moet je niet proberen het van iemand anders te weten te komen. Jij bent de sleutel. Alleen diep in jezelf kun je de zin van jouw leven vinden..."

Na de *White Robe Brotherhood* slenteren we de ashram uit, richting *Germany Bakery* waar volgens orthodoxe sannyasins 'alle negatieve energie van Poona zit samengepropt'. In dit café, bekend om zijn bier en uitstekend gebak, wordt om Osho gelachen. Hier zitten de afvalligen en de non-believers, de ashrambezoekers die de meditaties en de rode gewaden beu zijn én de sceptische mannen die zich door hun vrouw of vriendin naar India hebben laten meetronen. Hier worden wereldse zaken besproken, zoals de prijs van een Indische borstprothese of een vals gebit.

14 FEBRUARI 1999

Vandaag zit de Boeddha-hal stampvol. Om te gedenken dat Osho, negen jaar geleden, zijn lichaam verlaten heeft. Speciaal voor deze gelegenheid zijn duizenden bezoekers naar de ashram gekomen, en honderden devotees hebben precies deze dag uitgekozen om sannyasin te worden. Vol verwachting zitten de kandidaat-volgelingen op de marmeren vloer, omringd door duizenden feestvierders. Voor Osho's lege stoel staat een podium, waarop zes witgeklede sannyasins de nieuwelingen inwijden. Shunyo is een van hen. Onafgebroken zingt en lacht ze, het hoofd achterover, de armen hoog in de lucht. Als een *devotee* voor haar komt zitten, sluit ze met haar ene hand zijn ogen en stuurt ze met haar andere hand Osho's energie naar zijn hartchakra.

De massa zingt en danst, wild en uitgelaten, de ogen gesloten, de armen hoog in de lucht. De muziek gaat sneller en sneller, mensen beginnen te gillen en te roepen, tot de massa in een geweldige apotheose 'Osho! Osho! Osho!' schreeuwt.

Bloesems dwarrelen naar beneden. Ik kijk omhoog en zie in de nok van de koepel op een ijzeren stelling een roodgeklede man die handenvol bloemblaadjes naar beneden gooit.

Moe van het urenlange ritueel wandelen we langs de *Club Meditation*, de zone voor 'creatieve ontspanning' met tennis- en badmintonvelden, fitnesscentrum en schoonheidssalon, sauna en jacuzzi. Door de gaatjes van de zwembadomheining zie ik de Indische keukenboys gluren naar de strings en de Osho-rode bikini's van slanke en gebronsde *devotees*.

Op een van de terrasjes bestellen we een drankje.

'Wat een gedoe', zucht ik tegen Magdalena.

'Ach, je moet daar gewoon om glimlachen. Ik heb hier trouwens een boek van Osho gekocht, in Nederlandse vertaling. *De kunst van het sterven*. Ik vind dat Osho best zinnige dingen zegt. Luister.

"We denken dat de dood het einde is, de vijand van het leven. Maar dat klopt niet. Want leven en dood zijn geen tegenstellingen, maar vullen elkaar aan: zoals eb en vloed, dag en nacht, zomer en winter.
Wie zichzelf tegen de dood afschermt, is niet meer in staat om te leven.
Als je werkelijk wilt leven, moet je bereid zijn te sterven."

Gisteren zat ik hier onder een boom, bij een vijvertje, en voelde ik plots precies hetzelfde: dat er geen verschil is tussen leven en dood, tussen mezelf en de rest, tussen hier en thuis, tussen gisteren en morgen.' Dat gevoel heb ik thuis soms ook, gewoon in mijn tuin.'

'Misschien ben jij wel verlicht', grap ik. 'Als jij over *thuis* spreekt, kan ik alleen maar denken: "Ik mis thuis."'

'Weet je wat dan helpt? Uitzoeken wat je hier écht leuk vindt.'

'Het enige wat ik hier fijn vind, is het soefidansen en het zwembad in de Club Med.'

'Dan hoef jij hier niets anders te doen dan te soefidansen en aan het zwembad te liggen.'

★

Na onze Indiareis gaan we beiden weer aan het werk, en raakt ons boek voor de tweede keer onder het stof. Na de goeroes hebben we het echt wel gehad.

Op een dag stoppen we onze dagboeken, brieven, nota's en foto's in een grote doos.

'Zij en ik', *schrijft Magdalena er in dikke letters op.*

'Ziezo, grootse schrijf- en stapprojecten hoeven voorlopig niet meer', zegt ze.

'Ja,' beaam ik volmondig, 'we kunnen ook gewoon vrienden zijn.'

DEEL II

Tussen leven en dood

Café

MAART 1999 – SEPTEMBER 2005

We blijven vriendinnen.

Zij gaat opnieuw uit werken en doet haar job met zichtbaar plezier. Haar vakantiedagen spaart ze op tot ze voldoende vrije tijd heeft om een – kortere of langere – staptocht te maken.

Zij krijgt er een kleinkind bij en ik verlies mijn moeder.

En wat niemand heeft verwacht – mijn man en ik zeker niet – gebeurt toch. In 2004 krijgen we er een vijfde kind bij. Omdat ik zelf geen moeder meer heb, vraag ik aan Magdalena, die een stuk ouder is dan ik, om Hope's grootmoeder te worden. Met veel plezier en toewijding neemt ze die taak op zich. Dankzij Hope zien wij elkaar nu meer dan ooit.

Haar liefdesleven bloeit, maar nooit streeft zij een exclusieve, levenslange relatie na. Na mijn eerste grote maar uiterst verwarde reis naar India begin ik aan een reeks reportagereizen naar verre en moeilijke bestemmingen. Als ik weer eens op pad ga, stelt Magdalena steevast voor om Hope enkele dagen op te vangen. Op die manier helpt ze mijn man en mij doorheen de drukke periodes.

Mijn leven is druk. Over 'ons' boek spreken we niet meer en ook mijn dagboeken raken onder het stof. Heel af en toe schrijf ik een stukje.

Tussen maart 1999 en september 2005 vind ik slechts enkele passages over Magdalena terug.

In september 2003 wordt Magdalena vijfenvijftig en heeft ze het over haar lijf en leeftijd. Op dat moment blijven we nauwelijks stilstaan bij wat ze vertelt. Nu herlees ik die passages met dichtgeknepen keel.

12 SEPTEMBER 2003

Zij*:* '(...) Op zich betekent mijn leeftijd niets voor mij. Natuurlijk merk ik wel dat ik ouder word, maar daar heb ik geen last van. Het stappen gaat iets trager, en ik recupereer ook wat minder snel. Maar ouder worden heeft ook voordelen. Ik voel minder druk dan twintig jaar geleden. En op een bepaalde manier voel ik mij beter in mijn lichaam dan ooit. Dankbaar ook om alles wat mijn lichaam mogelijk heeft gemaakt. En die stempels van mooi of lelijk, dik of dun? Daar heb ik nooit bij stilgestaan. Want het genot – van stappen, seks of wat dan ook – wordt niet minder omdat je meer rimpels hebt.

Een paar weken geleden had ik heel even een moment van paniek: "Help, ik voel iets in mijn hals." Plots was er die massieve angst: "Dit is lelijk mis. Het zal wel kanker zijn. Straks ben ik dood." Dat was even heel akelig, *(lacht)* maar na tien minuten was het al voorbij. Nu ben ik vooral blij dat ik die angst even gevoeld heb. Dan besef je pas hoe licht en kwetsbaar het leven is. (...)'

Noch in mijn dagboek, noch in onze gesprekken houdt dat voorval ons verder bezig.

Zij neemt zich voor eens langs de dokter te gaan, en stapt meteen over op een ander thema: haar nieuwe minnaar.

Zij: 'Hij is een oude vriend die ik onlangs opnieuw tegen het lijf liep. We hebben ooit iets met elkaar gehad, maar daar heb ik slechts vage herinneringen aan. Zijn geheugen is blijkbaar beter dan het mijne. Hij vertelde me hoe we, op vakantie met een stel vrienden, gingen zwemmen. Hoe hij mij, na de zwempartij, op mijn buik in de zon zag liggen, mijn huid vol waterdruppeltjes. Hoe hij toen een onweerstaanbaar verlangen voelde om die druppels een voor een van mijn huid te likken. Ik was meteen verkocht toen hij die oude herinneringen weer opriep.'

Meer wil ze niet over hem kwijt. Alleen nog dat ze niet van plan is 'een echte relatie' met hem te beginnen. Daar heeft ze, naar eigen zeggen, geen enkele behoefte aan.

Een paar weken later vertelt ze me dat ze naar het ziekenhuis is geweest om dat 'ding' in haar hals te laten onderzoeken.

Zij: 'Ze hebben mij gerustgesteld. "Maak je geen zorgen, dit type gezwel is onschuldig, en wordt ook niet zo gemakkelijk kwaadaardig."'

Ik: 'Moet je iets speciaals doen? Medicijnen? Een behandeling?'

Zij: 'Neen, dat hoeft allemaal niet. Maar het is wel belangrijk dat ik geregeld op controle ga. Halfjaarlijks, hebben ze mij aangeraden.'

Ik: 'Dat ga je toch doen?'

Zij: 'Natuurlijk. Nu een ander onderwerp graag.'

Ik: 'Oké. Je minnaar dan. Zie je hem nog?'

Zij: 'Ja, hoor. En het is nog altijd superfijn.'

Ik: 'Dus wordt het stilaan toch "een echte relatie"?'

Zij: 'Maar neen, we passen totaal niet bij elkaar. Echt waar, je kunt je geen twee méér verschillende personen voorstellen dan wij. Hij kan zijn gevoelens niet verwoorden, maar is wel een geweldige minnaar. Hij brengt nooit bloemen mee, maar is ontzettend op mij gesteld.'

Ik: 'En jij? Ik denk dat je verliefd bent.'

Zij: 'Ben je gek? Zoveel stelt het niet voor. Af en toe een afspraakje. Meer moet dat niet zijn.'

'Toch denk ik dat ze verliefd is,' schrijf ik in mijn dagboek, 'ook al doet ze alles om mij van het tegendeel te overtuigen. Ik zie het aan haar ogen, de kleur op haar wangen, de manier waarop ze lacht. Ja, zelfs aan de manier waarop ze zich kleedt. Eleganter, vrouwelijker. Maar verliefd zijn, neen, dat past niet in haar filosofie. Dat is haar niet "onthecht" genoeg.

Om precies dezelfde reden vrees ik dat ze die halfjaarlijkse controles in het ziekenhuis snel achterwege zal laten. Ook dát past niet in haar filosofie. Zij in een ziekenhuis? Zij en dokters? Neen, die combinatie zint haar niet.'

Maandenlang doet Magdalena moeite om haar nieuwe liefde te minimaliseren. Voor mij, maar vooral voor zich zelf. 'Verliefd? Ik? Geen sprake van.' Maar ik geloof haar niet.

'En? Zie je hem nog?' vraag ik haar elke keer.

'Ja, zo af en toe', wimpelt ze me dan af.

'Wanneer krijg ik hem eens te zien?'

'Nooit. Want ik ben niet van plan om ermee door te gaan.'

Vanaf januari 2004 klinkt ze plots helemaal anders.

'Verdorie, ik begin hem echt graag te zien. Hij gaat onder mijn vel zitten. Als je elkaar zo vaak ziet, raak je echt aan elkaar verslaafd. Mijn huid snakt naar hem. Mijn lijf schreeuwt om zijn lijf. Elke keer opnieuw belanden we onder de lakens. Alleen om iets te eten komen we af en toe ons bed uit.'

14 AUGUSTUS 2004

Al zo lang ken ik Magdalena, en nog altijd ontdek ik nieuwe mannen in haar leven. De ene houdt ze uit mijn buurt, de andere stelt ze aan mij voor.

Als ik bij haar binnenspring, zit ze in de tuin bij een vuurtje, met een oude vriend. Ik maak aanstalten om weer op te stappen, maar ze houdt me tegen en geeft me een glas wijn.

Zij: 'We kennen elkaar al dertig jaar, van in de jaren zeventig. Hij was toen priester, ik druk bezig met het opzetten van allerlei alternatieve projecten. *(tegen hem)* Maar intussen ben jij al lang geen priester meer.'

Hij: 'En jij wil de wereld niet langer veranderen.'

Zij: 'Toch zijn we elkaar al die jaren blijven zien. Waarom eigenlijk?'

Hij: 'Omdat we elkaar begrijpen.'

Zij: 'Omdat jij mij de juiste vragen stelt. Omdat ik je graag zie.'

Hij: 'Die liefde is wederzijds.'

Ik : 'Zijn jullie ooit geliefden geweest?'

Zij: 'Neen. Dat denk ik niet.'

Zij:

'Mijn huid snakt naar hem.

Mijn lijf schreeuwt om zijn lijf.'

Hij: 'Wel heel geïnteresseerd in elkaars leven.'

Zij: 'Vertel op. Hoe is het met jou?'

Hij: 'Een goede vriend van mij is net gestorven. Toen hij zwaar ziek was en in ademnood raakte, vroeg hij om euthanasie. Ik begreep zijn vraag zo goed, maar toch was ik compleet in de war. Op de bewuste dag, op het bewuste uur was ik helemaal van de kaart. Het voelde zo vreemd aan, precies te weten wanneer hij zou sterven. Zo raar en onwezenlijk. Rationeel klopte het allemaal: de euthanasie, het feit dat de kinderen erbij waren. Ik stond pal achter zijn beslissing, en toch vond ik het akelig. Ergens wringt het. Begrijp je dat?'

Zij: 'Ach, de dood houdt mij totaal niet bezig. Ik ben niet bezig met de grote dingen, maar met de kleine. Kampvuurtjes maken in mijn tuin bijvoorbeeld. Liefst met mijn kleinzoontje erbij. Dan zijn we urenlang met het vuur bezig. Dan steken we stokken in de vlammen en maken we met de gensters tekeningen in de lucht. Als hij moe wordt, komt hij op mijn schoot zitten. Dan valt hij in slaap, terwijl ik met mijn stok in het vuur pook. Dát zijn de mooie momenten van mijn leven. Zo tijdloos, zo *schoon*. Dat gaat niet louter om mijn kleinzoon en ik. Dat heeft iets allesomvattends, iets koesterends, iets veiligs.'

Hij: 'Iets religieus ook?'

Zij: 'In elk geval iets... voorbij al de rest. Godsdienst is meer iets voor jou, niet? Jij was toch priester-jezuïet?'

Hij: 'In een vorig leven, ja.'

Zij: 'Wat blijft er nog over van je geloof? Bid je nog? Geloof je nog in God?'

Hij: 'Dat is een moeilijke vraag. Ik bid niet meer. Ik mediteer niet meer. Tegelijkertijd heb ik steeds meer het gevoel en de overtuiging dat de kosmos is ontstaan uit iets wat ik *liefde* zou noemen. Ja, ondanks alle ellende en miserie in de wereld. Misschien is die overtuiging ook wel een vorm van geloof. En jij, hoe zit het met jouw geloof?'

Zij: 'Stappen is nog altijd mijn geloof. Als ik ga stappen, heb ik het gevoel dat ik doe wat ik moet doen. Oké, ik weet dat het volstrekt zinloos is om van punt A naar punt B te stappen. Daarmee verbeter je de wereld niet. Toch weet ik dat het *juist* is om te stappen. Het houdt mij dicht bij de essentie. Alles blijft klein en eenvoudig. Ik vind stappen ook meditatief. Het heeft iets helends. Het verbindt mij met de natuur, met alles wat leeft. Je stapt van mens tot mens, van landschap tot landschap. Zo trek je een spoor en verbind je de dingen. Natuurlijk weet ik dat sommige landen waar ik doorheen trek, in oorlog zijn. Maar toch verbind ik ze op een of andere manier.'

Hij: 'Hoe oud ben jij eigenlijk?'

Zij: 'Zesenvijftig. Straks zevenenvijftig.'

Hij: 'Tja, zesenvijftig en tweeënzeventig jaar, dat is een flink leeftijdsverschil.'

Zij: 'Maar jij doet dat goed, hoor, ouder worden. Alleen de trekken en rimpels in je gezicht verraden je leeftijd. En hoe gaat het met de liefde?'

Hij: 'De laatste jaren slaag ik er steeds beter in mij over te geven aan de vrouw van wie ik hou. De grootste uitdaging van de liefde is dat je je verbindt, maar je toch vrij blijft voelen. Lukt dat jou een beetje?'

Zij: 'Ik ben al een jaar bezig met het beëindigen van een relatie.'

Hij: 'Al een jaar lang?'

Zij: 'Ja. Dat is leuk, hoor, het beeïndigen van een relatie.'

Hij: 'O ja?'

Zij: 'Dat gaat met vallen en opstaan, en vooral met veel leuke ontmoetingen tussenin. Ik wil nooit een bruusk afscheid. Dus blijf ik daar wel een tijdje mee bezig. Een afscheid kun je zo lang laten duren als je zelf wilt.'

Hij: 'Misschien ben je over tien jaar nog altijd bezig die relatie af te ronden.'

Zij: 'Wie weet. Ik heb trouwens nog nooit in mijn leven een relatie echt beëindigd.'

Hij: 'Die mannen blijven dus altijd in je leven aanwezig?'

Zij: 'Ja, op de een of andere manier blijven ze allemaal. Je kunt een relatie van vorm veranderen, maar nooit beëindigen.'

Hij: 'Je kunt toch breken met iemand.'

Zij: 'Ja, en elkaar niet meer zien. Maar dan nog leeft die relatie verder...'

Hij: 'In jezelf.'

Zij: 'En zo kom je aan honderd mannen of vrouwen in je leven.'

Hij: 'Zoveel?'

Zij: 'Ach, het aantal doet er niet toe. Belangrijker is dat een relatie nooit eindigt. Hooguit krijgt ze een andere vorm. De essentie is dat een mens zich kan verbinden. Als ik 's avonds bij mijn vuurtje zit en ik kan mij één voelen – met een kind, een minnaar of het grote geheel – voel ik mij hemels. Als dat niet lukt, voel ik mij verdomd alleen.'

Café
Coulonges

Ik:

'Het kan niet waar zijn. Het is een slechte grap.

Ze liegt. Het is haar eigen schuld.'

'Ik zit op de wip.
Ik wil leven, maar
ik wil ook wel doodgaan.'
[Magdalena]

HOOFDSTUK 15

Het verdict

4 OKTOBER 2005

Mail van Magdalena:
'Lieve Annemie,
Vandaag is het verdict gevallen.
Ik heb kanker.
Ze stellen mij een operatie én bestralingen én chemotherapie voor.
Het alternatief is doodgaan. Stikken.
Ze hebben zoveel gezegd, en ik heb zo weinig onthouden.
Mijn eerste reactie is dat ik voor het alternatief kies.
Doodgaan dus.
Al wil ik wel niet stikken.'

Ademloos lees ik haar woorden. Opnieuw en opnieuw. Ik kan mijn ogen niet geloven. Ik kan haar boodschap niet geloven. Het kan niet waar zijn wat ik lees. Het is een slechte grap. Ze liegt. Het is haar eigen schuld. Ze heeft zich niet laten onderzoeken. Ze heeft met haar gezondheid gespeeld. Hoe kon ze zo achteloos zijn? Zo dom, zo naïef, zo hoogmoedig.

Ik antwoord niet. Ik spring in mijn wagen en rijd naar haar toe. Ik stop onderweg en grijp mijn telefoon. Ik bel haar op.
'Is het waar?' fluister ik.
'Het is waar.'

5 OKTOBER 2005

Magdalena schrijft:

'Door mijn hoofd spoken de adembenemende uitspraken van gisteren.

"We zullen beginnen met twee maanden ziekteverlof, mevrouw. Maar ik denk niet dat u ooit nog zult gaan werken."

"Als ik uw foto's goed bekijk, voorspel ik u dat u binnen drie weken ernstige slik- en ademhalingsmoeilijkheden krijgt."

"Als u ons advies volgt – operatie én bestralingen én chemotherapie – heeft u bijna 50 procent kans dat u binnen tien jaar nog leeft."

"Neen, ook mét bestralingen kunnen we de kanker niet helemaal wegkrijgen."

Over een eventuele operatie:

Ik: "Ik denk dat ik geen operatie wil."

Hij: "Mevrouw, u heeft een kankergezwel. U bent doodziek."

Hij: "U moét deze operatie ondergaan, mevrouw. U heeft gewoon geen keuze."

Hij: "U zult bij deze operatie uw stem verliezen. Maar dat mag geen reden zijn om deze operatie te weigeren, uw stem verliest u sowieso."'

7 OKTOBER 2005

Met z'n vieren zitten we rond mijn keukentafel. Zij en ik, mijn dochter Josefien (13) en mijn vriendin Lieve. Met ingehouden adem luisteren we naar Magdalena.

Zij: 'Waar zal ik mijn verhaal beginnen? Vandaag of vorige week? Precies één week geleden ben ik naar de dokter gegaan. Omdat ik van plan was om duizend kilometer in Spanje te gaan stappen, dacht ik: "Toch maar even naar dat rare gezwel in mijn hals laten kijken." De dokter onderwierp mij meteen aan een hele reeks onderzoeken.

Drie dagen geleden had ik opnieuw een afspraak om samen de uitslagen te bespreken. Zijn boodschap was verpletterend.

Dit is het verdict. *Ik heb kanker. Mét uitzaaiingen. De kanker zit al in mijn bloed. Ik zal nooit meer gaan werken. Mijn luchtpijp is al flink afgekneld. Mijn stembanden zijn al aangetast.* "Ik begrijp niet dat je nog geen ademhalingsmoeilijkheden hebt", zei de dokter.

(stil) Eerlijk gezegd, het ademen valt mij al een tijdje wat moeilijk. Maar daar heb ik nooit bij stilgestaan.

"We gaan je zo snel mogelijk opereren", zei de dokter. "Die operatie zal zwaar zijn, en je zult je stem verliezen. Maar zo kunnen we de schade toch grotendeels beperken. Na de operatie zullen we je met radioactief jodium behandelen. Op die manier kunnen we nog een hele tijd de verdere groei van de kankercellen vertragen."

"Help! Ik ga stikken!" was mijn eerste reactie. "Er zit niets anders op dan mij te laten opereren."

Terug thuis, na de eerste schok, wist ik plots heel zeker: "Neen, ik wil die operatie niet. Ik wil niet worstelen met die kanker. Die kanker is er, en dáár zal ik mee leven."'

'Sterven, bedoel je,' zeg ik boos. Om mijn verdriet te bezweren kan ik alleen maar boos op haar zijn. Neen, niet boos, maar woest. Razend kwaad ben ik op haar. Elke dag een beetje meer.

'Neen, niet sterven,' zegt ze stil, 'ik wil leven.'

'Twee jaar geleden heb je dat gezwel voor het eerst gevoeld. Daarna had je je geregeld moeten laten onderzoeken.'

'Toegegeven, ik ben sindsdien niet meer op controle geweest. Ik dacht er gewoon niet meer aan. Maar twee jaar lang ben ik heel gelukkig geweest. Ik heb met mijn kleindochter de Niagara Waterfalls bezocht. Ik ben in de woestijn en in Corsica gaan stappen. Ik heb twee prachtige zomers in mijn tuin beleefd. En toch, als ik nu op die periode terugkijk, lijkt het alsof ik de hele tijd ben bezig geweest met loslaten en afscheid nemen. En ja, intussen wéét ik dat ik mijn geliefden kan loslaten. Daar ben ik in getraind. Het is precies zoals stappen: je neemt je rugzak, je trekt de deur achter je dicht en je loopt de straat uit.'

'Zonder nog even aan je geliefden te denken?'

'Rustig maar,' probeert Lieve mij te kalmeren, 'probeer nu toch eens te luisteren naar wat ze je wil duidelijk maken.'

'De kleinkinderen, dát zal het moeilijkste zijn', slikt Magdalena. 'Mijn oudste kleindochter, nauwelijks dertien jaar, maar zo wijs en verstandig. Met haar heb ik dertien intense jaren beleefd. *(denkt na)* Met mijn kleinzoon heb ik nog niét voldoende tijd doorgebracht. Maar dát wil ik nog goedmaken. Drie dagen geleden, op de dag van mijn diagnose, heb ik urenlang met hem gespeeld en *gecomputerd.* Daarna hebben we samen naar een mooie natuurfilm gekeken, *Leven in het gras.* Dan is er nog Hope, jouw kind en mijn adoptiekleinkind. Ik heb al zo genoten van haar, al zoveel tijd met haar doorgebracht. Hope komt sowieso op haar pootjes terecht, ook zonder mij. Ten slotte is er die kleine baby die nog geboren moet worden. In december, in Amerika nog wel. Dát is pas een zware dobber. "Hoe kan ik een goede oma zijn voor een kind aan de andere kant van de wereld?" heb ik mij al zo vaak afgevraagd. Ik had het allemaal zo mooi bedacht. Elke twee maanden zou ik een week gaan babysitten in Amerika. *(zucht)* Dat zal dus ook niet doorgaan. Mijn zoon is halsoverkop naar Belgie gevlogen, en is nu de hele week bij mij. We hebben al uren gepraat, en nu wéét ik: "Die baby is oké." Misschien is hij zelfs nog het best af. Hij zal mij in elk geval niet missen, want hij zal mij nooit gekend hebben.'

Ik zwijg en doe mijn best om haar niet te onderbreken.

'Zover sta ik dus, op nauwelijks drie dagen tijd. En het begint steeds meer op een staptocht te lijken. Dat gevoel van: geen sporen achterlaten, ongemerkt door het landschap wandelen en aan de einder verdwijnen. In die zin verwacht ik ook ontzettend veel van de mensen die mij dierbaar zijn. *(tegen mij)* Zeker van jou. Dat je me láát vertrekken. Zo gewoon en rustig mogelijk. Zonder veel gedoe. Misschien verklaar je mij gek, maar met de beste wil van de wereld kan ik mijn kankerverdict geen slecht nieuws vinden. Het is gewoon zoals het is. En dat is oké. Helemaal oké.

O ja, eergisteren ben ik al naar de huisarts gegaan om een eerste euthanasieverklaring af te leggen. Want die procedure duurt heel lang: je moet je verklaring enkele keren opnieuw bevestigen. *(zucht)* Het is allemaal zo gek. Dinsdag krijg ik te horen dat ik kanker heb. Woensdag ben ik al een palliatieve patiënt. Want neen, een operatie komt er niet. En ja, vanaf nu zal elke medische handeling uitsluitend gericht zijn op mijn comfort.

Zo, nu mogen jullie vragen stellen. Jij eerst, Josefien. Omdat jij net zo oud bent als mijn kleindochter: dertien jaar.'

Josefien: 'Ik begrijp nog altijd niet waarom jij je niet laat opereren. Stel dat je op die manier nog veel, veel langer kunt leven...'

Zij: *(glimlacht)* 'Ik zou je honderd redenen kunnen geven waarom ik mij niet wil laten opereren. Omdat ik vanaf dat moment een doodziek mens zou zijn. Omdat ik mijn stem niet wil verliezen. Omdat ik geen *patiënt* wil zijn. Enzovoort. Maar de échte reden is: omdat dat mijn weg niet is.

Weet je, voor ik te voet naar Jeruzalem vertrok, heb ik het verhaal van die tocht geschreven.

Op een of andere manier had ik het gevoel dat ik die tocht al had gestapt, en dat ik hem alleen nog even moest *uitvoeren*. Dát gevoel heb ik nu ook. Wat nu komt, héb ik al gedaan. Nu moet ik het alleen nog even *uitvoeren*.

De laatste twee jaar heb ik vele avonden in mijn tuin bij het vuur gezeten. Liever alleen dan in gezelschap. Meer en meer heb ik mij teruggetrokken. Onbewust misschien, maar toch overtuigd dat dat goed was. Die cirkel wil ik rondmaken. Dat is de natuurlijke gang van mijn leven.

Natuurlijk is dit alles heel moeilijk en pijnlijk. En natuurlijk hoop ik uit de grond van mijn hart dat ik nog heel lang heel goed zal blijven. Als ik mij nu zou laten opereren, zou ik vanaf nu doodziek zijn. Dat wil ik niet. Neen, ik wil léven. Mét die kanker zolang het gaat. En als het niet meer gaat? Dan stopt het. Stoppen doet het sowieso.'

Lieve: 'Hoeveel tijd geven ze je nog? Hoeveel tijd zou je nog willen hebben?'

'Gisteren heb ik enkele uren in mijn tuin gewerkt. Ik wilde nog een heleboel bloembollen in de grond stoppen. Toen ik daarmee bezig was, besefte ik plots dat ik ervan uitging dat ik die bloemen nog zou zien bloeien. Dát vond ik een mooie en geruststellende gedachte.

Tegelijkertijd vind ik *tijd* niet meer zo belangrijk. Als ik bedenk wat ik nog te doen heb, besef ik dat ik niet zoveel tijd meer nodig heb. Misschien krijg ik nog veel tijd, misschien ook niet. Eigenlijk ben ik ook wel benieuwd. *(lacht)* Ik wil er heel graag bij zijn als ik sterf. Ik wil dat graag bewust meemaken.'

'Denk je dan dat er na de dood nog iets is? Dat er nog iets overblijft?' snauw ik haar toe.

'Jij, Annemie, weet – beter dan wie ook – dat dát de vraag is die ik al mijn hele leven stel: "Wat blijft er over als je alle franjes weghaalt?" Nu wordt het stilaan tijd dat ik het antwoord op die vraag vind.

Gisteren huilde ik nog, samen met mijn zoon. Als ik naar die tranen kijk, vraag ik mij af: "Waarom ween ik nu? Wat blijft er over van mijn verdriet als ik al mijn zelfmedelijden, mijn teleurstelling, mijn angst weghaal?" Mijn antwoord is: "Dan rest er een *bodem*." Het enige wat ik nu kan doen, is op die *bodem* gaan staan. Mij niét laten overspoelen door zelfmedelijden, teleurstelling of angst. Ook al zal dat op weerstand botsen van mijn kinderen, mijn vrienden en familie. Nu al weet ik dat ze mij met ontzettend veel goede raad, vragen en bedenkingen zullen bestoken. Maar ik wil daar geen energie insteken. Dat speel ik niet klaar. Wat ik wil is: precies de omgekeerde beweging maken. Terugkeren. Mij terugtrekken.'

'Hoe kun je in godsnaam op nauwelijks drie dagen tijd met je eindigheid in het reine komen?' huil ik nu. 'Dat kan toch geen mens?'

'Dat kan, schatje, echt waar. Dat kan omdat ik al heel lang op deze manier beslissingen neem. Ik ben geen mens van lijstjes met pro's en contra's. Diep vanbinnen weet elk mens toch wat hij moet doen?

Na de eerste verbijstering wist ik het. Meteen. Geen twijfel mogelijk. En ja, ik zal – net zoals jij – nog een heleboel tranen laten. Maar ik kom niet meer op mijn beslissing terug. Ik laat mij niét opereren. En ik kán het nieuws van deze week geen slecht nieuws noemen. Het is gewoon het sluitstuk van mijn klein verhaaltje.'

Wat later zijn we alleen, zij en ik. Hoe hard ik ook mijn best doe, ik kan mijn tranen niet stoppen.

Ik: 'Ik ben zo boos op jou. Zo verschrikkelijk boos.'

Zij: 'Ik weet het.'

Ik: 'Jij hebt mij ooit gezegd: "Ik voel dat ik heel oud ga worden. Zeker tachtig jaar."'

Zij: 'En toen zei jij: "Dan zal Hope nog heel lang een oma hebben."'

Ik: 'Precies daarom heb ik jou als oma gekozen.'

Zij: 'Het spijt me. Ik had het toen helemaal mis.'

Ik: 'Misschien nu ook?'

Zij: 'Ik denk het niet.'

12 OKTOBER 2005

Mail van Magdalena:

'Dag Annemie,

Ik ben opnieuw bij de dokter geweest. Ik heb hem verteld dat mijn besluit vaststaat, en dat ik geen operatie wil. Het was opnieuw geen goed gesprek.

Hij heeft weer zoveel gezegd, en ik heb weer zo weinig onthouden.

Slechts enkele van zijn uitspraken zijn blijven hangen.

"Mevrouw, u bent een zelfmoordenaar."

"U weigert dus rekening te houden met de wensen van uw kinderen en uw familie?"

"Degene die u deze beslissing heeft aangepraat, hoort thuis in de gevangenis."'

16 OKTOBER 2005

Een mail van Magdalena:

'Lieve Annemie,

Ik weet dat jij nog altijd boos op me bent. Zoals ik je had voorspeld, krijg ik ook van anderen ontzettend veel kritiek op mijn beslissing. Vooral van mijn kinderen. Ik heb hen net een boze mail gestuurd. In zekere zin is deze mail ook voor jou bestemd.

Lees hem eens, en vertel mij wat jij er van denkt.

"Aan mijn kinderen,

Natuurlijk is het onbegonnen werk te proberen jullie per mail iets duidelijk te maken wat in een gesprek niet lukt. Toch waag ik nog een laatste poging.

Na tien dagen ben ik dit kankerverhaal zo beu als koude pap. Ik vind het zinloos om mijn leven zo ingrijpend door dit verhaal te laten beheersen dat er geen leven meer overblijft.

Want ja, op dit moment vind ik mijn leven nauwelijks leefbaar. Niet omdat ik dat zo wil, maar omdat jullie mij het mes op de keel zetten.

Ik weet dat ik jullie een rotdag heb bezorgd. Twee keer heb ik de telefoon dichtgegooid omdat ik er genoeg van had. Want ik wil niet betutteld of berispt worden, ik wil mezelf niet voortdurend verantwoorden.

Ik vind het spijtig dat jullie je intussen verzuipen in denkbeeldige scenario's van een moeder die niet kiest voor het leven. Die bang is van een klein operatietje. Die misschien zal sterven als jullie er niet bij zijn.

Afgezien van de contacten met jullie heb ik vandaag een goeie dag gehad. Ik heb genoten van het goede weer. Ik ben aan de bron water gaan halen. Ik ben dankbaar omdat mijn elektriciteit weer in orde is. Ik heb nu een laptop en ik heb gespeeld met Hope.

Ik lééf, en dát is nu belangrijker en intenser dan ooit.

Ik lééf en ben nu volop bezig met wat het leven mij biedt: de herfst (bloembollen planten en het vooruitzicht van een volgende lente), genieten van vriendschap en warmte, lachen en lekker eten, mooie muziek en nachtelijke stilte, vasthouden en loslaten in dezelfde beweging. Met andere woorden, ik oefen in sterven.

Tijd is voor mij totaal irrelevant geworden. Het zou best kunnen dat ik geen drie weken meer leef. Of geen drie maanden, geen drie jaar of geen dertig jaar. En jullie evenmin.

Mij lijkt het belangrijk om in deze situatie te kiezen voor het leven nu.

Ik adem.

Ik leef.

Nu.

Als iets mij nu de adem afsnijdt, is dat niét het gezwel. Wél alles wat mijn omgeving – jullie, de dokters, het ziekenhuis – mij vraagt.

Hoe kan ik in godsnaam kiezen voor het operatief verwijderen van een deel van mezelf?

Hoe kan ik kiezen voor radioactief jodium en eventueel chemotherapie?

Dat voelt allemaal zo onnatuurlijk aan.

Natuurlijk weet ik dat iedereen luistert met de oren die hem het best passen. En geloof me, ik bén blij dat jullie naar mij geluisterd hebben vanuit het verlangen om mij zo lang mogelijk in leven te houden. Tegelijkertijd ben ik er heilig van overtuigd dat ik veel langer, en zeker veel beter, in leven zal blijven op mijn manier. Spijtig genoeg zal ik dat nooit kunnen bewijzen. Het heeft ook geen zin mij op dit vlak nog verder te verantwoorden.

Trouwens, al die prognoses hebben voor mij geen enkel belang. Ik ga deze weg omdat dit het pad is dat voor mijn voeten ligt. Ik ben er ook van overtuigd dat dit de juiste beslissing is. Punt uit. Het leven houdt trouwens geen rekening met onze logica.

Ik vind het spijtig (of beter: ellendig) dat jullie in deze kwestie niet achter mij staan. Maar misschien is het ook niet de taak van kinderen hun ouders in zulke dingen te steunen.

Ik heb kanker en ik wil daarmee léven.

Dáár heb ik al mijn energie voor nodig.

Ik zie jullie graag.

Een dikke zoen, Magdalena."'

17 OKTOBER 2005

Mijn antwoord:

'Lieve Magdalena,

Tien dagen lang ben ik boos op jou geweest. Maar niet alleen boos. Ook ontgoocheld, verdrietig en wanhopig bij de gedachte dat je kanker hebt en wellicht gaat sterven.

Maar nu ik je brief lees, lost de boosheid op. Net zoals de ontgoocheling en de wanhoop.

Het verdriet blijft, maar dat is normaal.

Ik heb je brief gelezen, opnieuw en opnieuw. En ja, uiteindelijk heb ik hem begrepen.
Geen mens kan oordelen over het pad dat een ander kiest.

Ik laat je hierbij dus weten, mijn liefste Magdalena, dat ik heel erg mijn best wil doen om je beslissing te respecteren.

Aan mijn keukentafel heb je mij expliciet gevraagd om je te láten vertrekken. Zonder veel gedoe. Wel, als dat je wens is, zal ik die proberen in te willigen.

Met alle liefde die ik voor jou voel – en dat is niet min, dat weet je – zal ik mij niet langer tegen jou verzetten. Op die manier hoef je niet langer tegen mij op te boksen, en kun je gemakkelijker de weg gaan die jij wilt gaan.

Ik zal wel met je meelopen. Het hele eind, tot in Jeruzalem. Oké?

Ik hou van je, A.'

28 OKTOBER 2005

Magdalena schrijft:

'Ik zit op de wip.
Ik wil leven.
Maar ik wil ook wel doodgaan.
Als doodgaan is: stilletjes uit het landschap verdwijnen.
Uiteindelijk is het goed geweest.
Het mag stoppen.
Ik wil wel niet stikken.
Ik wil voorzorgsmaatregelen nemen, mijn euthanasie voorbereiden.
Ik sta versteld van mezelf.
Kies ik nu echt om te sterven? Ik die zo graag leef?
Ben ik levensmoe?
Heb ik het allemaal al bekeken?
Misschien moet ik gewoon gaan stappen.
Misschien is stappen het meest heilzame dat ik nu kan doen.
Of schrijven. Eindelijk dat boek afwerken.'

30 OKTOBER 2005

Mail van Magdalena:

'Lieve Annemie,
Het leven is totaal zinloos, en dat is een geschenk.
Het betekent dat ik het zelf een zin moet geven.
Omdat ik wil leven, moet ik een nieuwe zin vinden.
Dat betekent: tijd voor een nieuw project.
Ik heb er lang en goed over nagedacht.
Mijn project is duidelijk: ik wil zo graag dat ons boek er komt.
Ik wil zo graag dat jij het schrijft. Dáár wil ik je nog mee helpen.'

Ik:
'Met Hope zo dicht tegen zich aan,
valt het gezwel in haar hals me plots op.'

'Het eindigt steeds waar het begint.'
[Magdalena]

HOOFDSTUK 16

Bij mij moogt ge zijn

9 NOVEMBER 2005

Het is november en het nazomert nog steeds. Bij Magdalena in de tuin overlopen we alles – brieven, teksten, interviews, mails, dagboekfragmenten – wat we in de loop van de jaren verzameld hebben. Ik stel vast dat ik veel meer geschreven heb dan ik ooit had gedacht.

Zij: 'Je kunt wel vijf boeken schrijven.'

Ik: 'Eén boek zal al moeilijk genoeg zijn. Hoe pak ik dat in godsnaam aan?'

Zij: 'Je begint met de geboorte van Milan, en je eindigt met mijn dood.'

Ik: 'Dat is gruwelijk.'

Zij: 'Neen, integendeel. Dat is net mooi. In het eerste deel beschrijf je onze tocht op de grens tussen wijsheid en waanzin. We ontmoeten auralezers en mediums, monniken en filosofen, boeddhisten en kluizenaars, druïden en dolfijnen. We reizen zelfs naar India, het land van de Verlichting, om tot de conclusie te komen dat die ene, ultieme wijsheid zo moeilijk te vinden is.'

Ik: 'En het tweede deel dan?'

Zij: 'Dat wordt het verhaal van mijn laatste jaar. Een oefening in loslaten en afscheid nemen.'

Ik: 'Misschien moeten er ook foto's bij.'

Zij: 'Goed idee. Vraag jij aan Lieve of ze meedoet?'

12 NOVEMBER 2005

Mail van Lieve:

'Vandaag ben ik Magdalena voor het eerst gaan fotograferen. Ze zag er ongelooflijk goed uit.

Vorige week heb ik in een mooie lingeriewinkel een zijden nachtkleed voor haar gekocht. Heel sober, want zij is geen vrouw van kantjes en boordjes.

Het plan om haar stervende lichaam te fotograferen, bevalt haar erg.

Samen willen we kijken hoe dat gaat, een lichaam dat langzaam uitdooft.

Daarom was het belangrijk de juiste jurk te vinden. Mouwloos, in gebroken wit.

Uiteindelijk heb ik 185 euro voor die jurk betaald. Haar lichaam verdient alleen topkwaliteit. Vandaar deze exuberante uitgave.

Vandaag paste ze voor het eerst het zijden kleed, en plots was ze een koningin.

"Als die jurk dan toch de mijne is, wil ik er ook in verbrand worden", lachte ze.

"Neen, niet verbranden, Magdalena," protesteerde ik, "op je laatste dag wil ik hem komen halen. Want na je dood wil ik hem dragen."

Dat vond ze een goed idee.

"Ik ben de laatste tijd al zo vaak gestorven", vertelde ze. "Het is zo raar allemaal. Ik voel mij kiplekker en toch ben ik terminaal."

We spraken af dat ik tot haar dood geregeld een foto zal komen maken.

"Misschien zijn we daar binnen zeven jaar nog altijd mee bezig", lachten we.

Op weg naar huis vroeg ik mij af of die zijden jurk zeven jaar zou kunnen overbruggen.'

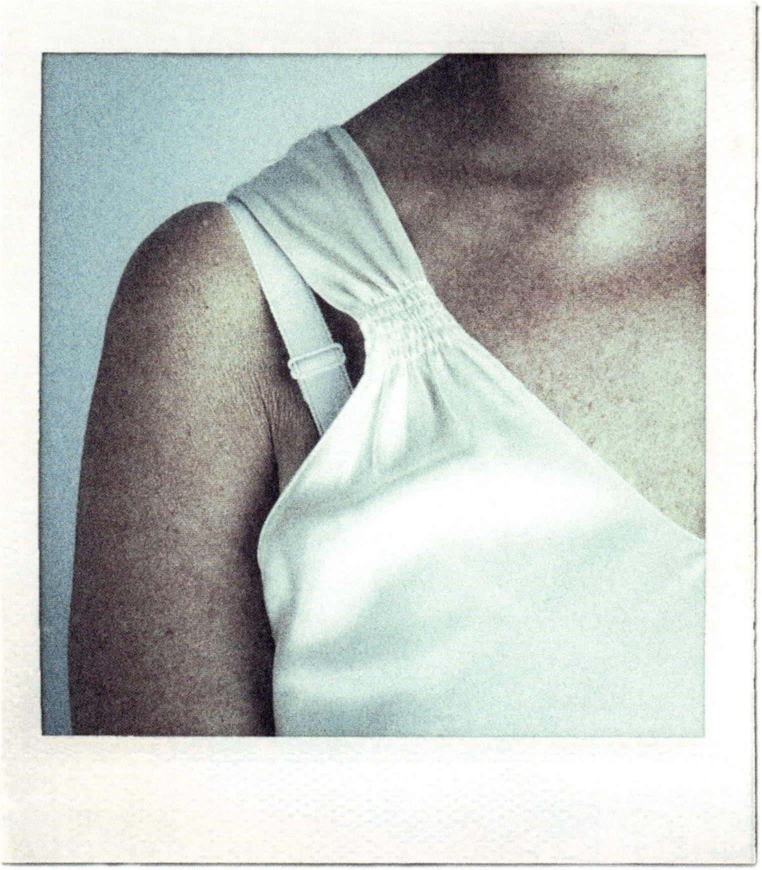

Lieve:

'Het plan om haar stervende lichaam
te fotograferen bevalt haar erg.'

14 NOVEMBER 2005

Magdalena schrijft:

'Ik ben van mening veranderd.
Ik wil niet sterven. Neen, ik wil niet langer dood.
Ik wil leven. Zelfs nog heel lang. Zo lang mogelijk.
Maar een operatie wil ik nog altijd niet.
Dus zal ik elders genezing moeten zoeken.
Ik krijg nu ontzettend veel bezoek.
Oude vrienden duiken weer op.
Niet meer gaan werken, dát valt me echt lastig.
Maar doorgaans voel ik mij een gelukkig mens.'

15 NOVEMBER 2005

Magdalena schrijft:

'Met mijn neus op de feiten gedrukt overleef ik deze periode.'

17 NOVEMBER 2005

'Lieve Magdalena,' schrijf ik vooraan in het schrift, 'Dit boek komt uit Afrika, uit het land van je kleinkind Hope. Het telt vele bladzijden waarop je kunt schrijven wat je wil. Je kunt er een stuk van ons boek mee schrijven. Je ziet maar. Met liefde, Annemie.'

'Dank je', glimlacht Magdalena, met opgetrokken wenkbrauwen.

Ik: 'Wat? Is er iets?'

Zij: 'Het is een lelijk ding.'

Ik: 'Lelijk? Dat meen je niet. Ik vind het prachtig. Ik heb het in Nairobi gekocht omdat ik het zo mooi vond.'

Zij: 'Het boek is te dik, te ruw voor mij. Die houten kaft is mij te hard. Het telt ook veel te veel bladzijden. Die krijg ik nooit meer vol.'

Ik: 'Dan schrijven we er samen in. Elk om beurt. Zoals de heen-en-weer-boekjes van de kinderen op school.'

Zij: 'Ga jij er ook in schrijven?'

Ik: 'Ja, dat lijkt me fijn. Jij?'

Zij: 'Oké. En ja, nu ik het wat beter bekijk: het is best wél mooi, dat boek van jou.'

18 NOVEMBER 2005

Magdalena schrijft:

'Zonder verhaal sterf je.
Ik heb blijkbaar zoveel nood aan een verhaal
dat ik van mijn kanker
een verhaal aan het maken ben.'

20 NOVEMBER 2005

Vandaag vertrekt Magdalena naar Amerika. Op bezoek bij haar zoon en schoondochter. Met een beetje geluk zal ze daar de geboorte van haar nieuwe kleinkind meemaken. Ik zie haar bezig, druk in de weer met koffers en kadootjes. Zo blij, zo opgetogen als een kind. Het beeld van die energieke Magdalena zou me gelukkig moeten maken, maar er zit een knoop in mijn maag en een waas voor mijn ogen.

'Kijk, ik neem het houten boek mee,' zegt ze.

'Mooi zo.'

'Is er iets?'

'Neen, er is niets,' zeg ik opgewekt, en slik mijn tranen weg, 'het wordt een superfijne reis.'

Geen gedoe, heb ik haar beloofd. Daarom begin ik, even energiek als zij, haar keuken op te ruimen. Maar onderweg naar huis staan de tranen er weer en hoef ik ze gelukkig niet langer tegen te houden.

5 DECEMBER 2005

Een telefoontje van Magdalena. Ze is net terug van Amerika.

'Ik ben opnieuw grootmoeder geworden', klinkt het gelukzalig. 'Niet te geloven toch?'

Opnieuw en opnieuw vertelt ze het verhaal. Van de zwangerschap en de bevalling. Van de geboorte en de baby.

Zij: 'Een pracht van een kleinzoon. Echt waar, ik ben de gelukkigste mens van de hele wereld.'

Ik: 'En je gezondheid?

Zij :'Prima. Kan niet beter. Ik begin zelfs opnieuw aan de toekomst te denken, plannen te maken. De gedachte aan de dood heb ik al helemaal verwerkt. Daar wil ik niet meer mee bezig zijn.'

Ik: 'En het gezwel?

Zij: 'Dat is kleiner geworden. Zeker weten. Ik denk dat het stilaan verdwijnt.'

6 DECEMBER 2005

Een mail van Lieve:

'Vandaag ben ik op bezoek geweest bij Magdalena.

Ze was euforisch. Net terug uit Amerika, in de wolken over haar nieuwe kleinkind.

Ze vroeg me meteen om naar haar gezwel te kijken.

"Ik denk dat het gekrompen is", zei ze. "Ik heb me zelden zo goed gevoeld."

Mijn verwarring was groot, want haar gezwel was helemaal niet kleiner.

Toch kan ik mij voorstellen dat je aan zo'n gezwel went. Zoals je went aan een moedervlek die steeds maar groter wordt.

Ik vroeg haar om tijdens het fotograferen het gezwel vast te nemen.

"Maar niet alsof het je vijand is. Gewoon, als een deel van je lichaam."

"Natuurlijk," zei ze, "mijn gezwel is mijn vriend."

Ze nam het vast, maar doorheen mijn zoeker zag ik haar blik veranderen. Alsof ze toch de vijand voelde.

"Morgen ga ik naar de dokter", zei ze toen. "Het ding is opnieuw aan het groeien."

Wat later namen we afscheid.

"Misschien hebben ze zich vergist, en heb ik helemaal geen kanker", glimlachte ze.

"Ja, stel je voor."

"Dan moet je nog jaren portretten van mij blijven maken."

"Met plezier. Dan wordt het wel een vreselijk saai boek."

Daar moesten we allebei om lachen.'

14 DECEMBER 2005

Op haar slaapkamer is Magdalena druk in de weer met een *trilmachien,* zoals zij dat zelf, een beetje spottend, noemt.

'Dit is een *Rife*-machine', legt ze mij uit. 'Via trillingen werkt dat apparaat in op het gezwel. Het is zorgvuldig op mijn lichaam afgestemd. Twee keer per dag moet ik dit apparaat zijn werk laten doen. Ik heb al enkele sessies achter de rug. En echt waar, het effect is fenomenaal.'

Ik laat haar praten, verstomd over zoveel onzin en naïviteit.

'Baat het niet, het schaadt ook niet', gaat ze ongevraagd in het verweer. 'Iedereen mag mij gek verklaren, maar deze werkwijze bevalt me veel beter dan de medische.'

Natuurlijk merkt ze dat ik mijn twijfels heb. Maar ik zwijg.

'Jij hoeft er niet in te geloven, hoor', zegt ze kribbig. 'Zolang ik maar in die onzin geloof.'

Daarna blijft de sfeer ongemakkelijk. Jammer, want de volgende weken zal ik haar nauwelijks zien. De kerstperiode breng ik in Frankrijk door, met man en kinderen, en meteen daarna vertrek ik op reportage.

8 JANUARI 2006

Magdalena schrijft:

'Ik verzuip mij in een zoektocht langs alternatieve therapeuten. Allemaal beweren ze dat een mens zijn eigen kanker maakt én geneest. Ik volg een ontzuringskuur en een elektromagnetische resonantietherapie. Ik slik Bachdruppels en Turks water. Ik studeer New Biology en de theorie van Lakhovsky. Ik vind het allemaal uiterst boeiend en leerzaam. Maar vooral duur. Heel duur. Op één maand tijd heb ik ongeveer 1200 euro uitgegeven aan consultaties en therapieën.'

10 JANUARI 2006

Vandaag, aan de telefoon, hoor ik plots een vreemde verandering in haar stem. Er hapert iets. Het vloeiende, het heldere is weg.

Ik: 'Hoe gaat het?'

Zij: 'Alles gaat goed. Ik voel me prima.'

Ik: 'Geen klachten?'

Zij: *(geërgerd)* 'Natuurlijk niet. Alles gaat goed. Dat zei ik toch?'

12 JANUARI 2006

Eindelijk heb ik de tijd genomen om naar haar toe te gaan. Een hele dag heb ik vrijgehouden voor Magdalena. Om mijn afwezigheid van de laatste weken goed te maken.

Er is afstand. Dat voel ik meteen. Afstand, en ook wantrouwen. Maar daar besteed ik eerst geen aandacht aan. Zo hard schrik ik van haar gezicht. Oké, ze is verkouden en loopt nog in haar pyjama rond. Maar los daarvan, ziet ze er ronduit slecht uit. Moe en getekend.

'Vertel mij eerst eens hoe het met jou gaat', zegt ze, en ik vertel haar over de kerstvakantie en de lange werkdagen. Hoe ik weer helemaal in mijn werk gedoken ben. Op het maniakale af. En hoe ik daarvan genieten kan. Ze luistert en knikt, en ik weet wat ze mij kwalijk neemt.

'En wij?' vraagt ze. 'Hoe gaat het met ons? En met ons boek? Weet je, er zijn nu andere mensen die veel dichter bij mij staan dan jij. Mensen met wie ik nu alles deel wat mij overkomt. Hoe zinvol is ons project nog als jij slechts één keer per maand langskomt?'

Ze heeft gelijk natuurlijk. Dat weet ik ook wel. Als we nu niet meteen aan de slag gaan, heeft het geen zin een boek over haar afscheid te maken. Dat zie ik in haar ogen, in haar gezicht, in elke rimpel die zich dieper dan de vorige keer in haar huid aftekent.

'Bovendien stap jij niet mee in de aanpak die ik kies.'

'Hoho,' onderbreek ik haar, 'je hebt gelijk als je beweert dat ik ons boek – én vooral jou – de laatste weken verwaarloosd heb. Maar over de manier waarop jij met je kanker wil omgaan – klassiek of alternatief –

heb ik geen oordeel. Misschien wel een mening, maar ik voel geen enkele behoefte jou van wat dan ook te overtuigen. Welke keuze jij ook maakt, ik respecteer die.'

Uiteindelijk begint ze toch te vertellen. Over haar queeste langs de alternatievelingen. Gretig om te luisteren naar wat die over haar kanker te vertellen hebben. Ik luister en ben blij dat ik opnieuw iets van haar oude enthousiasme voel. Wellicht is zij het type vrouw dat het langst in goede conditie blijft, als ze zelf haar weg mag kiezen. In zulke dingen geloof ik wel.

Zij: 'Ik ben zelfs naar een kaartlegster geweest. Niet omdat ik daar geloof aan hecht, maar omdat ik die afspraak van een vriendin cadeau kreeg. "Oei, ik zie een chronische ziekte," las die vrouw in de kaarten, "een ongeneeslijke ziekte. Maar je weet er wel mee om te gaan."

"Hoeveel tijd heb ik nog?" vroeg ik haar.

"Tijd is een uiterst moeilijk begrip. Het zwakke punt in het kaartleggen. Ik kan je alleen maar zeggen dat ik dit jaar je dood niet zie. Dat betekent niet dat je niet zult sterven. Alleen dat ik je dood niet zie. Wél dat je eerst nog iets moet afwerken." Ik denk dat ze ons boek bedoelde.'

Ik: 'Ik wil het boek nog altijd maken. Maar wil jij dat nog wel?'

Zij: 'Ik wil dat, ja. Heel graag zelfs. Maar niet op de manier zoals we dat de afgelopen maand gedaan hebben.'

Ik: 'Neen, natuurlijk niet.'

Zij: 'Misschien moeten we elkaar voortaan elke week opzoeken.'

Ik: 'Dat doen we.'

Zij: 'Beloofd?'

Ik: 'Beloofd.'

En zo verdwijnt de afstand, en zijn we weer samen.

Netjes op dezelfde lijn.

Zij:
'Ik wil best leven met die kanker.
Zolang ik maar blijf leven.'

18 JANUARI 2006

Mail van Lieve:

'Vandaag was ik bij Magdalena. Dat gezwel van haar is razendsnel aan het groeien.

Misschien ziet ze het zelf niet, maar ik weet zeker dat ze het het voelt.

Haar stem klinkt ook heel vreemd. Ze beweert dat dat door haar verkoudheid komt, maar in haar ogen lees ik dat ze wel beter weet.

"Ik wil niet stikken", zei ze plots. "Ik wil de mogelijkheid tot euthanasie op elk moment achter de hand hebben. Ik overweeg zelfs om een stuk van het gezwel te laten wegsnijden. Want ademen wordt steeds moeilijker."

Bij het afscheid zei ze het nog een keer: "Ik wil niet stikken."'

20 JANUARI 2006

Magdalena schrijft:

'Nog altijd kan ik onmogelijk het gevoel vatten: "Die kanker is slecht en moet weg".

Ik kan wél voelen: "Kom hier, mijn kankertje, bij mij moogt ge zijn." Ik wil best leven mét die kanker, zolang ik maar blijf leven.

Zolang ik maar blijf leven.'

25 JANUARI 2006

Urenlang werken we aan ons boek. Notities doornemen, stukken nalezen, herinneringen ophalen. Lachen ook. Lachen tot we geen adem meer hebben.

'Straks lach ik me nog dood', hijgt ze.

Zij staat niet stil bij wat ze zegt, maar haar woorden vallen als een baksteen op mijn hoofd.

Ik sta op en loop naar de wc, waar ik naar adem hap.

Zij heeft niets gemerkt. Gelukkig maar.

26 JANUARI 2006

Magdalena schrijft:

'Als ik zie welke weg ik de laatste maanden heb afgelegd, voel ik een zekere dankbaarheid.

Ik zou het allemaal niet hebben willen missen.

Maar nu begin ik aan een nieuwe fase.

Ik heb een klik gemaakt.

Het gezwel zit er nog, maar eigenlijk is mijn kanker voorbij.

Vanaf nu laat ik hem los.

De fase van "het-mezelf-benauwen" is voorbij.

Ik wil opnieuw lucht, adem, ruimte.

Ik ga voortaan lucht, adem, ruimte nemen.

Ik ga opnieuw léven.

Mijn zoektocht langs klassieke en alternatieve genezers mondt uit in twee uiterst eenvoudige adviezen.

Eén: "Leef."

Twee: "Doe wat je hart je ingeeft."

En daarmee ben ik terug bij af. Bij mijn allereerste gevoel toen ik hoorde dat ik kanker had: "Ik wil gaan stappen. Dat is het enige waarvan ik heil kan verwachten."

Zo zie je maar, het eindigt steeds waar het begint.'

31 JANUARI 2006

Magdalena tilt Hope in de lucht, en zwiert haar in het rond. Ik grijp Hope's voeten vast, en wild schommelen we haar heen en weer. Hope lacht en gilt van plezier.

'Ik voel me super,' zegt ze, 'want eindelijk weet ik hoe ik mijn kanker kwijt kan raken. Deze week heb ik drie dokters gehoord. De klassieke arts zei: "Het gezwel is gegroeid. Veel kunnen we niet meer doen." De eerste alternatieve zei: "Neem deze tabletten. Ze zijn gemaakt van de pancreas van biologische varkens. Eerst zul je ongelooflijk ziek worden. Maar dat geeft niet, want dat is een gigantisch ontgiftingsproces dat je kanker uiteindelijk zal verdrijven." De tweede alternatieve zei: "Neem je rugzak, ga stappen en kom zonder kanker terug."

Dat laatste advies spreekt mij het meest aan. Dus ga ik stappen. Dát lijkt mij het meest heilzame dat ik nu kan doen.'

'Daar zit iets in', geef ik toe.

'Nee, dat *is* het gewoon. Stel je voor, ik was al volop bezig mezelf in te perken. Alles kleiner, bescheidener, benauwender. Ja, ik heb mezelf de laatste tijd benauwd. Beknot. Ik was volop bezig te leven met het mes op de keel. De dood tegemoet. Ik voelde zelfs al een zeker doodsverlangen: "Oké, als het zo zit, laat mij dan maar sterven."

(fel) Maar neen, zo wil ik het niet. Sinds vorige week heb ik besloten de kanker los te laten en gewoon verder te leven. *(stil)* Oké, als ik alles kon overdoen, zou ik dat gezwel wél laten weghalen. Ik zou wél instemmen met een operatie. Maar daar is het nu te laat voor. *Tant pis.* Dus zal ik sterven. Maar niet nu. Nog niet. Eerst wil ik nog stappen. In Kenia. In het land van mijn kleindochter wil ik de Kilimanjaro beklimmen. Samen met jou.'

En dan beginnen we te plannen. Alsof Magdalena geen kanker heeft, geen gezwel dat intussen haar hele hals overwoekerd heeft. Ze wil opnieuw gaan stappen? Oké, waarom niet? Dan gaan we gewoon de Kilimanjaro op. Zij en ik. De berg als beeld. Als eindbestemming. Als metafoor.

'Maar van wat?' vraag ik mij 's avonds af.

6 FEBRUARI 2006

Hope gaat enkele dagen bij Magdalena logeren. 'Kom hier, schatje', fluistert ze tegen Hope, en neemt het kind van me over. Met Hope zo dicht tegen zich aan, valt het gezwel in haar hals me plots op. Het begint groteske vormen aan te nemen.

'Verzorg je maar goed als je wilt gaan stappen', zeg ik opgewekt.

'Doe niet alsof ik een zieke ben', snauwt ze.

Ik: 'Ik mag toch zeggen dat je je goed moet verzorgen?'

Zij: 'Neen, dat mag je niet. Zoiets zeg ik toch ook niet tegen jou?'

Ik: 'Maar mens toch. Zoiets zou ik ook zeggen als je een griep of een keelontsteking had.'

Zij: 'Ik héb geen griep en geen keelontsteking. Ik bén niet ziek. Door zulke uitspraken máák je mij ziek.'

Ik: 'Oké. Het is al goed.'

's Avonds vertel ik het voorval aan mijn man, die haast elke dag met de dood te maken krijgt.

'Hoe zal het lopen?' vraag ik hem.

'Het kan alle kanten uit. Op zeer korte tijd kan het gedaan zijn. Maar evengoed kan ze nog weken, maanden, misschien zelfs jaren leven.'

'Ik kan het me niet voorstellen dat ze er op een dag niet meer zal zijn. Ik kan me haar zelfs niet ziek voorstellen.'

'Dat zal ze ook niet laten gebeuren. Als ze écht ziek wordt, maakt ze er zelf een einde aan.'

12 FEBRUARI 2006

Ik sta in de keuken, maak vol-au-vent voor de kinderen en denk aan Magdalena.

Plots gaat de telefoon. Magdalena aan de lijn. Zwakjes, klein, wenend. Ik draai de vuren onder de potten uit en ga naar boven, om rustig te bellen. Ze snikt, zacht en stil.

Het is de eerste keer, de allereerste keer, dat ik haar hoor wenen.

20 FEBRUARI 2006

Zoals ik haar heb beloofd ga ik nu minstens één keer per week bij haar langs. Soms lang, soms kort. Soms een hele avond, soms maar een uurtje.

Vandaag schrik ik als ik haar zie. Ze ziet er moe uit. Het gezwel verstopt ze nu onder een sjaal, en krijg ik niet te zien.

'En?' vraag ik, zo neutraal mogelijk.

Zij: 'Alles goed. Ik voel me prima.'

Ik: 'Echt waar?'

Zij: 'Wees gerust, ik heb nergens last van. Mijn luchtpijp en slokdarm zijn vrij. Alleen mijn stem is een beetje veranderd. Hoor je dat?'

Ik: 'Een beetje.'

Zij: 'Heb je nog over Kenia nagedacht?'

Ik: 'Ja hoor. We zouden in juni kunnen gaan.'

Zij: 'Prima, dan gaan we in juni. Ga jij uitsluitend voor mij?'

Ik: 'Hoezo?'

Zij: 'Om mij een plezier te doen, bedoel ik.'

Ik: 'Neen. Ik wil zelf ook heel graag de Kilimanjaro beklimmen.'

Zij: 'En als Kenia te ver of te moeilijk is voor mij?

Ik: 'Dan gaan we naar Frankrijk of blijven we thuis.'

Zij: 'Oké.'

Ja, ik zal met haar nog over Kenia praten. Plannen maken en routes bekijken. Maar nu al weet ik dat we nooit naar Kenia zullen gaan. Wat hoop ik dat Frankrijk niet te ver, te moeilijk, te lastig is. Mijn God – áls er een God bestaat – laat Frankrijk alstublieft nog lukken. Laat Frankrijk niet te ver zijn. En, alstublieft, laat juni niet te laat zijn.

Zij:

'Wil je haar nog één keer bellen? Alsjeblief?

Wil je haar vertellen dat het voor mij belangrijk is?'

'De tijd is een uitvinding
om iets te vatten
wat niet te vatten is.'
[Magdalena]

HOOFDSTUK 17

Kenia is veel te ver

15 MAART 2006

De fase van de waanzin is nog altijd niet voorbij. Tot haar verbijstering heeft Magdalena vastgesteld dat haar *trilmachien* – dat zij al drié maanden lang twéé keer per dag gebruikt – al die tijd op *off* stond.

Zij: 'Het heeft dus niet gewerkt. En toch voelde ik mij er beter bij.'

Ik: 'Het was dus zinloos?'

Zij: 'Ja en neen. Het bewijst eens te meer dat ziekte en genezing in je hoofd zitten.'

Ik: 'Mag ik het waanzin noemen?'

Zij: *(lacht)* 'Doe maar schatje. En dit ook: herinner je je dat we vele jaren geleden bij een medium zijn geweest? Die vrouw legde "contact met de overledenen". Ik zou graag opnieuw een afspraak met haar maken.'

Ik: 'Mijn god, neen, Magdalena, dat meen je niet! Met die onzin ga je toch niet beginnen? Dat mens was echt te gek. De waanzin voorbij. Larie, bullshit, bedrog. Dat vond jij trouwens ook.'

Zij: 'Dat klopt. Maar heb ik dan geen recht op *mijn* waanzin, bullshit, bedrog?'

Ik: 'Ik dacht dat je wijzer was.'

Zij: 'Niet dus. Wil jij die vrouw alsjeblieft mailen voor een afspraak?'

Ik: 'Neen. Liever niet.'

Zij: 'En als ik het je heel lief vraag?'

Ik: 'Maar ik vind het compleet belachelijk.'

Zij: 'Ik ook. Echt waar. En toch zou je mij daar een plezier mee doen. We maken er gewoon een leuk dagje uit van. Net zoals vroeger.'

Wat later, op weg naar huis, bel ik naar Lieve.

Zij: 'Zo pijnlijk. Zeg gewoon tegen Magdalena dat dat mens geen afspraken meer maakt. Of dat ze jouw mail niet beantwoordt.'

Ik: 'Voor Magdalena lijkt het echt belangrijk.'

Zij: 'Hoe kan dat nu? Zou ze dement worden? Is ze zo wanhopig?'

Ik: 'Ze staat gewoon met de rug tegen de muur. Ze zoekt naar een laatste strohalm.'

Zij: 'Misschien moet je het dan toch maar doen.'

's Avonds schrijf ik zeer tegen mijn zin een mail naar het medium. In vage termen vertel ik haar over mijn 'terminaal zieke vriendin' wiens laatste wens ik wil vervullen.

Daarna ga ik op zoek naar mijn oude notities. Die van 1997.

★

10 NOVEMBER 1997

Met z'n achten zijn we 's avonds uitgenodigd bij het medium thuis. Vijf vrouwen, drie mannen. Zonder veel omhaal vertelt de gastvrouw dat ze twee tafelsessies zal organiseren, telkens met een groepje van vier.

Tijdens de eerste sessie kijken Magdalena en ik toe. Met gesloten ogen nodigt het medium de eerste vier gasten uit om rond haar eettafel plaats te nemen, de handen op het tafelblad. Daarna roept ze *de betrokken entiteit* op zich via de tafel kenbaar te maken.

De eerste vijf minuten gebeurt er niets. Daarna komt er vreemd genoeg wat beweging in de tafel. Eerst zachtjes, alsof de tafel op een zwevend vlak staat. Aarzelend begint hij te schuiven. Een beetje naar rechts, een beetje naar links.

Noodgedwongen verzetten de vier mensen hun stoelen een beetje. Dan schuift de tafel een volledige meter naar rechts, een meter naar links.

Geschrokken duwen de vier hun stoel achteruit en proberen de grillige bewegingen van de tafel te volgen. Voorovergebogen, de handen nog altijd op de tafel.

'Niet schuiven met die tafel', spreekt het medium de entiteit nu streng toe. 'Je moet die tafel kantelen, niét verplaatsen. Dat is niet goed voor mijn parket. Spaar mijn vloer een beetje, wil je?'

Maar de tafel glijdt vrolijk verder, de hele kamer door.

Grinnikend kijken Magdalena en ik elkaar aan.

'Stop daar onmiddellijk mee', beveelt de vrouw, nu echt boos. 'Dit vind ik niet leuk meer.'

Prompt valt de tafel stil.

'Als je niet behoorlijk wilt kantelen, stoppen we er mee. Dan stuur ik je weg en maken we plaats voor een andere entiteit.'

Heel even houdt de tafel zich koest, maar al snel schiet ze weer op hol.

'Ben jij een spotgeest?' roept het medium, nu luid en geërgerd. 'Als je een spotgeest bent, kantel dan één keer. Als dat niet zo is, kantel dan twee keer.'

Prompt kantelt de tafel, twee keer na elkaar.

'Het is geen spotgeest,' legt de vrouw uit, 'want een spotgeest is altijd eerlijk.'

Tijdens de tweede sessie mogen Magdalena en ik mee rond de tafel zitten. En ja, al snel voelen ook wij de tafel onder onze handen naar boven komen.

Twee keer kantelt de tafel over de vrouw die recht tegenover mij zit.

'Hoe heet jij?' vraagt het medium aan de vrouw.

'Hilde.'

'De betrokken entiteit maakt je duidelijk dat hij bij jou hoort, Hilde.'

En dan, tegen de entiteit: 'Geef ons de eerste letter van je voornaam.'

Prompt begint de tafel te kantelen.

'A, b, c, d, e, f, g', telt het medium bij elke kanteling. 'De eerste letter van de voornaam van deze entiteit is een G.'

De vrouw over mij knikt. Bleek en ontzet.

'Heb jij een boodschap voor Hilde?' vraagt het medium aan de entiteit, 'Kantel dan één keer.'

Eén kanteling.

'Iets persoonlijks? Eén kanteling. Iets professioneels? Twee kantelingen. Ziekte of gezondheid? Drie kantelingen.'

Eén kanteling.

'De volgende vragen mag Hilde in stilte stellen', zegt het medium.

Met tranen in de ogen zit Hilde aan de tafel, terwijl het ding kantelingen blijft maken.

Wat later vertelt Hilde ons dat haar zus Gerda enkele jaren geleden zelfmoord heeft gepleegd.

'De entiteit was een manifestatie van je overleden zus,' zegt het medium beslist.

Wat later, in de wagen, vaart Magdalena uit. Boos en verontwaardigd over zoveel onzin.

'Wat een onzin, wat een bedrog. En waarom in godsnaam? Die Hilde is er niet vrolijker op geworden, en wij niet wijzer.'

'*Waarom* zouden geesten zich trouwens met ons bezighouden?'

'En *waarom* geven ze op zo'n omslachtige manier een boodschap door?'

'En *wat* stelt die boodschap uiteindelijk voor?'

'Het was wél grappig en hilarisch...'

'Hoe zou ze dát voor elkaar krijgen?'

12 NOVEMBER 1997

Vandaag ontmoeten we het medium opnieuw. Voor wat meer uitleg deze keer.

'Jullie hebben geluk gehad,' zegt de vrouw stralend, 'want een seance leidt niet altijd tot een contact met "de andere kant". De eerste seance die ik zelf meemaakte was een *psychoscopie*-bijeenkomst. Letterlijk betekent het "psychisch zien". Aan de hand van foto's en voorwerpen krijgt het medium informatie door. Door een stom toeval ontdekte ik deze gave op een privé-seance waar de mensen allerlei antieke spullen bij zich hadden. Toen ik die voorwerpen bekeek, werd ik plots overspoeld door informatie. "Hé, dat kan ik dus ook!" dacht ik.

Wat later ontdekte ik mijn gave voor tafelseances – contact met overledenen via de kantelingen van een tafel.

De meeste mensen denken dat ik me moet concentreren om deze dingen te doen, maar het tegendeel is waar. Concentratie betekent dat je je zintuigen scherp instelt op een bepaald punt. Dat mag ik juist *niet* doen. Een medium moet zijn eigen inbreng uitschakelen. Zich louter als kanaal opstellen, zelf niet denken of voelen.

Ik probeer zo weinig mogelijk te interpreteren. Ik ben gewoon een telefoon. Ik zet me open om te horen, te luisteren en te zien. Maar het is voortdurend koorddansen. Aan de ene kant staan de mensen en de materiële wereld. Aan de andere kant de ongeziene wereld. Ik bevind me in het midden. Als ik te veel naar de ongeziene wereld overhel, ben ik niet in staat de boodschappen helder door te geven. Te sterk aanleunen bij onze wereld geeft dan weer storing op de zender. Dan krijg ik de informatie van de entiteit niet duidelijk genoeg door.

Een entiteit is pure energie. Hij heeft geen lichaam en geen stem. De manier waarop een entiteit zich opbouwt, kun je het beste vergelijken met de trilling boven een warm wegdek. Die trilling wordt steeds compacter, en neemt geleidelijk de vorm aan van een menselijk lichaam. Een entiteit verschijnt in de lichaamsvorm waarin hij het laatst geleefd heeft. Alleen op die manier kan hij zich tonen en herkend worden.'

'Waarom zou een entiteit zich in godsnaam aan ons laten zien?' vraagt Magdalena koel. 'Waarom zou hij zich met de materiële wereld bezighouden?'

(fel) 'Om ons te vertellen dat er leven is na de dood, natuurlijk. En dat dát leven veel belangrijker is dan het leven dat we op aarde leiden. Vergeet niet dat het spiritisme in de eerste plaats een levensvisie is. Al de rest – foto's, tafels, seances – dient maar als demonstratie. Dat is nooit een doel op zich.

Het spiritisme zegt dat je een onsterfelijke geest bent, in een voertuig dat we "lichaam" noemen. Als je in je auto zit, zeg je toch ook niet: "Ik *ben* mijn auto"?

De meeste mensen beseffen niet meer dat we méér zijn dan ons sterfelijke lichaam. Daarom hebben de meeste mensen ook zo'n angst van de dood.

De zin van ons leven is dat we hier dingen komen leren. In zekere zin heb je dit leven zelf gekozen. Als een leerschool waarin je allerlei dingen – prettige en minder prettige – meemaakt. Omdat het onmogelijk is om alle lessen in één leven te leren, reïncarneer je telkens opnieuw, tot je alles geleerd hebt. Als je sterft, krijg je een film van je leven te zien. Op het einde is er geen God of Sint-Pieter die je zal beoordelen. Neen, niemand kan die beoordeling beter maken dan jijzelf. Omdat jijzelf de toeschouwer, de hoofdacteur en het slachtoffer bent.'

'Maar waarom zeggen entiteiten vaak zulke vage en banale dingen?' wil ik weten. 'Waarom was die entiteit bij u thuis bijvoorbeeld minutenlang bezig met het spellen van de eerste letter van een voornaam? Je zou toch verwachten dat een entiteit ons een duidelijke boodschap of een diepe wijsheid wil meedelen?'

'Maar dat is al zo vaak gebeurd! Hoeveel "ingewijden" en verlichte meesters hebben ons die wijsheden al niet verteld? Van Christus tot Boeddha, van Kahlil Gibran tot Krishna?

Ik heb zelf trouwens al heel wat wijze boodschappen gekregen en doorgegeven. Maar de meeste mensen zijn niet in wijsheid geïnteresseerd. Ze denken alleen aan hun eigen problemen. Op een seance geef ik mensen vaak de kans om vragen te stellen. Maar elke keer stel ik vast dat er bitter weinig vragen zijn.'

'Dat lijkt me logisch. De meeste mensen komen naar u in de hoop contact te krijgen met een dierbare overledene.'

'Ja, maar dat gaat niet op commando. De ongeziene wereld is geen wachtkamer waar de overledenen klaarstaan om met jou te praten.'

'Eerlijk gezegd vind ik een op hol geslagen tafel eerder ontluisterend dan inspirerend.'

'Je moet weten dat er aan "de andere kant" verschillende bewustzijnssferen en -dimensies zijn. In de lagere sferen bevinden zich entiteiten met eerder aardse en banale boodschappen. Vanaf de derde sfeer is er meer evolutie, inzicht en groei. Hoe hoger de sfeer, hoe meer inzicht en wijsheid de entiteiten te bieden hebben. Bovendien moet je er rekening mee houden dat onze begrippen niet aangepast zijn om dit allemaal te begrijpen. Aan "de andere kant" bestaat bijvoorbeeld geen tijd. Alleen *intensiteit*.'

'Allemaal goed en wel, maar ik vermoed dat het toch vooral verdrietige, wanhopige of kwetsbare mensen zijn die bij een medium komen aankloppen...'

'O ja, er zijn veel charlatans', zucht het medium. 'Heel wat mensen doen het voor het geld of de aandacht: "Kijk eens wat ik kan!" Een andere groep zijn degenen die wel iets paranormaals hebben, maar hun informatie aanvullen met persoonlijke interpretaties. Dan zijn er nog de mediums die reclame maken voor een godsdienst of sekte. Ook dat is onzin, want aan "de andere kant" wordt geen onderscheid gemaakt tussen katholieken, evangelisten, moslims of joden. Ten slotte zijn er nog de mediums die zich "meester", "ingewijde" of "verlichte" noemen. Die mensen moet je zeker wantrouwen. Wie toelaat dat een ander voor hem knielt of buigt, kan onmogelijk een verlichte zijn.

Zelf besef ik heel goed dat geen enkel medium perfect is. Zolang we mensen zijn, maken we fouten.'

'En zij maakt een ontzettend grote fout', fulmineert Magdalena, na ons bezoek. 'Mensen komen vanuit een zeer kwetsbare positie naar haar toe. Ze rouwen om een overleden geliefde, ze worstelen met problemen of ze zijn terminaal ziek. Wat moet een mens wanhopig zijn om in zo'n situatie naar een medium te stappen. Onbegrijpelijk vind ik dat.'

★

16 MAART 2006

Onbegrijpelijk vind ik het dat Magdalena zich nu, vele jaren later, met die onzin wil inlaten.
Opnieuw probeer ik haar de afspraak met het medium uit het hoofd te praten.

Vruchteloos. Ze wil en zal dat mens ontmoeten.

's Avonds vind ik in mijn mailbox een antwoord van het medium.

'Hallo,

Ik heb het momenteel erg moeilijk. Ik moet mijn veertien jaar oude poes Garfield laten euthanaseren. Daar ben ik kapot van.

Ik ben pas één week op de hoogte van dit slechte nieuws, en kom er maar niet toe de knoop door te hakken. Waarschijnlijk zal het begin volgende week gebeuren.

In deze situatie valt het mij erg moeilijk om te werken. Want het is niet evident om voortdurend mijn eigen verdriet opzij te zetten voor dat van anderen.

Daarom neem ik de volgende weken vrijaf. Zo kan ik mijn verdriet beter verwerken.

Als je wilt, kunnen we op 6 april afspreken. Op voorwaarde dat jullie hier ten laatste om 17.30 uur zijn. Anders wordt het veel te laat.

Mijn energie laat dat niet meer toe, sorry!

Verder stel ik voor dat je mij de dag voordien, rond 14 uur, nog even belt ter bevestiging.

Groetjes, X.'

27 MAART 2006

Mail van Lieve:

'Bij elk bezoek is Magdalena's lichaam magerder, en haar gezwel groter. Het is ook niet langer één gezwel. Het lijkt wel alsof er verschillende gezwellen op elkaar zitten.

Toch vind ik Magdalena trots, mooi en dapper.

Ik geniet van onze ontmoetingen.

Ik weet wel niet wat ik met al die beelden ga doen.

Toch blijf ik ze maken. Dat hebben we zo afgesproken.'

31 MAART 2006

Vandaag draagt Magdalena geen sjaal. Zo kan ik het gezwel nog eens zien.
Het ziet er afzichtelijk uit. Zo groot en massief.
Ze kijkt echt uit naar onze afspraak met het medium.
Nog altijd vind ik dat onbegrijpelijk. Dat zeg ik haar ook.
'Niet zeuren', lacht ze. 'Het stelt toch niets voor? Zulke uitstapjes hebben we vroeger zo vaak gemaakt.'

5 APRIL 2006

Zoals afgesproken bel ik naar het medium om onze afspraak te bevestigen.

Ik: 'Dag mevrouw, morgen kom ik met mijn zieke vriendin naar u toe.'

Zij: 'Sorry, die afspraak kan niet doorgaan.'

Ik: 'Dat meent u niet?'

Zij: 'Toch wel. Ik zie dat niet meer zitten.'

Ik: 'Maar waarom niet? Voor mijn vriendin is dit erg belangrijk. Ze is ernstig ziek.'

Zij: 'Ik heb er nog eens over nagedacht. Neen, daar begin ik niet aan.'

Ik: 'Maar het is één van haar laatste wensen. Die wil ik graag inwilligen.'

Zij: 'Sorry, dat is mijn zaak niet. En als u me nu wilt excuseren. Ik ben bezig.'

Ik: 'Momentje, dit vind ik echt...'

Met een droge klik haakt ze in.

Meteen bel ik naar Lieve.

Zij: 'Dat mens is niet zuiver op de graat. Ze ruikt onraad.'

Ik: 'Hoezo?'

Zij: 'Jij bent journaliste, schrijfster.'

Ik: 'Ik doe het voor Magdalena.'

Zij: 'Ze is niet dom. Ze heeft je argwaan gevoeld.'

Ik: 'Misschien is het maar beter zo.'

Dus bel ik ook naar Magdalena.

'Hoe gaat het?' begin ik voorzichtig

Zij 'Goed. Wat weinig adem. Moe. Maar ik kijk uit naar onze afspraak morgen.'

Ik: 'Die gaat niet door.'

Zij: 'Hoezo?'

Ik: 'Ze ziet het niet meer zitten.'

Zij: 'Waarom niet?'

Ik: 'Ze was kort en onvriendelijk. Ze heeft geen uitleg gegeven.'

Het blijft lang stil aan de andere kant van de lijn.

Zij: 'Omdat ik te ziek ben?'

Ik: 'Ze is onbetrouwbaar, Magdalena. Je zult bij haar geen wijsheid vinden. Dat weet je zelf toch ook?'

Zij: *(kleintjes)* 'Wil je haar nog één keer bellen? Alsjeblief? Wil je haar vertellen dat het voor mij echt belangrijk is?'

Ik: 'Toe, Magdalena...'

Zij: 'Toe, Annemie...'

Ik: 'Precies omdát het voor jou belangrijk is, zal ze het niet doen. Ze is bang. Bang om ontmaskerd te worden. Ze wil echt niet.'

Zij: 'Shit. Ze heeft mij opgegeven.'

16 APRIL 2006

Magdalena schrijft:

'Vandaag was ik bij de dokter. Ik vroeg hem wat er moet gebeuren als ik op een dag in ademnood kom. "Het zou weleens kunnen dat wij u dan niet kunnen opereren, mevrouw," zei hij, "dat wij u zelfs geen lucht meer kunnen geven via een opening in de luchtpijp. In dat geval moeten wij u beademen via een buisje langs de mond of de neus. Het is dus mogelijk, mevrouw, dat wij u dan in slaap moeten doen en dat u nooit meer wakker wordt."'

19 APRIL 2006

Kenia is een heikel onderwerp geworden tussen ons. We praten nog wel over onze reis, maar worden nooit concreet. We plooien onze landkaart niet meer open, we leggen geen data vast, ik reserveer geen vliegtuigtickets.

Iémand moet de knoop doorhakken. Beslissen dat de reis niet doorgaat. Misschien wacht zij op mij. Terwijl ik op haar wacht. Maar hoe kan ik in háár plaats beslissen dat Kenia te ver en te moeilijk is? Hoe kan ik zorgen dat zij geen gezichtsverlies lijdt of zich slecht voelt, als ze beslist om niét naar Kenia te gaan?'

21 APRIL 2006

In haar tuin overlopen we de structuur van het boek. Nauwgezet heeft ze mij verteld wat ik wel of niet over haar leven mag schrijven.

'Moeten we niet een beetje méér schrijven, jij en ik?' stelt ze plots voor, 'Nu het nog kan, bedoel ik. We zien elkaar wel vaak, we werken ook aan ons boek, maar we schrijven echt niet veel. Misschien zouden we beter niét naar Kenia gaan, maar naar een mooie plek in Frankrijk. Om een hele week lang te schrijven.'

Godzijdank. Wat ben ik blij dat zij zelf de beslissende woorden gesproken heeft.

28 APRIL 2006

Lieve fotografeert Magdalena. Magdalena fotografeert mij. Daarna Lieve en mij.

Dan doet de camera het alleen en fotografeert Lieve, Magdalena en mij.

We poseren. Lachend. Met ontblote schouders.

Heel even voelen we ons meisjes. Heel even. Ondanks alles.

Na de fotosessie drinken we een kop koffie en beslissen we om samen naar Frankrijk te gaan. Met z'n drieën. Zij, zij en ik.

'We gaan leven alsof die week de laatste week van ons leven is.'

'De mooiste week van ons leven.'

'Met het lekkerste eten en de beste wijnen.'

'We gaan een boek schrijven. Een handleiding voor *het goede leven*.'

'Maar ik wil niet de enige zijn die schrijft.'

'En ik wil niet de enige zijn die fotografeert.'

'En ik wil niet de enige zijn die sterft.'

'Oké, dan schrijven en fotograferen en sterven we alledrie.'

'Ik wil wel schrijven en fotograferen, maar ik ben wel de enige die écht gaat sterven.'

'Dat is waar. Misschien kunnen we gewoon beginnen met lekker te eten en te drinken en allemaal iets op te schrijven.'

Wat later, als Lieve vertrokken is, kijkt ze bezorgd.

Zij: 'Ja, maar hoe zié je die week? Het zal toch niet de hele tijd over de dood gaan?'

Ik: 'Het gaat in de eerste plaats over vriendschap. En over afscheid nemen.'

Zij: 'En over de vraag: "Wat blijft er over als je alle ballast overboord gooit?"'

Ik: 'Als we er vanuit gaan dat dit onze allerlaatste week is, waar heeft ons leven dan om gedraaid?'

Zij: 'Wat was uiteindelijk het belang van al dat zorgen en ploeteren, van kinderen en werk, van passie en seks, van alles wat ons heeft voortgedreven?'

Ik: 'Het moet ook gaan over de mooie, fijne en leuke dingen. Wat waren de mooiste momenten? Wat was het lekkerste gerecht? Het lekkerste stuk fruit? De meest betoverende aanraking? De beste kus? De mooiste nacht? De diepste kleur, het zachtste licht?'

Zij: 'Er moeten ook mooie foto's bij.'

Ze glimlacht en praat en fantaseert.

'Zie je het zitten?' vraag ik.

'Helemaal', antwoordt ze beslist.

Ik:

'Ze schrijft het meest van ons allemaal.
Alsof het haar laatste woorden zijn.'

'Soms ontsnap ik één seconde aan de strop van de klok.'
[Magdalena]

HOOFDSTUK 18

En dat we gelachen hebben

12 JUNI 2006

's Avonds helpt mijn man mij bij het inpakken. Hij is deze namiddag bij Magdalena geweest om haar een goede reis te wensen.

Hij: 'Elke keer verbaast het mij hoe zij haar ziekte ontkent. Ze gelooft echt dat ze door haar overtuiging de kanker uit haar lichaam kan verdrijven.'

Ik: 'Ik weet het. Maar het werkt. Zij gelooft dat zij gezond zal blijven. En kijk, ze blijft gezond. Ze stelt het goed. Ze is gelukkig. Natuurlijk zie ik haar gezwel week na week groeien. Maar tegelijkertijd negeer ik die ontwikkeling, samen met haar. Als zij me zegt dat haar gezwel kleiner is geworden, geloof ik haar. Als zij me zegt dat ze zal blijven leven, geloof ik haar. Als zij me zegt dat we in de winter opnieuw een week naar Frankrijk gaan, geloof ik haar. '

Hij: 'Voor jullie naar Frankrijk vertrekken, wil ik je toch iets vertellen. Ze heeft me vandaag haar medisch verslag gegeven.'

Ik: 'Ja, dat medische verslag, daar heeft ze over gesproken. Er zat een dikke envelop in haar brievenbus, met haar laatste onderzoeksresultaten. Ze was diep verontwaardigd. "Waarom sturen ze mij dat? Waarom willen ze die informatie per se onder mijn neus te duwen? Af en toe de waarheid horen op de consultaties, is dat niet voldoende? Ik wil niet zomaar, ongevraagd, zo'n verslag lezen. Ik heb het eens vluchtig bekeken. Niet al te grondig."'

Hij: 'Wat ik gelezen heb, is niet opbeurend.'

Ik: 'Oké, vertel. Wat staat er in?'

Hij: 'Dat het gezwel zich bijzonder snel en agressief ontwikkelt. Dat de tumor achter haar borstbeen is gedoken. Wellicht zijn er al uitzaaiingen in de longen en het bot. Maar omdat ze een scanonderzoek weigert, weet niemand precies hoe ver de kanker gevorderd is.
In het rapport staat ook te lezen dat één stemband volledig verlamd is. Als ook de andere uitvalt, krijgt ze slik- en ademhalingsmoeilijkheden. Er wordt herhaaldelijk vermeld dat "de patiënte hardnekkig elke ingreep weigert". Dat ze pas een ingreep wil als ze effectief in de problemen komt. Maar intussen is dat gezwel zo groot en verstrengeld dat er geen ingrijpen meer mogelijk is.'

Ik: 'Wat wil je me eigenlijk vertellen?'

Hij: 'Dat het veel slechter met haar is gesteld dan zij – en wellicht ook jij – zich realiseert. Dat de volgende week misschien jullie laatste kans is om de dingen te doen die jullie nog willen doen.
Misschien komt er geen tweede kans.'

Ik: 'Kan er deze week iets gebeuren?'

Hij: 'Ja, dat kan. Maar het zou mij verbazen. Ze kijkt heel erg uit naar deze week, dus is de kans klein dat er precies deze week problemen zullen optreden.'

Ik: 'Wat als het toch misgaat?'

Hij: 'Dan kom je gewoon naar huis.'

Ik: 'Maar zullen we nog de kans krijgen om thuis te geraken? Kan ze in acute ademnood komen?'

Hij: 'Ja, dat kan. En als dát gebeurt, is er niets wat je kunt doen.'

Ik: 'Hoezo, niets? We kunnen toch naar een dokter of een ziekenhuis gaan?'

Hij: 'Als ze in acute ademnood komt, kan alleen een tracheostomie een oplossing bieden: een opening in de luchtpijp maken.'

Ik: 'En kunnen we dat zelf doen?'

Hij: 'Ben je gek? Met háár gezwel, dat overal in haar hals verstrengeld is, kan zelfs een geoefende arts geen tracheotomie uitvoeren. Alleen een gespecialiseerd team kan in zo'n situatie nog iets doen.'

Ik: 'Dus moeten we haar laten stikken als ze in ademnood komt?'

Hij: 'Je zult niet anders kunnen.'

's Nachts heb ik angstdromen. Ik zie haar naar adem snakken, langzaam stikken. Ik zie hoe ze een gruwelijke dood sterft. Ik ben moedig genoeg om bij haar te blijven, niet weg te lopen. Ik doe mijn best om iets te bedenken om haar te helpen. Maar ik faal. Ik kijk toe hoe Magdalena stuiptrekt, in gruwelijke grimassen naar adem snakt en, een eeuwigheid later, in ellende sterft.

Ik schrik wakker, en sta op. Ik loop rond, ga iets eten, iets drinken. Pas een paar uur later sukkel ik weg in een onrustige slaap.

13 JUNI 2006

We rijden en rijden, duizend kilometer ver, naar Zuid-Frankrijk.

Aandachtig bekijkt Magdalena mij. 'Ben je moe?' vraagt ze.

'Ik heb deze nacht nauwelijks geslapen.'

'Hoezo?'

'Te warm', zeg ik, en de leugen gaat me slecht af.

Op de achterbank val ik in een halve slaap, tussen waken en dromen.

'Slaapt ze?' hoor ik Lieve vragen.

'Les yeux fermés', zegt Magdalena.

In de verte hoor ik Lieve over haar vader vertellen. 'Jarenlang heb ik het volgehouden mezelf iets voor te liegen. Nu ben ik daarmee gestopt en vraag ik mij af wat het pijnlijkste is: jezelf iets voorliegen of de waarheid onder ogen zien.'

's Avonds komen we aan, en eten we bij de buren. Mijn goede vrienden Ria en Gilbert. Plots zijn we met vijf, voeten onder de tafel, een onverwachte gulle zomeravond. Ik lach en zie ook Magdalena lachen.

De tranen lopen over haar wangen. En in het schemerdonker zie ik haar gezwel, groot en gespannen. Ik kan er mijn ogen niet van afhouden.

Ik kijk ook naar Lieve, en ook zij lacht onbedaarlijk: 'O neen, dan val ik nog liever dood!'

'Dat laatste, Lieve,' hikt Magdalena, 'dat laatste mag je echt niet meer zeggen.'

's Nachts, in ons vakantiehuis, ga ik meteen naar bed. Magdalena en Lieve willen nog schrijven.

Magdalena schrijft:

'En dat we gelachen hebben
tot schreiens toe –
en dat we wisten:
ook deze avond
verliest zich in de eeuwigheid

En dat we gelachen hebben
tot schreiens toe –
en dat we wisten:
deze avond is echt
en gaat nooit voorbij'

Lieve schrijft:

'Stel dat ik nog maar enkele dagen te leven heb, welke wijnen moet ik dan zeker nog drinken?' Die vraag stelde ik aan de sommelier van 't Oud Konijntje, een toprestaurant in Waregem. Hij knikte, vroeg mijn mailadres en beloofde mij een bericht te sturen.

De volgende ochtend vond ik zijn antwoord.

"Beste Lieve,
Mijn werkdag zit er bijna op. Terwijl mijn gasten een goed glas wijn drinken bij de delicate gerechten van mijn zus, probeer ik een antwoord te formuleren op je vraag.

Het is een moeilijke opdracht. Want de wereld van de wijnen is nooit zo boeiend en veelzijdig geweest als nu. Er zijn gewoon te veel goede wijnen.

Op een dag kreeg een van mijn beste vrienden kanker.

Nooit was onze vriendschap zo hecht als tijdens zijn ziekte. Nooit vergeet ik de vele gesprekken, 's avonds bij een goed glas wijn, na een zware chemotherapie of bestraling. Na een tijdje proefden we alleen nog de hele dure en voor de toekomst bestemde topwijnen, zoals Chateau Margaux, Chateau Mouton-Rothschild, Chateau Lafite-Rothschild, Chateau Haut-Brion, Cos d'Estournel, Chateau Léoville-Las-Cases, Bonnes-Mares, Opus One.

Nu pas besef ik dat deze wijnen zo uitzonderlijk goed waren omdat we ze samen hebben geproefd. Minder bekende, maar goede wijnen van welke origine ook, zouden niet minder goed gesmaakt hebben. Natuurlijk wil ik je graag helpen met een opsomming van de lekkerste wijnen. Kom morgen maar even bij mij langs. Groetjes, Frank."

's Ochtends haastte ik mij met zijn informatie naar de beste wijnhandelaar in de stad. Daar kocht ik drie flessen. Dure, heel dure flessen. Daarna reed ik naar Waregem. Zonder veel woorden gaf Frank mij nog eens zes flessen wijn. Ik wilde de wijn betalen, maar daar wilde hij niets van horen. Zijn ogen vertelden alles. Dat hij de vraag begreep die ik hem had gesteld. Allebei weten we dat uiteindelijk alleen de droesem zal overblijven.

Na de droesem komt het grote verdriet.

Maar voor de droesem is er nog een weg die we willen bewandelen: die van het grote genot.

Gewapend met negen flessen van de allerbeste wijn zijn we naar Frankrijk gereden.'

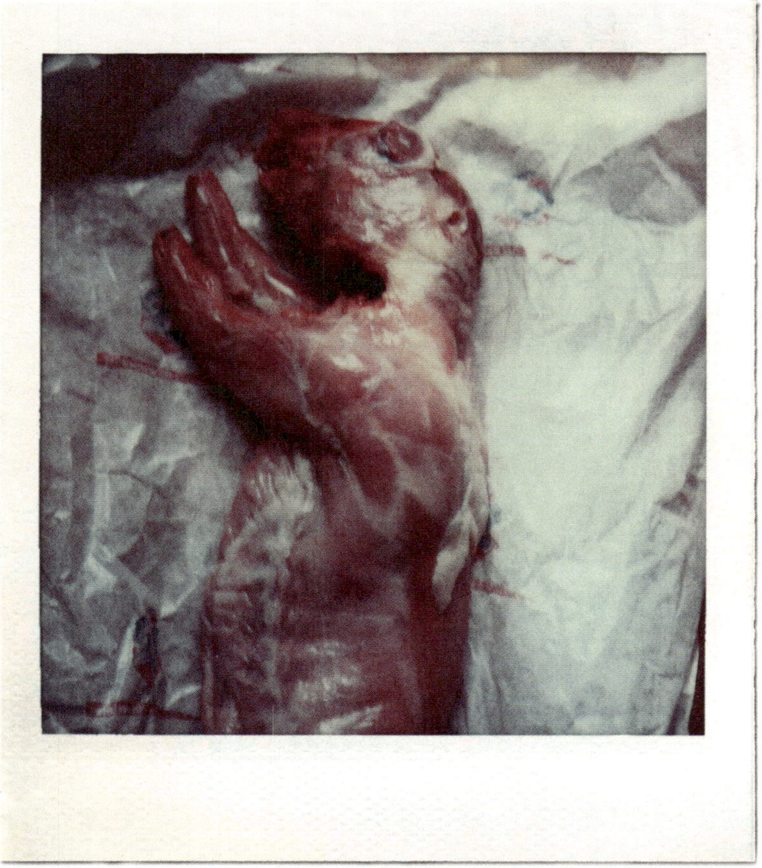

Lieve:
'De koelkast was leeg. We hebben ze volgepropt
met allerlei lekkere dingen. Ook met een konijn.'

14 JUNI 2006

Magdalena schrijft:

'Een veilige plek
strandstoelen in de zon
en in de schaduw
pen en papier
een berg groenten en fruit
en heel veel water.
Deze week gaan we een berg verzetten:
eentje van groenten en fruit.'

Lieve schrijft:

'De koelkast was leeg. We hebben ze volgepropt met allemaal lekkere dingen. Ook met een konijn. Een lief en lekker dier, net zoals een poes.

Annemie en ik willen wel een paar kilo's kwijt. Magdalena niet. Die is bang dat haar lichaam dan weg zal teren. Tot er niets meer van overblijft.'

's Avonds openen wij onze eerste fles, en drinken elk één glas *Chateau Haut-Brion 1998*. Volgens de wijngids is het '*een zeer dure witte wijn met vele laagjes en trapjes*'.

Ik schrik van de wijn. Zo robuust voelt hij aan, zo brandt hij op mijn tong.

'Heel erg lekker,' zucht Magdalena, 'een wijn om eindeloos traag te drinken.'

Tijdens de maaltijd vertelt Lieve hoe haar man met mijn dochter Hope op een feestje was.

Plots kwam er iemand naar hem toe: 'Hier, twintig euro voor dat zwartje.'

Magdalena schatert.

'Mensen doen soms zo gek. Als je doodgaat, wordt dat alleen maar erger. Mensen die je nooit aangeraakt hebben, beginnen je plots te knuffelen. Of ze maken soep voor jou. Of verloren brood.'

Dan vertelt ze over de vragen die haar 's nachts wakker houden. Bijvoorbeeld: hoe vat ik één seconde? 'Maar die laatste vraag heb ik vandaag opgelost,' zegt ze tegen Lieve, 'toen ik jou daarstraks zag fotograferen, wist ik het antwoord. In jouw beelden vat jij één seconde.'

Na het eten ontkurken we een tweede fles. Een *Rioja Cirsion 2000*. Opnieuw drinken we elk één glas.

'Hij neemt mij helemaal in bezit,' glimlacht Magdalena, 'mijn mond, mijn tong, mijn slokdarm. Ik voel hem langs mijn hart strijken en in mijn maag aankomen. Ik word er helemaal warm van.'

Magdalena schrijft:

'Hij is er wel
hij is er niet
hij neemt mij
of hij doet dat niet.

De kanker in mijn strot
hangt mij de keel uit
ik heb hem lief
hij wil mij
of hij wil mij niet.

Als ge doodgaat, krijgt ge knuffels.

Verloren tijd is vaak gewonnen tijd –
zoals dat brood.'

15 JUNI 2006

's Ochtends, aan de ontbijttafel, drinkt Magdalena haar koffie met kleine slokjes.

'Mijn grootste schrikbeeld is de verstikkingsdood,' zegt ze, 'de enige mogelijke oplossing is dan: een buisje door mijn neus en keel om mij te beademen. Maar daarvoor moeten ze mij in coma brengen, met het risico dat ik nooit meer wakker word.'

Met een klap zet ze haar koffie op de tafel.

'Maar dié dood wil ik niet.'

'Welke dood wil je dan wel?'

'Laat ons schrijven,' zegt ze, 'over de ideale dood.'

Magdalena schrijft:

'Doodgaan

Naakt loop ik
onder een vuurrode zon
over de rug van het landschap.
Mijn voeten dragen mij
van heuvel tot heuvel.
De heuvels dragen mij verder
hoger en hoger
verder en verder.
Spoorloos verdwijn ik
voorbij het landschap
voorbij de vuurrode zon.'

Ik schrijf:

'Ik wil helemaal niet schrijven over de dood. En zeker niet over de mijne. Ik wil eigenlijk helemáál niet schrijven. Ik schrijf alleen maar om háár aan het schrijven te krijgen. Veel liever zou ik nu meteen weer in mijn bed kruipen, het laken hoog boven mijn hoofd trekken en heel lang wenen. Zo lang tot die verdomde kanker van haar verdwenen is.

De pot op met de ideale dood. Die bestaat gewoonweg niet. De enige dood die ècht bestaat, is hard, lelijk en altijd ontluisterend.'

Lieve schrijft:

'Voor ik sterf wil ik graag tien dagen tijd.

De eerste dag wil ik enkele dingen vernietigen. Die dag wil ik dus naar het containerpark voor een snelle, grote kuis van mijn privéleven.

De tweede dag wil ik mijn lichaam verzorgen. Want ik wil mooi sterven. Die dag wil ik dus naar de kapper, de manicure en de pedicure. Die dag laat ik mij ook verwennen door de beste handen van de hele wereld.

De derde dag wil ik door mijn leven snuffelen. Kijken naar de beelden van wat is geweest. Stukken lezen uit boeken die we hebben gemaakt. Vaststellen dat het vol en goed was, rijk en bourgondisch.

De vierde dag wordt een dag voor de liefde. Als er nog een minnaar overblijft – het kan ook mijn man zijn, als die er nog is – moét het nog een keer. Iémand moet mijn oude lijf nog eens aanraken. Een laatste dag in bed. Vrijen tot het pijn doet. Tot ik denk: "Nu is het echt genoeg geweest."

De vijfde dag wil ik aan de natuur besteden. Nog één keer mijn voeten in het gras zetten. Nog één keer naar de zee luisteren, de wind door mijn haren laten waaien. Ik weet het, dit is een melige dag. Maar hij moet er zijn.

Dan heb ik nog vijf dagen, en zal ik weten wat verder nog belangrijk is. Mijn kinderen en mijn liefste. De laatste kus. De laatste knuffel. De onvermijdelijke tranen. Eten en drinken. Elke hap, elke slok zal belangrijk zijn. Een paar sigaretten wil ik ook nog roken. Nog enkele verboden dingen doen. De beste wijnen en champagnes drinken. Ook nog wat geld uitgeven. Dat doe ik graag.

Dan komt de dag dat ik zal sterven. Dan doe ik zeker een propere onderbroek aan. Mijn ondergoed moet perfect passen, en ook mijn bovenkleding moet mooi zijn. Nergens knellen. Dan ga ik liggen in de schemering en sluit ik mijn ogen. Voor altijd.

Pas dan mag iedereen huilen.'

'Dat van die propere onderbroek,' lacht Magdalena, 'dát mag ik echt niet vergeten als mijn dag gekomen is. En verder vind ik dat we moeten blijven schrijven. Elke dag. Alle drie.'

'Dan moeten jullie ook fotograferen,' vindt Lieve, 'elke dag. Alle drie.'

'Moet dat echt?' protesteren wij, 'Jij bent toch de fotografe?'

'Het moet. Elke dag drie bruikbare beelden. Jullie moeten scherper leren kijken. Jullie moeten beelden maken waar ik het warm of koud van krijg. Het gaat om het vatten van een gevoel, het stelen van de tijd. Jullie moeten het proberen. Ergens in je hoofd een ongebruikte knop aanklikken.'

Rond vier uur 's nachts word ik wakker van een oorverdovend lawaai. Ik ga rechtop zitten en besef dat het lawaai dat mij zo ruw heeft gewekt, uit Magdalena's kamer komt. Een donker, schurend, hard gesnurk. Ik luister en luister, en weet dat ik dit geluid ooit nog eens heb gehoord. Precies zo luid, hard en duister. Het was de doodsreutel van mijn moeder toen zij die laatste dagen in een diepe coma lag.

Ik sta op, knip het licht aan, drink een glas water en probeer de angst van mij af te schudden. Het gereutel gaat verder, nog een hele tijd. Dan valt het stil en volgt er een vreemde, ruwe hoestbui. De stilte die volgt, klinkt zo mogelijk nog vreemder. Is Magdalena wakker? Heeft de angst haar in de greep? Is zij dood? Of slaapt zij gewoon verder?

16 JUNI 2006

's Ochtends tref ik Magdalena in de tuin, schrijvend alsof haar leven er van afhangt.

'Geef me nog eens een schrijfopdracht', glimlacht ze, en ik lees de vermoeidheid op haar gezicht. 'Maar niét over de dood.'

'Over de vriendschap dan?' stel ik voor en dat vindt ze een goed idee.

'Eigenlijk vind ik die schrijfopdrachten zo raar,' zeg ik wat later, in de keuken, tegen Lieve, 'een beetje geforceerd.'

'Neen, die opdrachten zijn net fijn. Bovendien is het een uitstekende manier om Magdalena aan het schrijven te krijgen, en haar "ik-negeer-mijn-kanker-scenario" te doorbreken. Ze wil trouwens alleen maar schrijven als wij meeschrijven. Als wij niet schrijven, is het alsof we niet met drieën zijn. Maar *wij* tegenover *zij*. De levenden tegenover de stervende. De jongere vrouwen tegenover de oude. De sterken tegenover de zwakke. De snellen tegenover de trage.'

Ik schrijf:

'Mijn Vriendschap met Magdalena begon precies twintig jaar geleden. Ik was 25, zij 38. Ik ontmoette haar op een feestje. Zij had toen lang, blond haar. Ze droeg een losse, witte blouse, en vormde een stel met een veel jongere man. Als ik flitsen van onze vriendschap wil zien, hoef ik mijn ogen maar te sluiten. Samen slapen: op de grond in een luchthaven, in vliegtuigzetels naast elkaar, in mijn bed of in het hare, buiten onder de sterren, in een groezelige kamer in Bombay. Dingen: bestofte trekkingschoenen, een zwarte beha, een winters vuur, tekeningen in het zand, vliegende tafels, dansende derwisjen, een boek vol gedichten, haar huis aan de rand van het bos.

Al vaak heb ik me afgevraagd hoe wij uiteindelijk vriendinnen zijn geworden, wat ons precies naar elkaar toe dreef. Want niet alleen in leeftijd waren wij heel verschillend. Zij was alleenstaand, ik getrouwd. Zij had twee kinderen, ik geen. Zij was werkloos en had geen enkele professionele ambitie. Ik had een drukke job met dromen die veel verder reikten dan wat ik deed. Zij was ervaren, ik nog heel groen. Maar dat deed er allemaal niet toe.

Vanaf die eerste ontmoeting trokken we samen op, en dat hield nooit meer op.'

Lieve schrijft:

'Vriendschap kan voor mij met weinig woorden. Vriendschap waar veel gezegd moet worden, lijkt mij wankel. Dat geldt ook voor mijn

vriendschap voor Annemie. Ik wil daar niet te veel woorden aan besteden. Dat is alleen maar schadelijk.

Annemie draagt een bril met spiegelgazen. Vreselijk. Ik zie haar ogen niet. Ik weet ook waarom zij precies deze bril draagt. Zo verstopt ze zich. Want ze moet steeds maar wenen achter die glazen.'

Magdalena schrijft:

'Aan Annemie,

Het breekpunt
zijn de tranen
die je lacht
en verbergt
achter je appelzee-
blauwgroene bril.

Het keerpunt
is het ijle gebaar
waarmee je ze
amper aanraakt,
het ijle breken
van de schaal
omheen je hart.'

Ik:

'Het is tijd voor het mooiste moment van de dag.

Tijd voor de fles *Opus One*.'

'Niets behoort mij toe,
niets neem ik mee.'
[Magdalena]

HOOFDSTUK 19

Of dacht je dat ik sterven zou

16 JUNI 2006

's Ochtends stelt Magdalena voor om deze week onze eigen *Vision Quest* te organiseren. 'Neen, geen vier dagen en vier nachten zoals bij de indianen. Maar wél vierentwintig uur in de vrije natuur, op een eenzame plek. Zonder eten of drinken, zonder enig comfort, zonder te spreken, zonder iets te doen.'

Dat vinden wij meteen een goed idee.

'Maar in deze hitte vierentwintig uur lang niet drinken,' bedenk ik, 'dat is keihard, en bovendien ongezond.'

'Je hebt gelijk,' beaamt Lieve. 'Waarom zouden we afzien? En ik wil elk uur een foto nemen. Op élk uur van de dag, op precies dezelfde plek. Vierentwintig foto's. Als symbool voor het verstrijken van de tijd. Als samenvatting van het verloop van het leven.'

'Als jij fotografeert, wil ik ook schrijven', zeg ik. 'Zonde van die vierentwintig uur om helemaal niets te schrijven.'

'Maar niets doen is niets doen', glimlacht Magdalena. 'Als je schrijft en fotografeert, blijven je gedachten draaien.'

'Maar voor ons boek zou het wel heel mooi zijn.'

'Dat is waar. Oké, drinken mag. En schrijven en fotograferen ook.'

'Maar als we mogen drinken, zouden we toch ook iets kunnen eten? Alleen wat fruit bijvoorbeeld?'

'Oké, alleen fruit dan.'

‘Zouden we ook niet één van onze dure flessen wijn meenemen?’ stelt Lieve voor. ‘De allerbeste. Om ’s avonds onder de sterrenhemel leeg te drinken.’

‘Voor mij is alles goed.’

‘Als ik nu eens een lekker hapje maak, voor bij die speciale wijn?’

‘Dan kunnen we evengoed een uitgebreide picknick samenstellen.’

‘Oké, dan maak ik nog een fruittaart,’ zegt Lieve, en tegen mij,

‘het zou toch ook leuk zijn om af en toe wat te kletsen, terwijl Magdalena zwijgt.’

‘Misschien kunnen we één uur spreken en één uur zwijgen.’

‘Ben je gek?’ lacht Magdalena. ‘Laat ons het spreekverbod dan maar meteen opheffen.’

‘En wat, als het begint te regenen?’

‘Er is een tent in huis,’ bedenk ik, ‘laten we die ook meenemen.’

Wat later, aan de afwas, valt het me op hoe stil Magdalena is.

‘Is dit nog wel oké voor jou,’ vraag ik, ‘nu er van het oorspronkelijke plan – de *Vision Quest* – nauwelijks iets overblijft?’

‘Wees gerust, de essentie blijft. En neen, het is allemaal niet minder of armer geworden. Net rijker en voller. Gaan jullie nu maar een plek zoeken, liefst dicht bij huis. Dan ruim ik hier wel een beetje op.’

‘Ze is moe’, zegt Lieve onderweg. ‘Heb je gezien hoe moeizaam ze stapt, hoe ze elke fysieke inspanning tracht te vermijden?’

‘Neen, eigenlijk niet.’

‘En heb je gemerkt hoe haar gezwel haast zienderogen groeit?

‘Neen, ook niet.’

‘Ze kan het ongelooflijk goed camoufleren, maar het snijdt haar letterlijk de adem af.’

In het bos staat een volmaakte heksenkring die ik aan Lieve wil laten zien.

Ik:

'Als we mogen drinken, zouden we toch ook iets kunnen eten?

Alleen wat fruit bijvoorbeeld?'

‘Prachtig,’ beaamt ze, ‘die open plek, omringd door die imposante bomen. Maar véél te donker om te fotograferen. En bovendien veel te weinig landschap. Ik heb voldoende spanning nodig in het beeld: voor- en achtergrond, verte, variatie, beweging. Zelfs als er niets beweegt, moet er toch beweging zijn.’

Wat verder, aan de rand van het bos, voelen we het allebei. ‘Ja, hier is het.’

‘Nog iéts hogerop,’ roept Lieve opgetogen, ‘nog iéts verder, voorbij die opgerolde hooibalen. Daar ligt onze plek.’

‘Spannend genoeg?’

‘Perfect’, glimlacht ze tevreden.

17 JUNI 2006
14 UUR

Uiteindelijk vertrekken we met een overvolle wagen – vol donsdekens, luchtmatrassen, een grote zak kleren en schoenen, eten en drinken, camera’s, schrijfgerief en zelfs een laptop. Alleen de tent hebben we niet bij. Die vond ik niet.

Nauwelijks één kilometer rijden we, tot aan de rand van het bos. Op onze favoriete plek installeren we Magdalena in de schaduw van een boom, terwijl Lieve en ik ons kampement zo gezellig inrichten dat we er zelf versteld van staan.

Om de start van onze *Vision Quest* te vieren, drinken we versgeperst fruitsap met Bretoense koekjes, gedrenkt in een frambozensausjes met muntblaadjes.

‘Op het leven’, toasten we.

‘Zullen we alvast beginnen met één uur te zwijgen?’ stel ik voor, om Magdalena een plezier te doen.

‘Maar neen, dat hoeft helemaal niet.’

‘Toch wel,’ zegt Lieve, ‘één uurtje zwijgen om te beginnen.’

Magdalena schrijft:

'Bepakt en beladen ontvluchten
we ons stille huisje
naar een plekje in de natuur.
Waarheen zal ik morgen vluchten?'

15 UUR

Het eerste uur is al voorbij. Luierend op een deken, met een boek, een schrift, een drankje. Blote voeten, zomerkleren, wat zonnecrème. Het leven is mooi en makkelijk.

Ik durf de stilte nauwelijks te verbreken. Maar drie woorden, dat moet kunnen.

'Nog een uurtje?'

De anderen kijken even op. Een lachje, een knikje. En alles is goed.

Magdalena schrijft:

'Of dacht je dat ik sterven zou
in deze blakende hitte,
rustend onder deze boom,
een lijf barstensvol verlangens?'

16 UUR

Ik zou hier best drie dagen willen blijven in plaats van vierentwintig uur.

De tijd die we hier onder deze boom doorbrengen, is het mooiste, gezelligste, meest eenvoudige leven dat ik mij kan voorstellen.

De anderen denken er net zo over. Denk ik.

Deze keer is het Lieve die de magische woorden spreekt.

'Nog een uurtje?'

Magdalena schrijft:

'Ik zal de juiste woorden spreken
Ik zal de juiste woorden zwijgen
En dan wordt alles stil.'

Lieve schrijft:

'Ik ben blij dat Annemie haar bloemenjurk draagt.

Haar felle kleuren geven ons een plaats in dit hemelse landschap.

Ik denk dat ik van Magdalena zou kunnen houden, ook al hou ik niet gemakkelijk van iemand. Zou het niet dom van mij zijn om van haar te houden?

Hoe snel moet ik haar dan niet afgeven?'

17 UUR

Magdalena geeft mij acht bladzijden met *scenario's*. Kankerscenario's. Levensscenario's. Doodsscenario's. Doktersscenario's. Doemscenario's. Sterfscenario's.

Ik neem ze aan, en steek ze weg. Ik wil die scenario's niet lezen. Niet hier, op deze plek. Dit plaatje mag niet verstoord worden. Want zelden heb ik zo'n mooi landschap gezien. Zo ver, zo helder. Tot aan de andere kant van de wereld. Of toch bijna. Heuvels, bossen en velden. Rechts een kerktorentje, wat verder een kloosterruïne.

Het land ligt aan onze voeten, en wij zijn de koninginnen. 'Nog een uurtje?' fluistert Magdalena.

Magdalena schrijft:

'Mijn stem,
zij breekt,
zij glijdt.
Hoe lang nog?'

18 UUR

De dag begint ánders te kleuren. Het is nog steeds bloedheet, maar het licht wordt zachter, geler, voller. Met drie lege, plastieken flessen ga ik op stap, naar een boerderij wat verderop. De geitenboer geeft mij water en kijkt mij nieuwsgierig aan.

'Is het niet te warm, daar op de wei?'

'Neen hoor, het is daar prima. We willen daar blijven slapen.'

'Slapen? Deze nacht?'

'Ja. Onder de sterren.'

'Als het maar niet onweert.'

Sommige mensen gaan altijd uit van het slechtste scenario.

Magdalena schrijft:

'Niets behoort mij toe
mijn lijf niet,
mijn gedachten en gevoelens
nog minder.
Gelukkig maar.'

19 UUR

Uiteindelijk is het Magdalena die de stilte doorbreekt. Ze wil wat kletsen en wat eten.

Meteen duiken Lieve en ik in de frigobox om onze quiche boven te halen. Hij is perfect. Mooi gebruind, net goed qua consistentie. We snijden hem in kleine stukjes, en versieren hem met verse peterselie en koriander. Plakjes tomaat en komkommer brengen wat lichtheid en verfrissing.

Magdalena schrijft:

'Ik zal met mijn handen
de aarde troosten
en elk schepsel

dat haar bewoont
nog eens en nog eens
de hele zomer lang'

20 UUR

Daar zitten we dan, samen in ons decor. Het is tijd voor het beste van het beste. Voor het mooiste moment van de dag, van het jaar, van ons hele leven. Tijd voor de fles *Opus One*. Een fles waarvan we de prijs niet willen kennen. Neen, over de prijs praten we niet. Want alles heeft zijn prijs, en wij zijn perfect gelukkig. Dat geluk willen we vastleggen.

Daarom gaan we op een rijtje zitten. Zij, zij en ik. Net voor het moment van die eerste slok, horen we de zachte klik van het fototoestel. De zelfontspanner heeft zijn werk gedaan.

Slechts even laat Lieve ons de foto zien. Het is een beeld van volmaakt geluk.

Magdalena schrijft:

'ik drink – verdrink mezelf
en vind mezelf weer
op de bodem van dit lege glas
telkens weer'

Lieve schrijft:

'Eén ding is zeker. Opus One is de moeite om even voor te leven.

Zal ik straks, als de nacht valt, nog altijd zo perfect gelukkig zijn op deze heuvel?'

21 UUR

We zitten nu midden in het veld, vlak naast het statief met het fototoestel. Nog even is het dag. Rood en oranje, zoals de zijden doeken die Magdalena en ik, lang geleden, in India hebben gekocht.

Zij:

'Ik ben blij dat Annemie haar bloemenjurk draagt.
Haar felle kleuren geven ons een plaats in dit landschap.'

'India, alweer India,' plaagt Lieve mij, 'wat was er toch zo bijzonder aan India?'

'India was waanzin. Maar we waren gelukkig daar.'

'Dat is niet waar,' zegt Magdalena ernstig, 'dat maak jij er nu van. In India was jij helemaal niet gelukkig. Maar maak gerust je eigen verhaal, vertekend door de tijd.'

Magdalena schrijft:

'Om niet geboren te worden
is het nu echt te laat
maar ook:
om niet te sterven
is het nu echt te laat'

22 UUR

We hebben onze kleren uitgetrokken en liggen als kinderen naast elkaar. We blijven verhalen van vroeger vertellen. Opnieuw en opnieuw. Om nog even langer deze avond vast te houden.

Magdalena schrijft:

'Wat is is,
en wat niet is
kun je ook niet maken.
En tussen ons
is zoveel niet.
Maar
wat is is,
moeiteloos en zonder reden
en al de rest is niet.'

Lieve schrijft:

'Wij – de levenden en de stervenden – begrijpen elkaar niet.
We zijn samen, maar liggen toch zo ver van elkaar.
Gelukkig zien we elkaar graag.'

23 UUR

In de verte rommelt een onweer. Ver, ver weg.

Een felle lichtflits en ik zie Magdalena liggen, op haar rug en in profiel. Haar gezwel licht op, zo groot dat ik vermoeid de ogen sluit. Ik wil het niet zien, niet op deze plek waar we zo gelukkig zijn.

Al snel hoor ik haar snurken. Nog niet luid, nog niet hard, nog niet angstaanjagend.

'Lieve', fluister ik.

'Ja, wat is er?'

'Ik denk dat het onweer ver weg blijft.'

'Zoiets zeg jij altijd als je het tegenovergestelde verwacht.'

'Ik denk toch dat het niet gaat regenen.'

'Ik denk dat het onweer razend snel dichterbij komt.'

'Dat denk ik ook', zegt Magdalena, schor en wakker.

'Wat doen we dan?'

'Alles snel de auto in en wachten tot het overgaat.'

'Het gaat niet regenen', hou ik vol.

Ik wil het blijven geloven, tot het allerlaatste moment.

Magdalena schrijft:

'Of dacht je dat ik sterven zou
neergebliksemd door een hemels geweld
op deze godverlaten plek?'

Lieve schrijft:

'Het is nu echt donker.
Om 14 uur maakte ik een beeld op 1/400ste van een seconde.

Om 22 uur duurde het al dertig seconden.
Nu zal het zeker een paar minuten duren.'

24 UUR

Precies om middernacht barst de hel los, vlak boven ons hoofd. We springen recht, grabbelen onze spullen bij elkaar en rennen naar de auto. Magdalena op de achterbank deze keer.

Daar zitten we dan, opeengepakt, als sardienen in een blik.

'We zouden naar huis kunnen rijden?' opper ik voorzichtig.

'Neen,' protesteren Magdalena en Lieve luid, 'we moéten doorzetten. Ons project loopt tot morgennamiddag. Regen of geen regen. Als het stopt met regenen, gaan we weer naar buiten.'

Ik kijk opzij en zie Lieve met gesloten ogen in de chauffeursstoel zitten. *Les yeux fermés.*

Ik kijk achterom en zie Magdalena's opgetrokken benen. De rest van haar lichaam rust achter mij. Goed zo, dan hoef ik haar gezwel niet te zien.

'Zie ons hier zitten,' denk ik grimmig. 'Kan het nog zieliger? Vlakbij wachten drie comfortabele bedden. Wie laat een terminaal zieke vriendin nu een slapeloze nacht in een auto doorbrengen? Of gebruik ik nu Magdalena's kanker om zelf naar huis te kunnen gaan?'

Ten slotte zeg ik het. Luidop, tegen Lieve, want ik weet dat haar stem beslissend zal zijn.

'Komaan, laat ons naar huis gaan. Dit heeft geen zin.'

Tot mijn verbazing is Lieve het met mij eens. 'Als het de hele nacht blijft regenen, valt er toch niets op mijn foto's te zien. En een mooie zonsopgang kunnen we sowieso vergeten.'

Nu is het nog alleen Magdalena die protesteert.

'Dat kunnen jullie niet menen. Een project is een project.'

'Ach Magdalena,' zucht Lieve, 'alles is zoals het is. De regen drijft ons naar huis. Daar is niks mis mee.'

Magdalena schrijft:

'Godzijdank
ik kan nog rennen
halsoverkop
naar onze kooi van Faraday
– dit hok van zelfbehoud.'

1 UUR

Ik wil gaan slapen. Voor mij is het project afgelopen. Maar Lieve en Magdalena denken daar anders over. 'Ik ga heel even een dutje doen', zegt Magdalena. 'Om drie uur mogen jullie mij wakker maken. Dan kunnen we samen wachten op het begin van de dag.'

Mij kan de dageraad gestolen worden. 'Kunnen we niet om beurt opstaan? Elk uur iemand, zodat elk van ons toch enkele uren aan één stuk door kan slapen?'

'Neen,' reageert Magdalena verontwaardigd, 'zo gaat dat niet. De cyclus moet voltooid worden.'

'Ons project hoeft helemaal niet te stoppen,' beaamt Lieve, 'we zetten het gewoon verder. Hier en nu. Ik installeer mijn camera opnieuw, in de veranda deze keer. In het donker kan ik wel geen *cadrage* maken, maar ik weet waar de dingen staan.'

'Wek mij maar als je me er bij wilt', zeg ik tegen de anderen, en ik kruip in bed.

Magdalena schrijft:

'Mijn lijf, ik heb het gebruikt
– heb ik het opgebruikt?'

2 UUR

Verdomme, waarom slaap ik niet? Ik voel mij schuldig. Ben ik een lafaard, een verrader? Maar ach, wat valt er te bewijzen? Dit is toch geen wedstrijd *om ter langst wakker blijven?* Of gaat dit om: *om ter langst in leven blijven*? Dan moet ik snel mijn bed uit.

Zou ik Lieve gezelschap gaan houden?

3 UUR

Het is zo stil in huis. Ik heb Magdalena horen opstaan. Ik heb haar wat horen rommelen. Maar nu is het weer stil. Wat zouden ze doen? Lezen, slapen, schrijven, tv-kijken?

Magdalena schrijft:

'De dag is hier nog dag
en de nacht nacht –
bij gratie van de dag

De nacht is hier nog nacht
en de dag dag –
bij gratie van de nacht'

4 UUR

Help, ik lig nog altijd wakker. Ik ben bang, doodsbang. Als ik mijn ogen sluit, kan ik alleen maar haar gezwel zien. Zo donker en dreigend. Ze draagt de dood in haar hals. Kan het nog gruwelijker? Hoe doet zij dat toch, de angst en de paniek bedwingen in het donker van de nacht?

Magdalena schrijft:

'Nachtelijke gedachten zijn als sterren.
Zij verbleken bij het licht van de dag.'

Ik:

'Ongewild zie ik beelden die ik liever niet wil zien.'

Lieve schrijft.

'De eerste contouren worden zichtbaar. Alles is nog zwart-wit, de kleuren zullen later komen.

Ik ben zo moe. Waarom doe ik dit in godsnaam?'

5 UUR

Magdalena schrijft:

'Of dacht je dat ik sterven zou
smachtend in dit duistere kleed
van grijze schemering,
voortijdig gedoemd
tot verrotting in deze aarde?'

6 UUR

Magdalena schrijft:

'Heb ik mijn tijd wel goed benut?
Hoe vaak leefde ik
met mijn verstand op nul
en mijn blik op oneindig?
En waar was ik dan?
Op nul of op oneindig?'

7 UUR

Magdalena schrijft:

'Soms dacht ik dat het beter was
mijn gevoel te volgen
dan weer mijn verstand
terwijl ik weet
dat beide even misleidend zijn.'

8 UUR

Magdalena schrijft:

'Ik leg mij neer en de tijd staat stil.
Neen, hij staat niet stil,
want elk uur piept de gsm
en moet er een foto genomen worden.'

9 UUR

Magdalena schrijft:

'Woorden zijn verpakte lucht.
In het beste geval gaan ze dwars door je hoofd.
Het ene oor in, het andere oor uit.
Zo ben ook ik verpakte lucht.
Een omhulling van niets.'

10 UUR

Magdalena schrijft:

'Heel even ben ik hier te gast –
en dan nooit meer.'

11 UUR

Lieve maakt mij wakker. Ik spring uit bed, schud het schuldgevoel van mij af en begin snel het ontbijt klaar te maken.

Ze zien er allebei moe en verfomfaaid uit.

Magdalena schrijft:

'Misschien wil ik zo wel sterven:
genietend van de uiterste vermoeidheid
van een uitgeleefd lijf.'

12 UUR

Lieve heeft een zware dip en wil een eindje gaan lopen.
Meelopen is het minste wat ik voor haar kan doen.

Magdalena schrijft:
'Als ik dan toch nog een tijdje blijf leven, moet ik dringend naar de kapper en de tandarts.'

13 UUR

De cyclus is nu bijna rond. En dan?
Magdalena schrijft en Lieve slaapt. Zonder het te beseffen heeft ook Lieve de cyclus doorbroken. Ik hang de was op en begin te koken. Champignonsoep met ajuin en prei. Een pastaslaatje met zalm, pesto en verse groenten. De dagelijkse dingen doen mij goed. Waarom vallen ze mij thuis soms zo zwaar?

Magdalena schrijft:
'Eerst was ik ervan overtuigd dat ik binnen de kortste keren zou stikken.
En kijk, het gezwel zwol.
Toen wist ik, met alle vezels van mijn lijf, dat ik nog een hele tijd wilde leven.
En kijk, het gezwel werd zeer levendig en nam vele vormen aan.
Nu ben ik ervan overtuigd dat de kanker ook gewoon kan overgaan.
Maar ja, zal mijn gezwel dat wel begrijpen?'

14 UUR

Magdalena ligt op de bank – *les yeux fermés* – en luistert naar Cecilia Bartoli. Händel en Scarlatti. Ze ziet er oud en moe uit. Oké, ze heeft deze nacht nauwelijks geslapen. Maar dat is het niet. Ze gaat nu snel achteruit. Elke dag wordt haar stap trager, haar gekuch vreemder, haar ademhaling moeizamer, haar stem brozer.

Ongewild zie ik flitsen van de afgelopen dagen. Beelden die ik liever niet wil zien.

Hoe ze zich uitkleedt om het zwembad in te gaan. Het naakte lichaam van een oude vrouw. Slappe, verrimpelde huid. Afhangend vlees. Hoe ze door het bos stapt, en om de tien passen halt houdt om op adem te komen en verder te kunnen gaan. Hoe ze hier urenlang schrijft, zonder op of om te kijken. Ze schrijft het meest van ons allemaal, van 's ochtends vroeg tot 's avonds laat. Alsof het haar laatste woorden zijn. Hoe ze 's nachts ronkt en snurkt en reutelt. Alsof ze al op haar doodsbed ligt. Hoe wij tegenover elkaar staan. Alsof we niet met drieën zijn, maar twee tegen één.

Ik:

‘Ze ligt op de bank

– *les yeux fermés* –

en luistert naar Cecilia Bartoli.’

'Tussen de plooien
vallen we samen
zij zij en ik.'
[Magdalena]

HOOFDSTUK 20

Zij, zij en ik

In het veld pikken we de resten van onze onweersnacht op. Een nat zeil en doorweekte luchtmatrassen. Een wijnfles en lege glazen. De droesem van ons geluk.

Daarna gaan we een eindje wandelen. Op het vervallen kerkhofje neemt Lieve met haar oude Polaroid-camera de ene foto na de andere.

'Ik wil hier weg,' fluistert Magdalena na een tijdje, 'de dood hangt me de keel uit. Is het naar links of naar rechts?'

'Links is de lange wandeling. Rechts de korte.'

'Laat ons dan maar rechts nemen,' zegt Lieve snel, 'ik ben nog altijd doodmoe.'

Heel even zie ik hoe Magdalena haar wenkbrauwen optrekt bij het woord *doodmoe.*

'Ik heb een vraag,' zegt ze ernstig, 'en jullie moeten mij een eerlijk antwoord geven. Is mijn gezwel zo opvallend dat het meteen de aandacht van een toevallige voorbijganger trekt?'

'Ja,' zegt Lieve eerlijk, 'ik denk het wel.'

'En jij?' vraagt Magdalena hoopvol aan mij. 'Denk jij dat de mensen eerst naar mijn gezwel kijken, en dan naar mij?'

'Ik kan jou niet als een buitenstaander bekijken. Ik zie eerst jou, en vaak zie ik je gezwel zelfs helemaal niet.'

'Misschien moeten we het vandaag eens over ons lijf hebben', glimlacht ze.

Achter een grote houtstapel in de tuin doen we onze kleren uit en fotograferen elkaar. Naakt. In stukken en brokken. Een hand, een bil, een heup. Een welving, een plooi.

Loom en gemakkelijk geven we ons aan elkaar en aan de camera over.

Magdalena schrijft:

'Neen, ik ben geen gladgestreken doek.
Ik ben geplooid, gerimpeld en getekend.'

'Om mijn leven te leven heb ik het perfecte lijf gekregen,
en daar ben ik dankbaar om.
Wilde ik een paar duizend kilometers stappen
of een hele winter rondhangen met een breiwerk of een boek?
Mijn lijf wilde altijd mee.
Ik was nooit ziek, ook nu niet.
Al negen maanden weet ik dat ik kanker heb
maar nog altijd ben ik in goede conditie.
Ik ben een luxepatiënt.'

'En als het toch eens moeilijk werd,
was er altijd wel een hand die streelde
altijd weer
een hand die streelde
op de juiste plaats
en teder genoeg.'

In de vroege avond ontkurken we een fles *Gumpold. Loimerandfriends – 2002. Chardonnay Reserve. Thermenregion – Osterreich. 13,5 %.*

In het zonlicht dat stilaan zachter wordt, drinken we de wijn. Buiten voor het huis, op onze berg, het land opnieuw aan onze voeten. 'Precies wat ik nodig heb,' zucht Magdalena, 'een inspirerende wijn.

Ik:

'We fotograferen elkaar. Naakt.

In stukken en brokken.'

Hij doet mij van de toekomst dromen. Nog één keer wil ik de zomer ten volle beleven. Zoveel mogelijk in mijn eigen tuin. Mijn zoon en schoondochter komen twee weken bij mij logeren. Verder plan ik nog enkele korte uitstapjes: met een vriendin, met mijn kleindochter. Eind augustus vertrek ik met enkele vrienden naar Zuid-Spanje. Daarna wordt het vaag, en durf ik niet veel plannen meer te maken. Maar laat ons afspreken dat we deze winter – als ik nog leef – opnieuw samen een week naar hier komen. Zoals we nu de langste dagen beleven, zo wil ik samen met jullie ook de kortste dagen doorbrengen. En nu, dames, het huis uit. Gaan jullie eens lekker samen uit eten. Ik wil een avondje voor mezelf. Om een en ander op een rijtje te zetten.'

Magdalena schrijft:
'***21 uur.***
Ik ben alleen in het huis, met als enige gezelschap een paar vragen waarop ik stilaan het antwoord wil vinden.

Heb ik de richtlijnen wel goed begrepen?

Heb ik mijn tijd wel goed benut?

Als je verantwoordelijk bent voor je leven, ben je dan ook verantwoordelijk voor je leven na de dood?

Als de dood komt, zal de angst mij dan overvallen en mijn bewustzijn benevelen? Of blijf ik siberisch kalm?

Bestaat er nog een andere werkelijkheid dan de wereld waarin ik nu leef?

Overleeft mijn bewustzijn de dood?

Stel ik mij al deze vragen terwijl ik het antwoord eigenlijk wel weet?

Alles welbeschouwd ben ik uitermate nieuwsgierig.

Ik wil er helemaal bij zijn.

Mijn god – gij dwaas van liefde – laat mij alstublieft niet gaan als een dief in de nacht.'

'**22 uur.**
Iets over de dood.

Nadat ik mijn huis verliet
kwam ik thuis
Nadat ik de gebaande wegen verliet
begon ik te leven
Nadat ik in de afgrond sprong
kreeg ik vaste grond onder de voeten
Nadat ik de bergen beklom
bewoonde ik de hemel
Nu ik mijn lijf verlaat
welke heerlijkheid staat mij nu te wachten?'

'**23 uur.**
Voor Lieve en Annemie:

Kwetsbaar
wonen jullie
in de holte van mijn hand.
Behoedzaam
proef ik
de geuren en geluiden
van dit huis,
speel ik met jullie
het spel van lijf en ziel
het samen-zijn
elkaar even willen vinden
of toch niet,
speel ik met jullie
het spel van elkaar-net-niet-raken.
Behoedzaam
raak ik jullie
niet.'

'Middernacht.

Zoals zo vaak de laatste tijd, kan ik de slaap niet vatten. Ook deze nacht zal lang en onbarmhartig zijn. Ik ben zo moe, en weet niet eens waarvan.

Het lijkt een beetje op doodgaan
– of zit ik er nu helemaal naast?'

'1 uur.

Lieve en Annemie zijn thuisgekomen. Ik ben niet meer alleen. En toch alleen.

Ach mijn lief,
ik heb al zo vaak geleefd
het is gewoon belachelijk
ik heb al zo vaak bemind
ik ben zo moe.
Maak als je kunt
dat ik eindelijk rusten mag.
Maak als je kunt
dat ik zwijg
en mijn ogen sluit.
Maak als je kunt
dat ik mijn handen vouw.
Maak als je kunt
dat ik mijn ziel ontvouw.'

'2 uur.

Zo donker.
De dag is een deel van de nacht,
en het spreken behoort tot het zwijgen.
De dood omhult het leven
als een zwarte schoot.
Ik leef in stervensweeën
en ben bereid.'

'3 uur.
Zo moet het zijn:
Eén sprong
en dan – heel even – niets meer.
Tot ik met blanke voeten
mijn nieuwe huis betreed.'

'4 uur.
Een vruchtbare gedachte zit er niet meer in.'

'5 uur.
En nog altijd slaap ik niet.

Helpt het als ik nog iets over mijn kanker schrijf?

"Vroeg of laat moet je gaan", maakte de kanker mij duidelijk.

"Wie niet?" dacht ik.

"Het wordt wat later", zei de kanker en ik kreeg extra tijd om afscheid te nemen.

Ik doe mijn best, maar o god, mijn kinderen en kleinkinderen. Het blijft zo moeilijk.

Enkele weken geleden deed de arts opnieuw een opmerkelijke uitspraak: "Vandaag of morgen, mevrouw, springt uw slagader en bent u er in enkele seconden geweest."

"Wat bedoelt u met vandaag of morgen?" vroeg ik.

"Vandaag of morgen", was zijn antwoord.

Zijn boodschap was brutaal en mijn eerste reactie al even extreem.

"Dan stap ik er NU uit." Dat deed ik ook. Gedurende één tijdloze flits zette ik de stap.

In de wereld, maar niet meer van de wereld. Als dat doodgaan is, betekent dood leven en leven dood.

"Dank u wel, dokter," zei ik, "ik ben er geweest."'

'6 uur.
Het werkwoord "zijn".
Ik ben. Ik was. Ik ben geweest. Ik ben er geweest.
Is er nog een tijd na "ik ben er geweest"?
En is er een plaats?
Ben ik dan "nergens" of "overal"?'

'7 uur.
En nog altijd slaap ik niet.
Nadat ik zowat alle wegen bewandelde
blijven mijn bottinen thuis
en stap ik in de eeuwigheid
een barstende slagader
of een gespleten ziel
– wie zal het zeggen –
en alles wordt weer één.'

20 JUNI 2006

's Ochtends leest Magdalena haar stukjes van de afgelopen nacht voor.

Stil kijk ik uit over het land, terwijl zij schor haar zinnen fluistert.

Ik: 'Jij hebt dus helemaal niet geslapen.'

Zij: 'Ik wilde wel, maar het lukte niet. Zo gaat dat wel vaker de laatste tijd.'

Ik: 'Probeer dan overdag een dutje te doen.'

Zij: 'Neen, dan slaap ik de volgende nacht helemaal niet.'

Ik: 'Neem dan iets om te slapen. Een pilletje kan geen kwaad.'

Zij: 'Een slaappil? Geen sprake van.'

Ik: 'Wat wil je dan doen vandaag?'

Zij: 'Schrijven. Onze laatste schrijfopdracht afwerken. En ik stel zelf de titel voor. Zij, zij en ik.'

Shit toch, wat valt er nog te schrijven? Wat valt er nog te zeggen? Om haar een plezier te doen doe ik alsof ik schrijf. En waar is mijn verdomde zonnebril? Ik wil niet dat zij mijn ogen ziet. Want daarin kan ze lezen wat ik haar niet vertellen wil.

Straks blijven alleen zij en ik over.
Zij zal er dan niet meer zijn.

Magdalena schrijft:

'Dat zij zij is
en zij ook
en ik ik
en dat "wij" bestaan
al is 't één ogenblik –
die vergeefse waan
maakt nu ons bestaan.'

Lieve schrijft:

'Wat was nu weer het uitgangspunt van deze week?

Dat zij zou sterven. Nu blijkt dat niet door te gaan. Toch niet deze week. Dus gaat het hier niet over de laatste week, maar over de eerste week van de rest van ons leven.

Moesten we dan wel zo'n dure wijn drinken? Ja, natuurlijk. Dat moest.

Voelt ze zich eenzaam omdat wij geen gezwel hebben?

Ik zou mij eenzaam voelen omdat ik wel en zij en zij geen gezwel hebben.

Maar zij is daar anders in. Of lijkt dat alleen maar zo?

Een ding is zeker. Zij is een schone dame.

En zij ook.

En ik ook.'

Zij:

'Ze is mij zo lief
liever dan liefst en
liever dan mijn liefste ding.'

Magdalena schrijft:

'Zij, zij en ik
Ze zijn mij zo lief
zo dierbaar – zo nabij
maar ik verdwijn
en "wij" bestaan niet echt

Zij en ik
Ze is mij zo lief
liever dan liefst en
liever dan mijn liefste ding

maar het spijt me schatje
in elke liefdesverklaring aan jou
heb ik alle mensen lief
– hoe kan het anders? –
of dacht je
dat je je iets kunt toeeïgenen?
Dat ik van jou ben en jij van mij?
Ik mag er niet aan denken.'

Zij:

'Stervend leven en levend sterven.

Dát is wat ik wil.'

'Vrijheid is gekomen
daar is geen ontkomen aan.'
[Magdalena]

HOOFDSTUK 21

Met open vizier

2 AUGUSTUS 2006

In haar tuin proberen we ons verleden te verbranden. Alle brieven die we een leven lang bewaard hebben, moeten de vlammen in. Liefdesbrieven, dagboeken, beloftes en verklaringen, wensen en verzuchtingen, kattebelletjes, gedichten, sporen van vriendschap en oorlog. 'Stel je voor dat onze kinderen dit ooit lezen', zeggen we de hele tijd tegen elkaar. En: 'Na onze dood mag niets in verkeerde handen vallen.'

Daarom moeten de bewijzen van onze zwaktes en sterktes, onze woedes en affaires verbrand worden.

Magdalena schrijft:

'Het verleden verbranden –
foto's en brieven van lieven
worden voltooid verleden tijd –
hartstochtelijke liefdesverklaringen
en tomeloze kwaadheid
op het naakte blad van verlangen'

25 AUGUSTUS 2006

Mail van Magdalena:

'Dag Annemie,

Alles kits. Alle dagen een beetje minder adem, vermoed ik. Er zijn euthanasiebeslommeringen, en die vragen veel tijd.

Ik wil die kwestie nu echt in orde, en dat loopt niet van een leien dakje.

Mijn laatste schrijfsels staan ondertussen in ons houten heen-en-weer-boek.

Die bereiken jou dus wel.

Ik wilde aan Lieve vragen of ze voor mijn afscheid prentjes kan laten maken met aan de ene kant mijn foto en aan de andere kant deze tekst:

"In de nooit voltooide toekomende tijd
zal alles anders zijn
Jullie zullen nooit geweest zijn
en ik evenmin
We zijn verzinsels van de tijd,
doorprikt door cynisme en nuchterheid.
En toch: wat blijft is
een bedding van tederheid
een kussen van liefde
om op te rusten
voor eeuwig en altijd"'

Mijn antwoord:

'Lieve Magdalena,

Ik heb je tekst gelezen en herlezen. Wat je schrijft is mooi en waar. Hard, en op het einde toch zacht.

Alleen "doorprikt door nuchterheid en cynisme" begrijp ik niet zo goed.

Maar misschien moet ik de tekst opnieuw lezen, en de tijd zijn werk laten doen.

Verder nog dit. Zorg je er op een of andere manier voor dat iemand weet dat ons houten boek uiteindelijk bij mij terecht komt? Of kom ik het bij jou ophalen?'

26 AUGUSTUS 2006

Mail van Magdalena:

'Liefste Annemie,

Ik wil nog een tijdje verder schrijven in ons boek.

Maar vooraan in het boek, op de eerste bladzijde, heb ik geschreven dat het na mijn dood meteen bij jou terecht moet komen. Wie het vindt, zal dit respecteren.

Ik zie je volgende week. Een lieve zoen.'

2 SEPTEMBER 2006

Brief van Magdalena:

'Aan Annemie

Ik neem afstand,
ik trek mij terug,
ik geef me aan mezelf terug,
ik geef jou aan jezelf terug,
ik ontwar de draden
in het gouden net
dat ik weefde

Ik ben alleen
maar voel me geborgen
want ik ben nooit alleen geweest

In het vangnet van de eeuwigheid
blijven we samen.'

5 SEPTEMBER 2006

Mail van Magdalena:

'De Hemel zij dank. Ik verjaar.

Wie zin heeft om op mijn gezondheid een glaasje te drinken is welkom op zondag 10 september vanaf 16 uur.

's Avonds is er een hapje en bij droog weer zelfs een vuur.

Magdalena'

10 SEPTEMBER 2006

Het is stralend weer. In haar tuin staan wel honderd mensen in lichte zomerkleren. Ze lachen en praten en drinken cava. Magdalena wandelt van het ene groepje naar het andere. Ook zij lacht en drinkt. Praten doet zij niet of nauwelijks.

Hope trekt aan haar jurk en laat zich door haar optillen. Kraaiend slaat ze haar armpjes rond Magdalena's hals en vleit haar gezicht tegen het gezwel. Magdalena laat het kind begaan. Ze glimlacht en streelt Hope over de rug.

25 SEPTEMBER 2006

Magdalena schrijft:

'Gefilterd licht
kan ik nog net verdragen.'

5 OKTOBER 2006

Vandaag is het precies één jaar geleden dat Magdalena haar doodvonnis kreeg. Die gebeurtenis wil ze met mij vieren.

'Vieren? Wat valt er te vieren?' vraag ik.

Zij: 'Dat alles veel beter gaat. Want weet je, het eerste jaar is het moeilijkste. Daarna gaat het zoveel beter. Omdat de buitenkant sterft, krijgt de binnenkant meer ruimte. De buitenkant, dat is alles wat een mens *neerzet* in de wereld. Voor mij is dat: mijn huis, mijn tuin, mijn werk, mijn persoon. Die dingen vallen één voor één weg.

Zij:

'Weet je, het eerste jaar is sterven het moeilijkste.

Daarna gaat het veel beter.'

Omdat ik minder en minder adem, minder en minder energie heb, kan ik steeds minder in de wereld *neerzetten*. Maar vanbinnen krijg ik steeds méér adem. Dat is toch mooi? Op die manier is de kanker voor mij een kans geworden in plaats van iets wat mij bezwaart. Sterker nog, als ik vorig jaar had geweten wat ik nu weet, ik zou voor die kanker gekozen hebben. Gekozen.'

Ik: 'Dat geloof ik niet. Echt niet.'

Zij: 'En toch is het zo. Ik bedoel dat mijn kanker mij een inzicht heeft gegeven dat veel belangrijker is dan alles wat er voorheen was. Want dankzij die kanker heb ik ontdekt dat genezing meer betekent dan een gezwel dat weggenomen kan worden. Echte genezing is meer, dieper, mooier ook.

Laat mij het uitleggen met deze twee poppetjes. Kijk, dit eerste popje is acht jaar oud. Ik zat toen vier dagen in die grot, weet je nog? Vier dagen lang heb ik gezwegen, gevast en alleen maar water gedronken. Ondertussen heeft een vriendin dit popje gemaakt dat voor mij het symbool is geworden van wie ik toen was. Als ik terugkijk, was ik toen een jonge vrouw. Ik was al vijftig, maar nu lijkt mij dat jong en sterk. *(glimlacht)* Ik was toen een hele persoonlijkheid, ik dééd iets met mijn leven. Ik trok te voet de wereld rond. Die periode is voorbij. Onherroepelijk. Ik bén die persoon niet meer, ik bén dat popje niet meer.

Nu heb ik een nieuw popje gemaakt. In de klei heb ik zaadjes en briefjes gestopt. Op die papiertjes heb ik geschreven wat ik wil meenemen na mijn dood. *(lacht)* Al weet ik niet of er wel een volgend leven is. Maar kom, dat popje heb ik in doekjes gewikkeld en in mijn tuin begraven. Hopelijk komt daar volgend jaar nieuw leven uit. Dit is dus het popje van *dat-wat-blijft-als-ik-er-niet-meer-ben*.

Misschien klinkt dit alles wat naïef of klef. Maar voor mij is het een grote ommekeer. Mijn hele leven lang heb ik gedacht: "We komen van nergens en we gaan nergens naartoe." Een koel beeld dus. Het afgelopen jaar ben ik daar helemaal anders over gaan denken. "We komen uit een veilige schoot, en we gaan daar terug naartoe."

Het is allemaal zoveel warmer geworden. Meer verbonden. Dat maakt mij rustig. Dat laat mij toe om eindelijk moe te zijn.'

Ik: 'Eindelijk. Want al een jaar lang zie ik je zo dapper bezig. Zo vaak heb ik gedacht: "Toe, Magdalena, rust toch wat. Ga even liggen. Ik heb je zelden of nooit zwak of moe gezien."

Zij: *(lacht)* 'Oké, nu geef ik toe dat ik eigenlijk doodmoe ben. Maar ik stel die vermoeidheid nog even uit. Nog enkele dagen. Want ik heb nog zoveel te doen. Maar beloofd, vanaf volgende week mag ik moe zijn. Goed?'

Ik: 'Heel goed. Want een mens mag zich toch moe en ellendig voelen?'

Zij: 'Natuurlijk. Ik héb ellendige nachten gehad. En ik bén moe geweest. Maar moet ik je dan bellen? *(jammert)* "Annemie, ik voel mij zo moe. Ik voel mij zo verschrikkelijk deze nacht."'

Ik: 'Waarom niet?'

Zij: *(lacht)* 'Dat heb ik heus weleens gedaan, liefje.'

16 OKTOBER 2006

Gisteren kreeg ik een telefoontje van een onbekende man. 'Mijn vrouw is palliatief', zei hij. 'Ze zou het fijn vinden jou, na al die jaren, nog eens terug te zien. Maar niet te lang wachten, want elke dag kan haar laatste zijn.'

Zijn vrouw was, lang geleden, de lievelingsjuf van mijn oudste zoon. Ze waren erg op elkaar gesteld, Jasper en zijn kleuterjuf. Vandaag ga ik naar haar toe. Haar man opent de deur en brengt mij, zonder veel woorden, naar het ziekbed van de juf. Wat is ze veranderd, die mooie vrouw van vijftien jaar geleden. Nog negenendertig kilogram weegt ze, en alleen haar ogen herken ik nog. Verder heeft de dood haar heel erg aangevreten. Hij heeft haar stem genomen, de kleur uit haar huid getrokken, bruine vlekken op haar huid gestempeld, haar oogkassen hol gemaakt, haar vlees weggegeten.

'Maar juf toch,' zeg ik zacht, en ik denk aan Magdalena die er nog lang niet zo toegetakeld en uitgemergeld uitziet. Staat dit haar ook te wachten?

De kleuterjuf vertelt. Over de kanker. Over de liefde voor haar man, haar kinderen en kleinkinderen. Over die laatste vakantie. De oesters en de champagne.

'Ik heb mij met de dood verzoend', vertelt ze. 'Zo lang ben ik blijven hopen dat ik zou genezen. Maar sinds enkele weken wil ik de waarheid onder ogen zien. Ik ga sterven. En ik wil het beter doen dan mijn vader die weigerde zijn dood onder ogen te zien. Jarenlang heeft zijn onvermogen om afscheid te nemen als een loodzware last op mij gewogen. Dat wil ik mijn kinderen niet aandoen. Ik wil hen de kans geven om te praten over mijn dood en samen afscheid te nemen. Mijn diepste wens is dat we deze periode in liefde en openheid met elkaar kunnen doorbrengen.'

Wat later rijd ik naar Magdalena die, vergeleken met de kleuterjuf, een en al leven is. Kleur op de wangen, blinkende ogen. Wat een contrast met vorige week toen de schaduw van de dood over haar gezicht viel.

'Ik ben er door', lacht ze opgewekt. 'Kijk, ik ben weer beter.'

Ik lach en wil haar zo graag geloven. Maar als een hoestbui haar adem de afsnijdt en ze naar de wc loopt om slijmen op te braken, besef ik opnieuw dat zij en de kleuterjuf niet zo ver van elkaar verwijderd zijn.

Om de vreselijke geluiden in de badkamer niet te horen, loop ik de tuin in.

Een hele tijd later duikt Magdalena weer op.

'Zo, nu kan ik er weer een tijdje tegen', glimlacht ze. Maar in haar ogen zie ik de tranen van inspanning. En de blos op haar wangen stelt mij niet langer gerust.

6 NOVEMBER 2006

Mail van Lieve:

'Elke keer als ik naar Magdalena rijd, stel ik me voor hoe ze er deze keer zal uitzien.

"Ze zal in de zetel liggen. Mager en bleek. Het vuur zal uit haar ogen zijn", dacht ik vandaag.

Maar toen ik haar huis naderde, zag ik haar silhouet voor het keukenraam.

"Ze leeft nog", dacht ik blij, en de spanning viel van mijn schouders.

We omhelsden elkaar, en ik voelde dat ze alweer vermagerd was.

Maar er was vuur in haar ogen, en ik vond haar mooier dan ooit.

Ik vroeg haar of ze het antwoord op haar grote vraag al gevonden heeft.

"Wat blijft er over als er niets meer over is?"

"Veel. Heel veel", zei ze.

"Wat dan wel?"

"Het inzicht dat het succes of de mislukking van de dag geen enkel belang heeft. Dat het applaus of de kritiek snel verstomt. Dat je moet koesteren wat overblijft, voorbij de waan van de dag. Je geliefden op de eerste plaats. Dat je de wonden die je geslagen hebt, moet helen."

Ik wist waar ze het over had, en zag plots mijn openstaande rekeningen. Ik zag ze allemaal, klaar en duidelijk. Ik vertelde haar over mijn stommiteiten. Zij luisterde en knikte.'

12 NOVEMBER 2006

Deze avond vertrek ik op reportage naar Afrika.

Nog even bij Magdalena langsgegaan. Afscheid genomen, met tranen in de ogen.

'Doe maar gewoon,' zei ze zacht, 'geen theatrale toestanden.'

'Maar zul je er nog zijn als ik terugkom?'

'Tuurlijk. Doe niet zo gek. Geef me een kus, en vertrek dan.'

24 NOVEMBER 2006

Terug uit Afrika. Vlug mijn bagage thuis gedropt, man en kinderen gekust en meteen naar Magdalena gereden. Met champagne en de beste chocolade.

'Zo blij dat je er nog bent', zeg ik, gelukkig als een kind.

Zij: 'Goed he? Ik heb op je gewacht.'

Ik: 'Hoe gáát het?'

Zij: 'Het blijft boeiend, maar vermoeiend. De nachten zijn het ergst. Dan krijg ik nauwelijks adem. Ik probeer de nacht zo rustig mogelijk te ondergaan én te overleven. Soms lukt dat redelijk. Meestal is het de hel.'

Ik: 'Zo slaap je toch niet voldoende?'

Zij: 'Dat weet ik eigenlijk niet. 's Nachts kan ik het onderscheid tussen droom en realiteit niet meer maken. Verschillende realiteiten vloeien dan in elkaar over en worden nachtmerries. Vorige nacht bijvoorbeeld had ik dorst. Maar ik kon niet bewegen. Ik raakte niet uit mijn bed om in de keuken water te gaan halen. Mijn dorst werd angst, en mijn angst werd een nachtmerrie. Wat later droomde ik dat jij hier was, met ons boek. Ik wilde dat boek zo graag bekijken, maar kreeg het niet open. Het lukte gewoonweg niet.'

Ik: 'Denk je dat die dromen een betekenis hebben?'

Zij: 'Natuurlijk, want in je dromen kom je bij jezelf terecht. In heel wat godsdiensten spreekt men over Het Laatste Oordeel. Wel, ik denk ik via mijn dromen aan Mijn Laatste Oordeel bezig ben. Zo begin ik 's nachts ook lijstjes te maken van wat ik nog allemaal moet doen. Een jaar geleden vond ik dat nog belachelijk. Nu is dat echt belangrijk voor mij.'

Ik: 'Wat staat er nog allemaal op je lijstje?'

Zij: 'Contact opnemen met een vroegere vriendin met wie ik lang geleden gebroken heb. Ze was gek op Jezus en beweerde dat ze 's nachts in Zijn armen sliep. Dat vond ik zo belachelijk. Nu denk ik 's nachts aan haar en wil ik haar vertellen dat ik haar onrecht heb aangedaan. Zij was een mystica, zoals de Heilige Theresa, en dat mystieke vind ik nu boeiend.'

Ik: 'Wie staat er nog op je lijst?'

Zij: 'Een andere vriendin die zich in het Tibetaanse boeddhisme heeft gestort. Ik zou haar willen vragen welke meditaties en rituelen de boeddhisten bij stervende mensen uitvoeren. Ik zou het bijvoorbeeld wel fijn vinden als er bij mijn lichaam gezongen en gemediteerd wordt.

Vroeger las ik weleens dat mensen met een bijna-dood-ervaring het verlangen voelen om *zich over te geven aan het Licht*. Ook dát vond ik absurd. Nu vind ik dat een mooie gedachte. In het Tibetaanse Dodenboek heb ik gelezen dat het belangrijk is om dat Licht te volgen. Als je Het ziet, mag je niet twijfelen. Dan moet je gáán, en je door niets meer laten tegenhouden. Ik probeer er nu op elk moment klaar voor te zijn.'

Ik: 'Als je vandaag zou sterven, zou je er dan klaar voor zijn?'

Zij: 'Ja. Helemaal. Alleen ons boek had ik nog graag gezien.'

Ik: 'Ik denk dat ik ons boek pas na je dood zal afwerken.'

Zij: 'Mij lukt het in elk geval niet meer om te schrijven. Ik moet al heel erg mijn best doen om gewoon *helder* te blijven. Ik heb nu vaak *absences*. Korte periodes dat ik even weg ben. Dat vind ik akelig.'

Ik: 'Hoever wil je nog gaan?'

Zij: 'Voor ik om euthanasie vraag, bedoel je?'

Ik: 'Ja.'

Zij: 'Ik denk dat ik nog heel ver wil gaan. Hoe dichter ik bij de dood kom, hoe meer ik bereid ben om nieuwe toegevingen te doen. Vroeger dacht ik: "Als ik geen vast voedsel meer kan eten, hoeft het niet meer voor mij." Nu is het zover. Ik krijg alleen nog slappe puree en vloeibaar voedsel binnen. Maar ik geniet ontzettend van een ijsje of een kom soep. En chocola op mijn tong laten smelten, is een hemels genot. En als ik naar sondevoeding moet overstappen? Oké, dan zal ik dat ook accepteren. Dát had ik vroeger nooit gedacht. Ik wil nog zoveel.

Lieve:

'Dit is het laatste beeld dat ik van haar heb gemaakt.'

Morgen wil ik een nieuw rokje kopen en naar het theater gaan. Neen, euthanasie, dáár ben ik nog lang niet aan toe.'

28 NOVEMBER 2006

Mail van Lieve:

'Vandaag stond de kamer van Magdalena vol witte lelies.

Ik heb haar niet meer gefotografeerd. Ik kon het niet meer. Ik wilde het niet meer.

Het was te hard. Het gezwel te groot. Dát beeld wil ik niet van haar bewaren.

We hebben lang gepraat. Over ons. Over zij, zij en ik.

Ze zei me dat jij en ik goed voor elkaar moeten zorgen.

Ik moest haar beloven dat we dat zouden doen.

Daarna wilde ze een dutje doen. Ze was erg moe.

Ik heb een beeld van haar gemaakt terwijl ze in de zetel lag te slapen.

Ik weet dat dit mijn laatste beeld is geweest.

Ik weet dat dit ons laatste gesprek is geweest.

Zonder het te zeggen hebben we afscheid genomen.

Ik ga haar missen.'

28 NOVEMBER 2006

'Hoe was het?' vraag ik aan mijn man als hij naast mij in bed glijdt.

Hij is net terug van Magdalena. Ze had hem gevraagd om even langs te komen.

'Goed en niet goed.'

'Hoezo?'

'Ze zag er goed uit. Heldere blik, goede kleur. Maar ze noemt zichzelf nu palliatief. De palliatieve zorg is nu ook letterlijk ingeschakeld.'

'Hebben jullie gepraat?'

'Ja, ze had een aantal heel concrete vragen. "Waar komt mijn nachtelijke onrust vandaan? Vanwaar die nachtmerries, die rusteloosheid?"

Ik heb haar uitgelegd dat het zuurstofgebrek in haar hersenen, in combinatie met een teveel aan koolzuur, haar die onrust bezorgt. "Wat zou het effect van morfine op mijn lichaam zijn?" was haar volgende vraag. "Morfine zal je rustiger maken," heb ik haar uitgelegd, "maar morfine zal je ademhaling ook verder afzwakken, misschien zelfs tot de dood leiden."'

'Hoe reageerde ze daarop?'

'Met één heel concrete vraag: "Hoe denk jij dat ik zal sterven?"'

'En? Wat heb je geantwoord?'

'"Dat kan geen mens voorspellen. Maar de kans is groot dat je in je slaap – zeker in een morfineslaap – zal wegglijden." Dat antwoord leek haar te bevallen. Ze knikte even, en begon toen snel over iets anders.'

29 NOVEMBER 2006

Mail van Lieve:

'Gisteren, na mijn bezoek aan Magdalena, ben ik in mijn archief gedoken om alle beelden van Magdalena te bekijken. Je weet nog wel dat ik samen met haar het plan had opgevat om haar aftakeling te fotograferen. Nu ik naar die beelden kijk, denk ik dat het geen goed idee is ze ooit, in een boek, te gebruiken. Het is zo erg, zo lelijk. Op sommige foto's zie je Magdalena haast niet meer, alleen nog het gezwel.

Wil je die foto's nog zien? Of zal ik ze meteen maar wegdoen? Misschien kun je mij een paar foto's van vroeger bezorgen? Dan maak ik daar met de Polaroid nog iets moois van. Wat denk je?'

4 DECEMBER 2006

Ik ben op weg naar Magdalena. Voor ik aan het werk ga, wil ik nog even bij haar binnenspringen. Het lichtje op mijn gsm knippert. Een bericht op de voicemail.

Ik hoor de stem van Katlijn, zacht en rustig.

'Bel je me even terug, Annemie?'

Mijn maag krimpt in elkaar terwijl ik op de toetsen druk.
'Dag Katlijn. Ik ben het.'

Ik zwijg en luister naar de vertrouwde stem. Ze vertelt over de onrust van de afgelopen nacht. Het heen en weer lopen van Magdalena. Van de zetel naar het bed. Van het bed naar de zetel. Het gezeul met het hoofdkussen. Verwarring. Het slaaptabletje dat alleen maar meer onrust brengt. De huisarts die wordt opgetrommeld. De morfine. Het inslapen, snel en prompt. Een gewone slaap, zo lijkt het. Maar haar vingers kleuren blauw. En plots, als een donderslag, de ademhaling die stokt.

Ik luister. Sprakeloos.

We zwijgen. Dan praten we wat. Zij en ik.

In India waren we nog met drie. Zij, zij en ik.

'Ik ben bij haar', zegt ze. 'Kom jij ook?'

'Ja, dat doe ik. Ik was op weg naar haar. Maar nu is ze dood.'

'Rij maar verder. Ik wacht je op.'

De weg naar haar huis zit vol putten. De putten vol regenwater. Ik zie haar huis in de verte, aan de rand van het bos. Auto's voor de deur. Te veel naar mijn zin. Mensen in de keuken. Begroetingen. Omhelzingen.

Ik loop de keuken door, naar de volgende kamer. Daar ligt ze. Magdalena.

Tussen de rood-oranje, zijden doeken die we nog samen in India gekocht hebben.

★

Overlijdensbericht

Vrijheid is gekomen
daar is geen ontkomen aan

Tot de laatste snik
zal ik graag leven
én ook sterven.
De dood niet ontlopen
nooit – geen seconde.

Met open vizier
wil ik
stervend leven
en levend sterven.
Dát is
wat ik wil.

Op 4 december is
Magdalena
overleden.

MIJN DANK GAAT UIT NAAR:

- de kinderen en kleinkinderen van Magdalena
- de minnaar van Magdalena die haar, tot de laatste dag, troost en warmte bracht
- de vrienden van Magdalena, en in het bijzonder: Katlijn en Jo, Annemie en Arnout, Ilse en Theo, Jos M., Jos S., Bob, Lus, Jan R.
- mijn Franse vrienden Ria en Gilbert
- mijn uitgevers Lannoo en Woestijnvis, en in het bijzonder Maarten Van Steenbergen en Wouter Vandenhaute
- Ann De Craemer, niet alleen voor haar tekstredactie, maar nog meer voor haar morele steun in de zomerse eindfase
- mijn collega's Ann en Kristel, die hun werkplanning helemaal op de mijne afstemden
- Lut Celie, met wie ik vroeger *Het kleine sterven* schreef
- de familie De Smet van 't Oud Konijntje voor de godendrank
- mijn vriendin Lieve Blancquaert die voor de zoveelste keer met beelden wist te vatten wat niet te vatten is
- mijn kinderen Jasper, Johanna, Josefien, Milan en Hope die liefdevol – en nog maar eens – een moeder verdragen hebben die zich maandenlang door een ander *kind* liet opslorpen
- mijn man – mijn eerste en mijn laatste lezer, én vertrouweling van Magdalena – die met eindeloos veel liefde en geduld de tijd en ruimte heeft gecreëerd waarin dit boek geschreven is. Aan hem draag ik dit boek op.

Tweede druk

www.lannoo.com
Registreer u op onze website en we sturen u regelmatig een nieuwsbrief met informatie over nieuwe boeken en met interessante, exclusieve aanbiedingen.

Tekst: Annemie Struyf
Foto's: Lieve Blancquaert
Omslagontwerp, vormgeving en opmaak: Kris Demey

© Uitgeverij Lannoo nv, Tielt en Annemie Struyf, 2010
D/2010/45/417 – NUR 402
ISBN: 978 90 209 9293 9

Alle rechten voorbehouden. Niets uit deze uitgave mag worden verveelvoudigd, opgeslagen in een geautomatiseerd gegevensbestand en/of openbaar gemaakt in enige vorm of op enige wijze, hetzij elektronisch, mechanisch of op enige andere manier zonder voorafgaande schriftelijke toestemming van de uitgever.